Auteur - Oleg Nashchubskiy
Traducteur - E. Borovkova

Violences de genre.
Comment cesser d'être une victime.

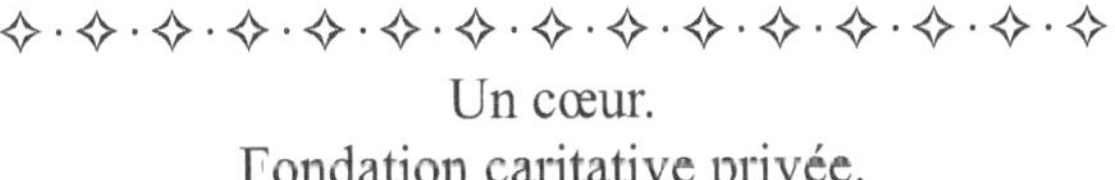

Un cœur.
Fondation caritative privée.

Les orphelinats qui s'occupent des enfants touchés par la guerre entre la Russie et l'Ukraine reçoivent 50 % des bénéfices de la vente de ce livre.

✧·✧·✧·✧·✧·✧·✧·✧·✧·✧·✧·✧·✧·✧·✧

✧ Ce livre est sur Amazon. com a été publié simultanément en sept langues : anglais, espagnol, allemand, français , portugais, italien et ukrainien.

✧ Le livre est déjà en vente au format imprimé, sur du papier de haute qualité avec une couverture rigide, qui garantit une plus grande stabilité et durabilité.

✧ Le livre est également vendu au format couverture souple imprimée, ce qui le rend plus pratique à emporter avec vous.

✧ Bien sûr, vous pouvez acheter ce livre en version numérique, ce qui est beaucoup moins cher et vous permet de lire le livre sur n'importe quel gadget moderne.

Tous mes livres, dans le prolongement de cette série de livres sur l'éducation psychologique des enfants, ainsi que tous les livres supplémentaires contenant du matériel pratique et théorique, peuvent être trouvés sur Amazon en entrant mon nom de famille dans la recherche : Nashchubskiy

✧·✧·✧·✧·✧·✧·✧·✧·✧·✧·✧·✧·✧·✧·✧

Introduction

La violence basée sur le genre est une question complexe et multiforme, et de nombreuses personnes, même si elles n'ont pas d'expérience directe en tant que victime ou auteur, ont encore du mal à la comprendre.

Dans un premier temps, il est important de reconnaître que la violence basée sur le genre ne se limite pas à la violence physique. Cela inclut également les abus émotionnels, psychologiques et économiques, ainsi que les menaces et le contrôle. La plupart des cas de violence basée sur le genre ne surviennent pas en raison de la force, mais plutôt du désir de contrôler et de réprimer une autre personne.

Concernant la question de savoir pourquoi les hommes commettent des violences basées sur le genre et pourquoi les femmes restent dans de telles relations, les réponses peuvent être multiples et dépendre de la situation spécifique. Par exemple, les hommes peuvent recourir à la violence sexiste pour conserver leur pouvoir et leur contrôle dans leurs relations, et les femmes peuvent rester dans de telles relations en raison de la peur, de la dépendance, de la vulnérabilité économique ou de dynamiques culturelles et sociales.

La violence sexiste est un problème social vaste et complexe qui touche de nombreux aspects de la vie humaine. Elle peut se manifester sous diverses formes et contextes, notamment le milieu familial, les relations sociales, le milieu de travail, etc. Il est important de comprendre que les violences basées sur le genre ne se limitent pas aux actes physiques, même s'ils en constituent souvent l'une de ses manifestations. Cela comprend également la violence émotionnelle, la violence psychologique, la violence économique, ainsi que les menaces et le contrôle comportemental.

L'une des principales causes de la violence sexiste est le désir de contrôler et de réprimer une autre personne. Cela peut être dû aux inégalités de pouvoir et de statut entre les partenaires, ainsi qu'aux attitudes culturelles et sociales qui soutiennent et renforcent les inégalités entre les sexes. En outre, les stéréotypes sur la masculinité et la féminité peuvent contribuer à l'émergence et au maintien de la violence sexiste en créant des normes de comportement qui justifient ou normalisent de tels actes.

Il est important de comprendre que la violence basée sur le genre peut toucher tout le monde, quels que soient leur sexe, leur âge, leur race, leur statut social ou d'autres caractéristiques. Bien que les femmes constituent la majorité des victimes de violences basées sur le genre, les hommes peuvent également en être victimes, et cela reste souvent méconnu ou sous-estimé dans la société.

le genre peut toucher aussi bien les femmes que les hommes, ainsi que les personnes de toute identité de genre. Il est important de comprendre que la violence basée sur le genre ne se limite pas aux femmes victimes, même si les femmes et les filles représentent une proportion importante des victimes. Cependant, les hommes, les garçons et les personnes ayant d'autres identités de genre peuvent également être vulnérables à la violence sexiste.

Les recherches montrent que les hommes peuvent également être victimes de violence sexiste, mais la fréquence et les formes de violence peuvent varier en fonction de facteurs culturels, sociaux et autres. La violence basée sur le genre est un problème complexe et diversifié qui nécessite une attention et un soutien pour toutes les victimes, quelle que soit leur identité de genre.

La lutte contre la violence basée sur le genre nécessite une approche systémique qui comprend l'éducation et la sensibilisation du public au problème, le renforcement des réponses juridiques et juridiques, le soutien aux victimes et le travail visant à changer les normes culturelles et les stéréotypes sur le genre. Travailler à vaincre la violence sexiste nécessite la participation de l'ensemble de la société et des efforts à tous les niveaux – du niveau personnel au niveau mondial.

La violence basée sur le genre comprend un large éventail de formes, notamment la violence physique, émotionnelle, sexuelle et économique, ainsi que les menaces et les comportements contrôlants. Elle peut se manifester dans divers domaines de la vie, notamment le milieu familial, les relations sociales, le milieu de travail, etc.

Dans notre monde où nous luttons pour l'égalité et la justice, le sujet de la violence sexiste reste l'un des plus importants et des plus pertinents. La violence sexiste n'est pas seulement un problème physique, mais aussi un phénomène socioculturel complexe qui couvre divers aspects de la vie humaine. Dans notre livre, nous examinerons ce problème sous toutes ses manifestations et tous ses aspects, en explorant les différents types de violence, ses causes et ses conséquences, ainsi que les moyens de la surmonter et de la prévenir.

Dans la première partie, nous plongeons dans le monde des types de violence basée sur le genre, révélant sa nature multiforme : de la violence physique à la violence émotionnelle, psychologique et économique. Nous examinerons chaque type séparément, en analysant ses causes, ses mécanismes d'action et ses conséquences pour les victimes.

Dans la deuxième partie, nous approfondissons les facteurs et les causes de la violence sexiste, en explorant le rôle des stéréotypes culturels, des attentes sociales, du pouvoir et du contrôle. Nous mènerons des recherches sur les facteurs personnels et psychologiques qui contribuent à l'émergence et au maintien de la violence sexiste dans la société moderne.

La troisième partie de notre ouvrage est consacrée à l'accompagnement des victimes de violences basées sur le genre. Nous couvrons les soins primaires, la sécurité, la santé mentale, le soutien juridique et social, offrant aux lecteurs des conseils pratiques et des ressources pour subvenir à leurs besoins et à ceux de leur entourage.

Dans la quatrième partie, nous aborderons la prévention et la lutte contre la violence sexiste, en discutant du rôle de l'éducation, des programmes et des campagnes, en travaillant avec les auteurs et en engageant la communauté pour résoudre ce problème.

La dernière partie de notre livre passera en revue les principales idées proposées et appellera les lecteurs à l'action. Nous espérons que notre travail deviendra non seulement une source de connaissances, mais aussi une source d'inspiration pour ceux qui s'efforcent de créer un monde sans violence sexiste.

Nous vous invitons à un voyage à travers les chemins complexes de la violence sexiste, où nous tenterons ensemble de comprendre sa nature, ses conséquences et les moyens de la surmonter.

❖ · ❖ · ❖ · ❖ · ❖ · ❖ · ❖ · ❖ · ❖ · ❖ · ❖ · ❖ · ❖ · ❖ · ❖

Partie 1 : Violence basée sur le genre.
Chapitre 1.
Introduction au sujet.

La violence sexiste est l'un des problèmes les plus urgents et les plus importants de la société moderne, touchant des millions de personnes dans le monde. Cependant, le terme « violences basées sur le genre » recouvre non seulement les agressions physiques ou le harcèlement, mais également toute une gamme de formes de violences fondées sur les inégalités de pouvoir et de statut entre les sexes.

Le concept de violence basée sur le genre est répandu et couvre divers domaines de la vie, notamment les relations familiales, la sphère publique, les lieux de travail, etc. Il inclut non seulement la violence physique, mais aussi la violence émotionnelle, psychologique, sexuelle et économique, ainsi que les menaces. et le contrôle.

La violence physique peut se manifester par des coups, des coups et des actes de violence, mais la violence émotionnelle et psychologique peut également être tout aussi destructrice, laissant de profondes blessures émotionnelles et psychologiques. La violence sexuelle comprend un large éventail de crimes, allant des attouchements non désirés et du harcèlement au viol et au trafic sexuel. La violence économique, à son tour, se manifeste par la restriction de l'accès au financement et aux ressources, créant ainsi dépendance et contrôle.

Il est important de comprendre que la violence sexiste ne se limite pas aux actes physiques. Elle repose souvent sur des inégalités de pouvoir et de statut entre les sexes, ancrées dans des normes et des stéréotypes socioculturels. Les idées préconçues sur la masculinité et la féminité, ainsi que les croyances sur le comportement et les rôles « corrects » de chaque genre, peuvent renforcer et entretenir la violence sexiste dans la société.

Par conséquent, la compréhension et la prise de conscience du problème de la violence sexiste constituent une étape importante vers sa résolution. Notre livre vise à mieux comprendre la nature et l'étendue de la violence sexiste, et à fournir des conseils et des ressources pratiques pour lutter contre ce problème. Ci-dessous, nous examinerons plus en détail les différents aspects et formes de violence basée sur le genre, dans le but de sensibiliser et de contribuer à créer une société sûre et juste pour tous ses membres.

La violence sexiste est l'un des problèmes les plus urgents et les plus pressants auxquels est confrontée la société moderne. Elle touche des millions de personnes dans le monde et a un impact dévastateur sur leur vie, leur santé et leur bien-être.

Il est important de comprendre que la violence sexiste ne se limite pas aux actes physiques tels que les coups et le viol. Cela inclut également les abus émotionnels, psychologiques, sexuels et économiques, ainsi que le fait de menacer et de contrôler une autre personne. Ces formes de violence peuvent se manifester aussi bien dans le milieu familial que sur le lieu de travail, dans les établissements d'enseignement, dans les lieux publics, etc.

Le problème des violences basées sur le genre touche particulièrement les femmes et les filles, qui constituent la majorité des victimes. Cependant, il est important de comprendre que les hommes et les garçons peuvent également être victimes de violences basées sur le genre, même si leurs cas restent souvent sous-déclarés ou invisibles dans la société.

La violence basée sur le genre a de graves conséquences pour les victimes, notamment des blessures physiques, des traumatismes psychologiques, des problèmes de santé mentale, l'isolement social et la dépendance économique. Cela pose également des risques pour la sécurité et entrave l'autodétermination et l'autonomie personnelles.

Dans la société moderne, le problème de la violence sexiste n'est pas seulement une question de sécurité personnelle, mais aussi une question de justice sociale et de droits de l'homme. Elle touche tous les niveaux de la société et nécessite une approche systématique pour trouver une solution, comprenant l'éducation, la sensibilisation, le renforcement de la législation, la protection judiciaire et le soutien social.

La lutte contre la violence sexiste nécessite non seulement des efforts en matière législative et en matière de droits de l'homme, mais également des changements dans les normes culturelles, les stéréotypes et les relations entre les sexes. Il s'agit d'un défi pour l'ensemble de la société, qui nécessite la participation active et l'attention de chacun.

À la lumière de tout ce qui précède, il est essentiel de comprendre et de combattre la violence sexiste pour créer une société plus juste, plus équitable et plus sûre pour tous ses membres.

La violence basée sur le genre est une forme de violence basée sur l'inégalité de pouvoir et de statut entre les sexes, qui peut se manifester dans divers domaines de la vie, notamment les relations familiales, les environnements sociaux, les lieux de travail et autres. Il ne s'agit pas seulement de violence physique, mais aussi de violence émotionnelle, psychologique, sexuelle et économique, ainsi que de menaces et de contrôle sur le comportement d'autrui.

La clarification des termes et définitions clés liés à la violence basée sur le genre comprend les aspects suivants :

1. Le genre est un concept socioculturel qui définit les comportements, rôles, normes et stéréotypes attendus des hommes et des femmes dans la société. Le genre est socialement construit et peut varier selon les cultures et les époques.

2. Violence – actions ou menaces physiques, émotionnelles, psychologiques ou sexuelles visant à causer du tort, des souffrances ou à exercer un contrôle sur une autre personne.

3. La violence basée sur le genre est une forme de violence fondée sur l'inégalité de pouvoir et de statut entre les sexes, qui peut se manifester dans divers domaines de la vie. Cela peut inclure la violence physique (coups, viol), la violence émotionnelle (insultes, menaces), la violence psychologique (manipulation, contrôle), la violence sexuelle (attouchements non désirés, harcèlement) et la violence économique (accès restreint aux finances, aux ressources).

4. L'inégalité de pouvoir et de statut est un aspect essentiel de la violence basée sur le genre, où une partie a plus de pouvoir et de contrôle sur l'autre partie en raison de son identité de genre. Cela peut être dû à des facteurs culturels, sociaux ou économiques, ainsi qu'à des stéréotypes et des préjugés sur les rôles et le comportement des hommes et des femmes.

Comprendre ces termes et définitions permet de mieux comprendre la nature et les mécanismes de la violence basée sur le genre, ce qui contribue à la surmonter et à la prévenir.

En quoi la violence basée sur le genre diffère des autres formes de violence :

1. Fondement et cause : La violence basée sur le genre repose sur des inégalités de pouvoir et de statut entre les sexes, tandis que d'autres formes de violence peuvent être causées par divers facteurs tels que les conflits, la drogue ou les troubles mentaux.

2. Caractère de la victime et de l'auteur : Dans les cas de violence

basée sur le genre, les victimes sont le plus souvent des femmes et des filles, et les auteurs sont des hommes. Dans d'autres formes de violence, il peut y avoir différentes combinaisons de victimes et d'auteurs, pas nécessairement liées au genre.

3. Formes de manifestation : La violence basée sur le genre peut inclure la violence physique, émotionnelle, psychologique, sexuelle et économique, ainsi que les menaces et le contrôle, tandis que d'autres formes de violence peuvent avoir une gamme de manifestations plus limitée.

4. Facteurs culturels et sociaux : La violence basée sur le genre est souvent associée à des stéréotypes culturels et sociaux sur les rôles et le comportement des hommes et des femmes, tandis que d'autres formes de violence peuvent être davantage liées à des circonstances ou situations spécifiques.

5. Impact sur la société : La violence basée sur le genre a un impact profond et généralisé sur la société, affectant les relations sociales, le bien-être psychologique et le développement économique. D'autres formes de violence peuvent également avoir de graves conséquences sur la société, mais elles ne sont peut-être pas aussi liées culturellement et socialement que la violence sexiste.

Ces différences aident à comprendre la nature et l'ampleur du problème de la violence sexiste, ce qui est important pour élaborer des stratégies efficaces de prévention et de lutte contre ce type de violence.

La violence basée sur le genre se présente sous de nombreuses formes, et nous les couvrirons toutes. Commençons par examiner la violence la plus répandue, ou plutôt, malheureusement, la plus courante parmi les victimes de violences basées sur le genre : la violence physique.

La violence physique est une forme de violence basée sur le genre qui se manifeste par des agressions physiques et des violences contre une personne. Voici des exemples abstraits, des caractéristiques et des conséquences de la violence physique :

Exemples:
- Frapper, battre, à coups de poing, des objets.
- Étouffement, étranglement.
- En appui contre un mur ou un sol.
- Expression physique brutale d'agressivité.

Caractéristiques:
- Blessure : La violence physique peut entraîner des blessures graves, notamment des fractures, des écorchures, des contusions, des brûlures, etc.
- Recours à la force : L'agresseur utilise activement sa force physique ou sa supériorité pour dominer et contrôler la victime.
- Attaques répétées : Les violences physiques se caractérisent

souvent par des agressions répétées ou systématiques, ce qui augmente la peur et la vulnérabilité de la victime.

- But du contrôle : Le but du violeur est de contrôler la victime en démontrant son pouvoir et sa domination.

Conséquences:

- Blessures physiques : Blessures évidentes telles que saignements, fractures, écorchures et contusions.

- Conséquences psychologiques : Peur, anxiété, dépression, syndrome de stress post-traumatique.

- Conséquences sociales : Isolement social, perte de confiance dans les autres, perte d'estime de soi.

- Cycle de maltraitance : La violence physique s'accompagne souvent de violence émotionnelle et psychologique, créant un cycle de maltraitance qui peut être difficile à briser.

Ces exemples, caractéristiques et conséquences aident à comprendre la gravité et le caractère destructeur de la violence physique en tant que forme de violence basée sur le genre, ainsi que la nécessité de la mettre fin et de la prévenir.

La violence émotionnelle et psychologique est une forme de violence basée sur le genre qui repose sur la manipulation, les menaces, l'humiliation et d'autres actions visant à contrôler et réprimer la victime en manipulant ses émotions et son état mental. Il ne s'agit pas d'une violence physique, mais elle peut aussi être destructrice et laisser de profondes blessures émotionnelles.

Exemples de scénarios :

1. Humiliation et insultes : L'agresseur peut constamment critiquer la victime, l'humilier et l'insulter.

2. Isolement : L'agresseur peut isoler la victime de ses amis et de sa famille, la faisant se sentir seule et dépendante de lui.

3. Manipulation : L'agresseur peut utiliser des mensonges, des promesses et des menaces pour manipuler le comportement de la victime et obtenir d'elle les résultats souhaités.

4. Menaces : L'agresseur peut menacer la victime de violence physique, d'automutilation ou même de suicide pour la forcer à se soumettre à sa volonté.

5. Isolement des ressources : L'agresseur peut contrôler l'accès de la victime aux finances, aux transports ou à d'autres ressources afin de la réprimer et d'augmenter son pouvoir.

Impact sur la victime :

1. Traumatisme émotionnel : La victime peut ressentir un stress constant, de l'anxiété, de la dépression et une faible estime de soi en raison d'une humiliation et d'insultes constantes.

2. Isolement social : La victime peut se retrouver isolée de ses

proches et de son soutien en raison des manipulations de l'agresseur, la rendant plus vulnérable et dépendante de lui.

3. Perte d'autodétermination : La victime peut perdre confiance en elle et en sa capacité à prendre des décisions, car son opinion est constamment ignorée ou critiquée par l'agresseur.

4. Cycle de maltraitance : La maltraitance émotionnelle et psychologique fait souvent partie d'un cycle de maltraitance qui peut être difficile à briser en raison de sa nature cachée et manipulatrice.

Ces exemples et impacts aident à comprendre le caractère destructeur et la profondeur de la violence émotionnelle et psychologique, ainsi que l'importance de la reconnaître et de la prévenir.

La violence sexuelle est une forme de violence basée sur le genre dans laquelle l'auteur utilise des actes sexuels, des menaces ou la coercition pour contrôler et réprimer la victime. Cela peut inclure un large éventail de comportements, allant des attouchements non désirés au viol, et s'accompagne souvent de violences physiques et émotionnelles.

Formes et contextes de violences sexuelles :

1. Violence sexuelle domestique : Cette violence se produit au sein d'une relation familiale ou intime et peut inclure des actes sexuels non consensuels ou des actes sexuels forcés entre partenaires.

2. Harcèlement sexuel : Il s'agit d'une forme de violence sexuelle dans laquelle l'auteur commet des actes ou des commentaires sexuels non désirés sans le consentement de la victime. Cela peut inclure des attouchements non sollicités, des questions intrusives sur le sexe ou des menaces.

3. Viol : Il s'agit d'une violence dans laquelle le violeur contraint physiquement ou par des menaces la victime à accomplir un acte sexuel sans son consentement. Le viol peut inclure la force physique, les menaces, la violence armée ou la violence sous l'influence de drogues.

Impact sur la victime :

1. Effets traumatiques : Une victime peut subir un traumatisme grave, un trouble de stress post-traumatique, une dépression et des troubles anxieux dus à une agression sexuelle.

2. Perte de confiance et de sécurité : La violence sexuelle peut perturber le sentiment de sécurité et la confiance de la victime envers les autres, y compris ses proches et ses partenaires intimes.

3. Dommages physiques : le viol et d'autres formes de violence sexuelle peuvent entraîner des dommages physiques, des infections, une grossesse et des infections sexuellement transmissibles.

4. Perte d'estime de soi et dysfonctionnement sexuel : La victime peut éprouver des sentiments de honte, de culpabilité et une faible estime de soi, ainsi que des problèmes et dysfonctionnements sexuels dus à l'abus sexuel.

Ces exemples et impacts aident à reconnaître la gravité et le caractère destructeur de la violence sexuelle en tant que forme de violence basée sur le genre et soulignent la nécessité d'y mettre un terme et de la prévenir.

La violence économique est une forme de violence basée sur le genre dans laquelle l'agresseur utilise le contrôle sur les finances, les ressources et la dépendance économique de la victime pour établir et maintenir son pouvoir et son contrôle sur elle. Cela peut inclure un accès restreint au financement, l'oppression financière, le travail forcé ou le dénuement économique.

Exemples de violence économique :

1. Contrôle financier : L'agresseur peut contrôler les comptes bancaires, les cartes de crédit et d'autres ressources financières de la victime, limitant ainsi son accès à l'argent.

2. Oppression financière : L'agresseur peut refuser de financer des dépenses essentielles telles que la nourriture, les vêtements ou les soins médicaux, obligeant la victime à dépendre de lui.

3. Travail forcé : L'agresseur peut forcer la victime à travailler sans salaire ou pour un salaire minime, l'empêchant de trouver un autre emploi ou de subvenir à ses besoins financiers.

4. Privation économique : L'agresseur peut détruire ou décorer les biens de la victime, la privant de ses moyens de subsistance et la menaçant de ruine financière.

Impact sur la victime :

1. Dépendance et contrôle : La violence économique crée une dépendance de la victime à l'égard de l'agresseur en raison de sa vulnérabilité financière, ce qui permet à l'agresseur d'établir un contrôle et de manipuler son comportement.

2. Peur et impuissance : La victime peut avoir peur de perdre son soutien financier ou celui de ses enfants et elle-même, ce qui l'oblige à rester dans une relation préjudiciable ou dangereuse.

3. Isolement social : La violence économique peut conduire à l'isolement social de la victime, car elle peut être limitée dans sa capacité à communiquer avec les autres ou à recevoir de l'aide en raison de problèmes financiers.

Ces exemples et impacts aident à reconnaître les effets dévastateurs de la violence économique et soulignent l'importance de l'arrêter et de la prévenir.

La violence sexiste implique le recours à des menaces et à des pressions psychologiques pour contrôler et réprimer la victime. Cela peut se manifester par diverses formes de menaces, de manipulations et de tactiques psychologiques qui créent des sentiments de peur, d'anxiété et d'impuissance chez la victime.

Formes et mécanismes de menaces et de manipulations :

1. Menaces de violence : L'agresseur peut menacer de violence physique ou sexuelle, ou de violence contre les proches ou les biens de la victime.

2. Menaces de refus de soutien : L'agresseur peut menacer de refuser son soutien financier, de mettre fin à ses relations ou de se retirer des réseaux sociaux si la victime ne se conforme pas à sa volonté.

3. Chantage émotionnel : un agresseur peut utiliser des sentiments de culpabilité, de honte ou d'anxiété pour forcer la victime à faire ce qu'elle veut.

4. Utilisation d'enfants : L'agresseur peut utiliser des enfants comme moyen de menace ou de manipulation, menaçant de les éloigner de la victime ou de lui faire du mal.

Comment faire face aux menaces et à la manipulation :

1. Obtenir du soutien : les victimes doivent demander l'aide d'amis proches, de membres de leur famille, de professionnels ou d'organisations qui peuvent leur apporter soutien et assistance dans des situations difficiles.

2. Éducation et sensibilisation : Les victimes doivent être informées des signes de violence basée sur le genre, de leurs droits et des ressources disponibles en matière de protection et d'assistance.

3. Élaboration d'un plan de sécurité : les victimes peuvent élaborer un plan de sécurité comprenant des étapes pour assurer leur sécurité et celle de leurs enfants en cas de menace ou de danger.

4. Demander une réparation juridique : les victimes peuvent demander une assistance et une protection juridiques, notamment en déposant des ordonnances de non-communication ou en contactant les forces de l'ordre.

5. Soutien psychologique : Les victimes peuvent se tourner vers des psychologues ou des thérapeutes pour obtenir un soutien psychologique et une assistance pour surmonter l'expérience traumatisante de la violence sexiste.

Ces stratégies aident les victimes à faire face aux menaces et à la manipulation, à prévenir de nouvelles conséquences et à trouver des voies de libération et de rétablissement.

Les violences basées sur le genre sont un phénomène terrible qui pénètre jusque dans les profondeurs de la société, touchant parfois les relations les plus proches. Cela se manifeste sous la forme de menaces et de pressions psychologiques, causant aux victimes des douleurs et des souffrances inimaginables. Ce type de violence est souvent invisible et reste à huis clos, ce qui le rend plus difficile à identifier et à combattre.

Comprendre toute l'ampleur du problème de la violence sexiste est extrêmement important pour la société, car ce n'est qu'en comprenant sa portée que nous pouvons espérer progresser pour la surmonter. Après tout, la violence sexiste a un impact dévastateur non seulement sur les victimes, mais aussi sur leurs familles et la société dans son ensemble.

Les victimes de violences basées sur le genre sont confrontées à des difficultés inimaginables. Ils sont confrontés à des traumatismes physiques et psychologiques et perdent leur sentiment de sécurité et leur confiance dans les autres. La violence laisse des traces non seulement sur leur état physique et émotionnel, mais aussi au niveau sociétal, détruisant les familles et créant une atmosphère de peur et de violence.

Il est donc nécessaire de lutter contre la violence basée sur le genre, d'apporter soutien et protection aux victimes, de condamner la violence sous toutes ses formes et de s'efforcer de créer une société où chacun a droit à la sécurité, au respect et à l'égalité des chances.

La violence sexiste a un impact profond et dévastateur sur la santé mentale des victimes, ainsi que sur le bien-être de la société dans son ensemble. Voici les principaux aspects de cette influence :

1. Traumatisme psychologique pour les victimes : les victimes de violences basées sur le genre subissent souvent de graves conséquences psychologiques telles que le trouble de stress post-traumatique (SSPT), la dépression, les troubles anxieux et une perte d'estime de soi. Ces traumatismes peuvent avoir des effets à long terme sur les victimes, affectant leur vie personnelle, leur travail, leurs relations et leur participation sociale.

2. Cycle de violence et rechute : La violence basée sur le genre fait souvent partie d'un cycle de violence dans lequel les victimes sont attaquées à plusieurs reprises par leurs agresseurs. Ce cycle peut entraîner un stress et une anxiété constants pour les victimes et rendre difficile pour elles de se libérer de leur agresseur.

3. Coûts économiques : La violence basée sur le genre peut avoir de graves conséquences économiques pour les victimes, telles que la perte d'emploi, la perte d'indépendance financière et une diminution du bien-être financier. Cela peut conduire à un isolement social accru et à des difficultés de réadaptation.

4. Propagation de la violence dans la société : La violence sexiste crée une atmosphère de peur, de violence et de méfiance dans la société, ce qui peut conduire à une nouvelle propagation de la violence et à une augmentation des taux de criminalité. Cela crée un environnement dangereux pour tous les membres de la société, et pas seulement pour les victimes d'agression.

5. Coûts économiques et sociaux : La violence basée sur le genre impose des coûts économiques et sociaux importants à la société dans son ensemble, notamment des coûts de soins de santé, de protection juridique, de soutien psychologique et de réadaptation des victimes, ainsi que des pertes de main-d'œuvre et de productivité.

Dans l'ensemble, la violence sexiste non seulement détruit la vie des individus, mais a également de graves conséquences négatives pour la société dans son ensemble. Par conséquent, la lutte contre ce problème fait partie intégrante du développement social et de la création d'un environnement sûr et sain pour tous ses membres.

Bien sûr, voici un bref aperçu des statistiques et des recherches sur la violence sexiste :

1. Ampleur du problème : Selon l'Organisation mondiale de la santé (OMS), une femme sur trois dans le monde est victime de violences physiques ou sexuelles de la part d'un partenaire ou d'un agresseur au cours de sa vie.

2. Vulnérabilité des femmes : Les femmes constituent la principale catégorie de victimes des violences basées sur le genre. Les données montrent qu'entre 15 % et 71 % des femmes dans tous les pays signalent des violences physiques ou sexuelles de la part d'un partenaire.

3. Violence domestique : La plupart des cas de violence basée sur le genre surviennent dans le contexte des relations familiales. Environ 38 % de tous les meurtres de femmes dans le monde sont commis par leur partenaire.

4. Exposition des enfants : Les enfants sont également souvent exposés à la violence sexiste. Environ 120 millions de filles de moins de 20 ans (environ 1 sur 10) sont victimes de violences sexuelles.

5. Sous-estimation du problème : Il existe encore une sous-estimation importante de l'ampleur du problème de la violence basée sur le genre. De nombreux cas ne sont pas signalés ou sont sous-déclarés en raison de la stigmatisation, de la peur et du manque d'accès à la protection et à l'assistance juridiques.

Ces données ne lèvent que légèrement le rideau sur la problématique des violences basées sur le genre. Malgré les efforts de nombreuses organisations de défense des droits humains et agences gouvernementales, la violence sexiste reste l'un des problèmes les plus graves de la société moderne, nécessitant une attention globale et des mesures pour la prévenir et la combattre.

Chères victimes de violences basées sur le genre, je vous écris avec un appel sincère à l'action. Je comprends que vous avez traversé des épreuves inimaginables et que vous avez fait face à des épreuves que personne ne devrait avoir à endurer. Cependant, la force et la détermination dont vous faites preuve chaque jour sont incroyables.

Il est important de réaliser que la violence sexiste n'est pas de votre faute. Personne ne mérite d'être soumis à une telle horreur. Cependant, il est maintenant temps de prendre le contrôle de votre situation et de lutter pour le changement.

Votre conscience du problème et votre détermination à changer jouent un rôle essentiel dans le processus de rétablissement et dans le dépassement des difficultés. N'oubliez pas que vous n'êtes pas seul dans cette situation. Il existe une immense communauté de personnes et de ressources prêtes à vous soutenir à chaque étape du chemin vers le rétablissement et la libération.

Faites le premier pas en demandant de l'aide et du soutien. Il peut s'agir de parler à un ami ou à un membre de la famille de confiance, de contacter des professionnels de la santé mentale ou des services sociaux, ou même simplement de rechercher des informations sur les ressources et services disponibles.

N'oubliez pas que vous méritez la sécurité, le respect et l'amour. Votre voix compte et votre droit de vivre dans un environnement sûr et sain est indéniable. Restez forts et rappelez-vous qu'ensemble, nous pouvons faire la différence.

Chapitre 2.
L'importance de lutter contre la violence sexiste.

Pour les âmes qui subissent de plein fouet la violence sexiste , chaque jour devient un défi. Ceci est non seulement traumatisant et humiliant, mais cela mine également l'estime de soi, la confiance en soi et la foi en ses capacités. L'importance de s'attaquer au problème de la violence sexiste pour une telle personne ne fait aucun doute. Chaque moment de peur et d'incertitude provoqué par la violence sexiste apporte sa propre lourdeur au cœur et à l'esprit. Cela affecte votre façon de penser et votre image de vous-même, vous éloignant de la joie, de la confiance et de l'assurance dans l'avenir.

Lutter contre la violence sexiste ne se limite pas à mettre fin à des actes d'agression spécifiques. C'est la restauration de la dignité humaine et l'élévation de l'esprit. C'est retrouver la force de croire en soi et de lutter pour atteindre ses objectifs sans être constamment tyrannisé. Chaque mesure prise pour lutter contre la violence sexiste ouvre la porte à de nouvelles opportunités et conduit à la libération des chaînes de la peur et de l'incertitude.

Pour celles qui souffrent de violences basées sur le genre , la solution à ce problème est de retrouver un sentiment de sécurité et de calme. C'est l'occasion d'arrêter de vous cacher derrière un masque et d'être accepté tel que vous êtes. C'est une chance de véritablement se libérer d'être insulté, humilié et blessé chaque jour. Chaque pas vers la fin de la violence sexiste est un pas vers le retour à la dignité et au bonheur perdus.

Prendre des mesures pour lutter contre la violence sexiste ouvre également la porte à de nouvelles opportunités de croissance et d'épanouissement personnel. Lorsqu'une personne est libérée du fardeau du stress et de l'anxiété constants, elle peut se concentrer sur ses passe-temps, ses intérêts et ses objectifs. Être capable de s'exprimer en toute sécurité et de s'épanouir dans un environnement social favorise une saine estime de soi et une bonne confiance en soi.

De plus, il est important de lutter contre la violence sexiste pour créer un environnement communautaire sain et solidaire. La violence sexiste non seulement nuit à ses victimes directes , mais détruit également la société dans son ensemble en alimentant un cycle de violence et d'injustice. Prendre des mesures pour lutter contre la violence sexiste favorise une culture de respect, de tolérance et de compréhension, conduisant à une réduction des conflits et à un environnement plus favorable et empathique pour tous les membres.

Bien entendu, lutter contre la violence sexiste signifie également protéger et promouvoir les droits humains à la liberté et à la sécurité. Toute personne a le droit d'être traitée avec dignité et respect, et la violence sexiste porte atteinte à ce droit. Agir pour lutter contre la violence sexiste est une réaffirmation de notre engagement à protéger la dignité et la sécurité de chaque membre de la société.

La lutte contre la violence basée sur le genre revêt une grande importance pour la personne victime de violence pour plusieurs raisons :

1. Bien-être psychologique : une exposition à long terme à la violence sexiste peut entraîner de graves problèmes psychologiques tels que la dépression, l'anxiété, le trouble de stress post-traumatique et une faible estime de soi. Lutter contre la violence sexiste contribue à préserver la santé mentale et à améliorer le bien-être émotionnel de la victime.

Une exposition prolongée à la violence sexiste peut avoir de graves conséquences sur le bien-être psychologique de la victime. Ce processus commence par la violence sexiste , qui crée un stress et une anxiété continus chez la victime. Une peur progressivement croissante de nouvelles attaques ou d'intimidations peut conduire au développement de troubles anxieux tels que le trouble d'anxiété généralisée ou la phobie sociale.

Outre l'anxiété, la dépression est également une conséquence psychologique courante de la violence sexiste. Le ridicule, l'humiliation et l'isolement constants peuvent miner l'estime de soi et provoquer chez la victime un sentiment d'impuissance, qui à son tour peut conduire à la dépression. Le syndrome de stress post-traumatique peut également se développer chez les victimes de violences basées sur le genre , surtout si elles ont été soumises à des violences physiques ou émotionnelles.

La faible estime de soi et les sentiments d'insécurité font également partie des problèmes psychologiques associés à la violence sexiste. Les attaques constantes contre l'identité et l'estime de soi peuvent amener la victime à douter de ses capacités et de sa valeur en tant que personne.

La lutte contre la violence sexiste est essentielle au maintien de la santé mentale et à l'amélioration du bien-être émotionnel de la victime. Fournir un soutien, créer un environnement sûr et mettre en œuvre des stratégies efficaces pour lutter contre la violence sexiste peut contribuer à réduire le stress et l'anxiété, à prévenir le développement de la dépression et d'autres problèmes de santé mentale et à améliorer l'estime de soi et la confiance de la victime.

2. Adaptation sociale : L'exposition à la violence sexiste peut conduire à l'isolement social et rendre difficile l'établissement de relations interpersonnelles saines. Résoudre le problème des violences basées sur le genre permet à la victime de retrouver son adaptation sociale, de restaurer la confiance en autrui et de rétablir les liens avec les autres.

L'adaptation sociale joue un rôle important dans la vie d'une personne, et la violence sexiste peut considérablement compliquer ce processus. L'exposition à la violence sexiste peut conduire à l'isolement social, car la victime se sent mal à l'aise ou a peur d'entrer en contact avec les autres, de peur d'être victime d'intimidation ou de harcèlement.

En raison de la violence basée sur le genre, la victime peut avoir des difficultés à établir des relations interpersonnelles saines. Elle peut commencer à éviter de socialiser avec les autres, perdant ainsi des occasions de nouer des amitiés ou de développer des relations étroites. Cela peut entraîner des sentiments de solitude, d'indignité et des problèmes psychologiques encore plus graves.

Résoudre le problème de la violence sexiste est d'une grande importance pour restaurer l'adaptation sociale de la victime. Une fois qu'une victime reçoit un soutien et une protection contre la violence sexiste , elle commence à reprendre confiance dans les autres et à se sentir plus en sécurité et plus confiante dans ses interactions avec les autres. Petit à petit, elle peut retrouver ses aptitudes sociales, apprendre à faire confiance aux autres et développer des relations saines, ce qui améliore grandement sa qualité de vie et son bien-être.

3. Réussite scolaire : La violence basée sur le genre peut avoir un impact négatif sur les résultats scolaires et les résultats scolaires de la victime en raison du stress, de la distraction et d'une faible estime de soi. Aborder le problème de la violence favorise un environnement d'apprentissage sûr et favorable qui permet à la victime de se concentrer sur l'école et d'atteindre ses objectifs éducatifs.

La violence basée sur le genre peut avoir de graves conséquences négatives sur les résultats scolaires et les opportunités éducatives de la victime. Une victime de violence sexiste éprouve un stress et une anxiété constants, ce qui la détourne de ses études et rend difficile l'apprentissage de nouvelles matières. Le stress et l'anxiété peuvent également entraîner des problèmes de concentration, de mémoire et d'apprentissage, susceptibles de réduire les résultats scolaires.

En outre, une victime de violence basée sur le genre peut ressentir une faible estime de soi et une diminution de sa motivation en raison de sentiments constants de vulnérabilité et d'impuissance. Cela peut entraîner une perte d'intérêt pour l'apprentissage, une diminution de l'ambition et une perte de confiance dans ses capacités, ce qui à son tour affecte ses résultats scolaires.

de lutter contre la violence sexiste pour fournir un environnement d'apprentissage favorable dans lequel la victime peut atteindre ses objectifs éducatifs. Le soutien des enseignants, des administrateurs scolaires et de la communauté dans son ensemble contribue à créer un espace sûr, exempt de violence et de discrimination. Lorsque la victime se sent protégée et soutenue, elle peut se concentrer sur ses études, développer ses compétences académiques et réussir ses études. Ainsi, lutter contre la violence sexiste améliore non seulement les résultats scolaires de la victime, mais également son bien-être général et ses perspectives de vie future.

4. Santé physique : Certaines formes de violence basée sur le genre , comme la violence physique ou verbale, peuvent causer de graves dommages à la santé de la victime. Lutter contre la violence sexiste contribue à garantir la sûreté et la sécurité de l'individu, qui constituent la base du bien-être physique.

La santé physique est l'un des aspects les plus importants du bien-être des personnes victimes de violence sexiste. Diverses formes de violence basée sur le genre peuvent causer de graves dommages à la santé physique de la victime, laissant des traces non seulement psychologiques mais aussi physiques.

Les abus physiques tels que frapper, donner des coups de pied ou pousser peuvent provoquer des blessures, des contusions, des fractures et d'autres blessures graves. Même les menaces verbales et les commentaires timides peuvent provoquer des réactions de stress chez la victime, qui peuvent nuire à son bien-être physique, comme des maux de tête, des problèmes de digestion et de sommeil.

Lutter contre la violence sexiste est essentiel pour garantir la sûreté et la sécurité des personnes. Prévenir et traiter les incidents de violence physique et verbale contribue à prévenir les dommages physiques et à maintenir la victime en bonne santé. Cela implique l'intervention active d'institutions telles que les écoles ou les lieux de travail pour créer un environnement sûr et favorable où la violence et l'agression ne sont pas tolérées.

Protéger une personne du danger physique assure non seulement son bien-être physique, mais crée également les conditions de son rétablissement psychologique et émotionnel. Lorsqu'une personne se sent en sécurité, elle peut se concentrer sur sa santé physique, ses soins personnels et son rétablissement après des événements traumatisants passés. Ainsi, la lutte contre la violence sexiste joue un rôle important pour garantir non seulement le bien-être physique mais aussi le bien-être général de la victime.

5. Affirmation de soi et développement personnel : La violence basée sur le genre peut entraver l'affirmation de soi et le développement personnel d'un individu, supprimant son individualité et ses traits uniques. La lutte contre la violence sexiste favorise une saine estime de soi, la confiance en soi et la capacité de réaliser son potentiel.

L'affirmation de soi et le développement personnel jouent un rôle important dans la formation de la personnalité, et la violence sexiste peut sérieusement perturber ces processus. L'exposition à la violence sexiste peut entraîner une perte de confiance en soi et d'estime de soi, ainsi qu'une suppression de l'individualité et des traits de personnalité uniques.

La violence sexiste crée un environnement négatif dans lequel l'individu se sent sans importance, indigne et incapable de réaliser son potentiel. Les victimes peuvent commencer à douter de leurs capacités et hésiter à exprimer leurs opinions et leurs idées de peur d'être ridiculisées ou critiquées. Cela peut conduire à l'isolement, à l'évitement de la communication et à la limitation de ses intérêts et de ses ambitions.

Cependant, la résolution du problème de la violence sexiste joue un rôle important dans la possibilité d'affirmation de soi et d'épanouissement de l'individu. Créer un environnement sûr et favorable, exempt de violence et de menaces, permet à l'individu de se sentir à l'aise et en confiance. Le soutien des autres, notamment des parents, des enseignants et des amis, contribue à développer une estime de soi et une confiance en soi saines.

De plus, résoudre le problème de la violence sexiste ouvre la porte au développement personnel et à la réalisation du potentiel de l'individu. Lorsqu'une personne se sent en sécurité et soutenue, elle peut exprimer librement ses idées, développer ses talents et s'efforcer d'atteindre ses objectifs. Cela contribue à la formation d'une estime de soi et d'une confiance en soi saines, ce qui facilite le processus d'affirmation de soi et de réalisation de soi.

Ainsi, lutter contre la violence sexiste contribue non seulement à la création d'un environnement sûr et favorable, mais constitue également un facteur important dans le développement d'une estime de soi saine, de la confiance en soi et des opportunités de développement personnel.

6. Sécurité et bien-être : La lutte contre la violence sexiste crée un environnement sûr et favorable pour tous les membres de la société, ce qui contribue au bien-être général et renforce le tissu social.

La sécurité et le bien-être des communautés sont étroitement liés à la lutte contre la violence sexiste. La violence crée un climat de peur, d'anxiété et d'incertitude qui affecte négativement le bien-être de tous ses membres. Il est essentiel de résoudre ce problème pour créer un environnement sûr et favorable à tous, quels que soient leur âge, leur sexe, leur race ou leur statut social.

Dans une société où la violence sexiste a été combattue, les gens peuvent se sentir protégés et avoir confiance en leur sécurité. Cela favorise la confiance et les liens sociaux entre ses membres, créant ainsi la base de relations et de coopération saines. Un environnement sûr favorise également le bien-être émotionnel et psychologique, permettant aux personnes de réaliser leur potentiel et de s'efforcer de s'épanouir.

La lutte contre la violence sexiste est également importante pour créer une structure sociale harmonieuse. La violence sexiste perturbe souvent les relations sociales, créant des conflits et des tensions dans la société. Lutter contre ce phénomène contribue à l'établissement de relations pacifiques et de compréhension mutuelle entre les peuples, ce qui contribue à son tour à la stabilité et à la prospérité de la société dans son ensemble.

La sécurité et le bien-être sont des aspects fondamentaux d'une vie de qualité pour chaque personne. Lutter contre la violence basée sur le genre améliore non seulement le bien-être individuel des personnes touchées, mais contribue également à une société plus juste, plus humaine et plus accueillante dans son ensemble.

7. Réduire le risque de maladies psychosomatiques : Une exposition à long terme à la violence sexiste peut augmenter le risque de développer diverses maladies psychosomatiques telles que des maux de tête, des maux d'estomac, de l'insomnie et autres. Lutter contre la violence sexiste contribue à réduire ce risque et à maintenir la santé physique.

Une exposition à long terme à la violence sexiste peut avoir de graves conséquences négatives sur la santé physique d'une personne, notamment en augmentant le risque de développer diverses maladies psychosomatiques. Les maladies psychosomatiques sont des manifestations physiques du stress et des problèmes mentaux et peuvent inclure des maux de tête, des maux d'estomac, de l'insomnie, des douleurs musculaires et d'autres symptômes.

Le stress provoqué par la violence sexiste peut augmenter considérablement le niveau de cortisol, une hormone dans le corps, ce qui peut entraîner un dysfonctionnement du système immunitaire et accroître la susceptibilité à diverses maladies. Par exemple, des maux de tête et des insomnies fréquents peuvent être le résultat du stress et de l'anxiété constants qui accompagnent la violence sexiste. Les maux d'estomac peuvent également être causés par un stress psychologique, entraînant une mauvaise digestion et d'autres problèmes.

La lutte contre la violence sexiste joue un rôle important dans la réduction du risque de maladie psychosomatique. Créer un environnement sûr et favorable peut réduire les niveaux de stress et d'anxiété des survivants. Ceci, à son tour, peut conduire à un meilleur bien-être physique et à une réduction du risque de développer diverses maladies. En outre, les mesures préventives et le soutien psychologique fournis dans le cadre de la lutte contre la violence sexiste peuvent aider les survivantes à faire face au stress et à rétablir l'équilibre corporel.

Ainsi, lutter contre la violence sexiste favorise non seulement le bien-être psychologique, mais joue également un rôle clé dans le maintien de la santé physique et la prévention du développement de maladies psychosomatiques chez les survivants.

8. Développer des compétences en matière de gestion du stress : Une exposition chronique à la violence sexiste peut créer des niveaux de stress élevés chez la victime. Lutter contre la violence sexiste implique de développer des stratégies de gestion du stress qui peuvent être utiles dans la vie de tous les jours et vous aider à mieux faire face aux émotions négatives.

L'exposition chronique à la violence sexiste peut créer des niveaux de stress élevés pour la victime. Le stress émotionnel, l'anxiété et les sentiments d'impuissance peuvent avoir une influence significative sur son état mental. Lutter contre la violence sexiste implique non seulement de prévenir de nouveaux incidents de violence sexiste , mais également d'enseigner aux victimes des stratégies efficaces de gestion du stress.

Développer des compétences en matière de gestion du stress devient un aspect important pour les survivants de violences basées sur le genre. Avec des stratégies appropriées de gestion du stress, les victimes peuvent mieux faire face aux émotions et aux situations négatives qui peuvent survenir dans leur vie quotidienne. Ces compétences peuvent inclure des techniques de relaxation telles que des exercices de respiration, la méditation et le yoga, ainsi que des stratégies pratiques de gestion du temps et d'organisation qui peuvent aider à réduire les sources de stress sous-jacentes.

Développer des stratégies de gestion du stress peut être utile non seulement dans le contexte de la lutte contre les violences basées sur le genre , mais aussi pour améliorer le bien-être psychologique de manière plus générale. Apprendre à gérer efficacement le stress peut rendre la victime plus résiliente aux influences négatives futures, augmenter sa capacité de conscience de soi et améliorer sa qualité de vie.

En outre, le développement des compétences en matière de gestion du stress contribue également à renforcer la résilience psychologique de la victime et sa capacité à s'adapter à des circonstances défavorables. Cela contribue à réduire le risque de développer des problèmes psychologiques tels que la dépression ou les troubles anxieux et contribue à améliorer son estime de soi et sa confiance en soi.

Dans l'ensemble, l'élaboration de stratégies de gestion du stress est un élément important de la lutte contre la violence sexiste , car elle aide les survivants à mieux faire face aux émotions et aux situations négatives, augmente leur résilience et contribue à une amélioration globale de leur bien-être mental.

9. Conscience et compréhension de soi accrues : le processus de lutte contre la violence sexiste peut stimuler le développement personnel des victimes, leur permettant de mieux se comprendre elles-mêmes, ainsi que leurs sentiments et leurs réactions face à des situations stressantes. Cela peut favoriser le développement de la conscience de soi et de l'autodétermination.

Le processus de lutte contre la violence sexiste a le potentiel de stimuler l'épanouissement personnel de la victime en favorisant une plus grande conscience et compréhension d'elle-même. Lorsqu'une personne est victime de violence basée sur le genre , elle est confrontée à divers défis émotionnels et situations stressantes qui peuvent la forcer à se regarder de plus près et à regarder son identité de plus près.

Dans le processus de lutte contre la violence sexiste, la victime prend conscience de ses sentiments, de ses réactions et de son comportement dans diverses situations. Elle peut remettre en question ses propres forces, faiblesses, valeurs et croyances et la manière dont elles influencent ses interactions avec le monde qui l'entoure. Ce processus de compréhension de soi permet à la victime de mieux se comprendre elle-même, ses besoins et ses préférences, ce qui contribue à son tour au développement de la conscience de soi.

Développer la conscience de soi est un aspect important de la croissance personnelle car il permet à une personne de comprendre sa place dans le monde, de comprendre ses propres désirs et objectifs et de s'accepter tel qu'elle est. Cela permet à une victime de violence sexiste de développer une vision plus positive et plus saine d'elle-même, augmentant ainsi son estime de soi et sa confiance en soi.

De plus, le processus de lutte contre la violence sexiste peut contribuer au développement de l'autodétermination de la victime. En prenant conscience de ses propres valeurs, croyances et objectifs de vie, une personne peut mieux comprendre qui elle est et ce qu'elle veut accomplir dans la vie. Cela l'aide à prendre des décisions plus éclairées, à établir des relations plus satisfaisantes et à réussir davantage sur le plan personnel et professionnel.

Ainsi, le processus de lutte contre la violence basée sur le genre joue un rôle clé dans la promotion de l'épanouissement personnel de la victime, lui permettant de mieux se comprendre elle-même, ses sentiments et ses besoins. Développer la conscience de soi et la compréhension de soi contribue à renforcer l'estime de soi et la confiance en soi, et favorise une plus grande acceptation de soi et le développement de relations interpersonnelles plus saines et plus résilientes.

10. Soutenir la justice sociale : lutter contre la violence sexiste aide non seulement la victime individuelle, mais contribue également à créer une société plus juste et plus respectueuse dans son ensemble. En soutenant une victime de violence basée sur le genre , nous soutenons les principes de justice sociale et d'égalité.

Lutter contre la violence sexiste est essentiel pour promouvoir la justice sociale et créer des sociétés respectueuses. La violence basée sur le genre est souvent une manifestation d'inégalité et de discrimination, dans la mesure où les victimes peuvent être sélectionnées en fonction de leurs caractéristiques individuelles, telles que la race, le sexe, l'orientation sexuelle, les croyances religieuses et d'autres aspects de leur personnalité ou de leur identité. La lutte contre la violence sexiste soutient les principes de justice sociale et d'égalité en s'efforçant de garantir que tous les membres de la société se sentent en sécurité, respectés et égaux.

En soutenant les victimes de violences basées sur le genre , nous dénonçons les inégalités négatives et les discriminations. Nous reconnaissons le droit de chaque personne d'être à l'abri de la violence et de l'humiliation, quels que soient ses caractéristiques personnelles ou son statut. Soutenir une survivante de violence basée sur le genre favorise également le respect de la diversité et l'inclusion dans la société. Cela souligne l'importance de respecter les différences et de reconnaître la valeur de chaque individu.

De plus, lutter contre la violence sexiste contribue à renforcer les liens sociaux et à créer un environnement favorable dans la société. Soutenir les survivantes de violences basées sur le genre les aide à se sentir incluses et protégées, ce qui contribue à leur bien-être et à leur participation à la société. Cela contribue également à une société plus empathique et bienveillante où chacun peut se sentir accepté et respecté.

De cette manière, lutter contre la violence sexiste aide non seulement les victimes individuelles, mais contribue également à une société plus juste, respectueuse et inclusive dans son ensemble. En accompagnant une victime de violence basée sur le genre , nous défendons les valeurs de justice sociale, d'égalité et de respect de la diversité, qui favorisent le bien-être général et l'harmonie dans la société.

11. Entretenir des relations saines : lutter contre la violence sexiste aide à maintenir et à renforcer des relations interpersonnelles saines. La violence basée sur le genre peut avoir un impact négatif sur les relations de la victime avec les autres, notamment la famille, les amis et les collègues. Les conséquences de la violence basée sur le genre peuvent affecter non seulement la victime elle-même, mais aussi son entourage. Aborder ce problème aide à maintenir des relations positives et favorise le bien-être général.

La lutte contre la violence sexiste joue un rôle important dans le maintien et le renforcement de relations interpersonnelles saines dans la société. La violence basée sur le genre, en tant que forme d'abus, peut gravement perturber les relations de la victime avec les autres, notamment les membres de la famille, les amis, les collègues et même les connaissances. Les conséquences négatives de la violence sexiste peuvent se propager à un large éventail de personnes dans l'environnement social de la victime.

La violence basée sur le genre touche non seulement la victime elle-même, mais aussi ses proches et ses collègues. Les personnes confrontées à des changements de comportement ou à un traumatisme émotionnel résultant de violences basées sur le genre peuvent avoir des difficultés à établir ou à entretenir des relations saines. Cela peut conduire à des conflits, à la méfiance et parfois à une rupture relationnelle, ce qui nuit au bien-être psychologique et émotionnel de toutes les parties.

Lutter contre la violence sexiste contribue à maintenir des relations positives et à améliorer le bien-être général dans la société. Prévenir et mettre fin à la violence sexiste crée un environnement sûr et favorable dans lequel les personnes peuvent se sentir protégées et respectées. Cela permet de développer la confiance, la coopération et la compréhension entre les personnes, qui constituent la base de relations saines et productives.

De plus, lutter contre la violence sexiste contribue à renforcer l'empathie et la compassion au sein de la société. Soutenir une victime de violence basée sur le genre démontre une préoccupation et un respect pour les sentiments et la dignité des autres, ce qui contribue à créer un environnement plus accueillant et plus solidaire pour tous les membres. De telles interactions interpersonnelles positives contribuent à renforcer le tissu social de la société et à créer la base de la solidarité et de l'entraide.

La lutte contre la violence sexiste entraîne non seulement des changements positifs pour les victimes individuelles, mais contribue également à la formation d'une société fondée sur les principes de tolérance et de respect. Cela signifie que lorsqu'une communauté prend des mesures pour prévenir et combattre la violence basée sur le genre, elle exprime son opposition aux comportements dédaigneux et agressifs en soulignant l'importance du respect des droits et de la dignité de chaque membre de la société. De telles actions protègent non seulement les individus des conséquences négatives de la violence sexiste, mais contribuent également à créer un environnement dans lequel chacun se sent en sécurité et respecté. Ce processus soutient le développement d'une société plus ouverte, inclusive et empathique où les différences et l'intégrité de chaque individu sont valorisées.

Chapitre 3.
Mythes sur la violence basée sur le genre.

Les mythes courants sur la violence sexiste peuvent conduire à des malentendus et à des idées fausses sur la question. Voici quelques mythes courants concernant la violence basée sur le genre :

1. « Le blâme de la victime » : ce mythe suppose que la victime de violence sexiste l'a provoqué sur elle-même, sur elle-même par l'agresseur, ou qu'elle mérite un tel traitement. En réalité, aucune action ou comportement de la victime ne justifie la violence. Personne ne mérite de subir des violences, quelles que soient les circonstances.
Explication:
- Les victimes n'attirent pas la violence : La violence basée sur le genre n'est pas le résultat du comportement ou des actions de la victime. Personne ne mérite de subir des violences, peu importe la façon dont il s'habille, agit ou parle.
- La violence relève de la responsabilité de l'auteur : la responsabilité de la violence basée sur le genre incombe uniquement à l'auteur. C'est le résultat de leurs choix et de leurs actions, et non un sacrifice. Nul n'a le droit de porter atteinte à l'intégrité d'autrui, quelles que soient les circonstances.
- Surmonter le mythe : il est important de sensibiliser le public et de diffuser l'information selon laquelle aucune action ou comportement de la victime ne justifie la violence. Soutenir et protéger les victimes devrait être une priorité publique, plutôt que de les blâmer pour leur propre sort dans la violence.
Ce mythe peut amener les victimes à s'isoler et à ne pas pouvoir obtenir l'aide et le soutien dont elles ont besoin. Il est donc important de combattre activement ce mythe en reconnaissant que personne ne mérite de subir des violences et que la responsabilité de la violence incombe uniquement à l'agresseur.

2. « Cela n'arrive que dans les familles dysfonctionnelles » : Ce mythe suppose que la violence basée sur le genre ne se produit que dans des environnements dysfonctionnels ou sous-développés. Autrement dit, il

soutient que de tels cas de violence se produisent exclusivement dans des familles à faible statut social, parmi des personnes manquant d'éducation ou d'argent.

Explication:

- La violence ne dépend pas du statut social : la violence basée sur le genre peut survenir dans n'importe quelle société, quel que soit son statut social ou son niveau de richesse. Elle n'est limitée à aucun groupe spécifique de personnes et peut se manifester dans divers environnements.

- Caractère caché du problème : Souvent, les cas de violence basée sur le genre dans les familles les plus riches peuvent rester cachés ou déguisés derrière une apparence idéale. Cela peut donner la fausse impression que de tels problèmes n'existent que dans les familles dysfonctionnelles.

- Prévalence : La violence basée sur le genre est un problème mondial et peut survenir dans n'importe quelle culture, société et environnement. L'ouverture et l'éducation du public sur ce problème sont des étapes importantes pour le prévenir et le combattre.

Ce mythe peut conduire à sous-estimer l'ampleur du problème de la violence sexiste et empêcher toute action pour y remédier. Il est donc important de reconnaître que la violence sexiste peut survenir dans tous les environnements et que prévenir sa propagation nécessite l'attention et les efforts de l'ensemble de la société.

3. « Les hommes ne peuvent pas être victimes » : Ce mythe suppose que seules les femmes peuvent être victimes de violences basées sur le genre. Elle repose sur des stéréotypes selon lesquels les hommes sont toujours forts, protégés et non soumis à la violence.

Explication:

- Les hommes peuvent aussi être victimes : En fait, les hommes peuvent aussi être victimes de violences basées sur le genre. Cela peut inclure des abus physiques, émotionnels, psychologiques et sexuels. Cependant, de nombreux cas de violence contre les hommes passent inaperçus en raison de stéréotypes et de préjugés.

- Stéréotypes sur la masculinité : Les stéréotypes sur la masculinité et la force peuvent conduire à ce que les hommes ne soient pas considérés comme des victimes potentielles de violence, et s'ils en sont victimes, ils ont du mal à demander de l'aide, de peur d'être ridiculisés ou sous-estimés.

- L'importance de reconnaître toutes les victimes : Reconnaître que les hommes peuvent également être victimes de violences basées sur le genre est important pour garantir qu'ils aient accès au soutien et à l'assistance. Il est nécessaire de remettre en question les stéréotypes et de créer des espaces et des ressources sûrs pour toutes les victimes, quel que soit leur sexe.

Ce mythe peut conduire à ce que des cas de violence contre les hommes passent inaperçus et ne soient pas correctement pris en compte par la société. Il est donc important de reconnaître que les hommes peuvent également être victimes de violences basées sur le genre et de leur apporter le soutien et la protection nécessaires.

4. « La violence se produit uniquement au sein de la famille » : Ce mythe suppose que la violence basée sur le genre se limite uniquement aux relations familiales. Cela implique que la violence se produit exclusivement au sein du milieu familial et au sein des relations étroites.
Explication:
- Violence dans divers domaines de la vie : En effet, la violence basée sur le genre peut survenir dans diverses situations et environnements, notamment dans les relations intimes, sur les lieux de travail, dans les lieux publics et autres. Cela peut inclure des abus physiques ou émotionnels, ainsi que l'oppression sexuelle ou économique.
- Prévalence en dehors de la famille : La violence ne se limite pas aux relations familiales. Elle peut survenir dans un large éventail de situations, et les cas de violence basée sur le genre s'étendent souvent au-delà du cadre familial.
- L'importance de la sensibilisation : La prise de conscience que la violence peut survenir non seulement au sein de la famille, mais aussi dans d'autres contextes, permet de lutter plus efficacement contre ce problème et d'assurer une protection aux victimes dans diverses situations.
Ce mythe peut conduire à une compréhension limitée de la violence sexiste et à une sous-estimation de son ampleur. Il est donc important de reconnaître que la violence peut survenir dans diverses situations et environnements, et de prendre des mesures pour la prévenir et ' la combattre, sans se limiter au seul environnement familial.

5. « Les victimes peuvent mettre fin à la violence elles-mêmes » : ce mythe suggère que les victimes de violences basées sur le genre pourraient simplement quitter ou arrêter la violence si elles le voulaient vraiment. Il soutient que les victimes contrôlent la situation et peuvent mettre fin à la violence par elles-mêmes.
Explication:
- Difficultés à quitter : En réalité, quitter un agresseur peut être extrêmement difficile et dangereux pour la victime. De nombreux facteurs, tels que la dépendance économique, les menaces de violence ou la peur pour sa propre vie et celle de ses enfants, peuvent empêcher une victime de quitter son agresseur.
- Besoin de soutien : Dans la plupart des cas, les victimes de violences basées sur le genre ont besoin de soutien, de protection et d'assistance pour sortir d'une situation dangereuse. Les tentatives solitaires pour mettre fin à la violence peuvent s'avérer insuffisantes, voire mettre la

vie en danger.

- Obstacles systémiques : Souvent, les victimes de violences basées sur le genre peuvent être gênées par des obstacles systémiques, tels que l'absence de législation pour protéger les victimes, un nombre insuffisant de refuges ou une réponse faible des forces de l'ordre aux allégations de violence.

Ce mythe nie la complexité et la réalité de la situation des victimes de violence basée sur le genre, et ignore également la nécessité d'un soutien et d'une protection systémiques pour les victimes. Comprendre les défis auxquels les victimes sont confrontées contribuera à créer des stratégies plus efficaces pour prévenir et combattre la violence sexiste.

6. « La violence n'est pas une menace sérieuse » : Ce mythe suppose que la violence basée sur le genre ne constitue pas une menace sérieuse pour la santé et le bien-être des victimes. Cela peut donner l'impression que la violence est quelque chose de mineur qui n'a pas de conséquences graves.

Explication:

- Conséquences physiques : Les violences basées sur le genre peuvent provoquer des blessures graves et des dommages physiques. Cela peut inclure des ecchymoses, des fractures, des écorchures, des brûlures et même la mort. La violence peut laisser des traces irréparables sur le corps de la victime.

- Conséquences psychologiques : Outre les blessures physiques, les violences basées sur le genre ont également de graves conséquences sur la santé mentale de la victime. Cela peut entraîner un trouble de stress post-traumatique, une dépression, de l'anxiété, des pensées suicidaires et d'autres problèmes mentaux.

- Conséquences sociales : La violence basée sur le genre peut détruire la vie de la victime, affectant ses relations, son travail, ses finances et son estime de soi. Cela peut conduire à l'isolement social, à la stigmatisation et à la perte de confiance envers les autres.

Ce mythe sous-estime la gravité et l'ampleur du problème de la violence sexiste. Comprendre que la violence peut avoir des conséquences catastrophiques pour la victime, tant physiques que psychologiques, permet de sensibiliser le public au problème et de développer des mesures efficaces pour le prévenir et le combattre.

7. « Les victimes peuvent se protéger » : Ce mythe suppose que les victimes de violences basées sur le genre peuvent se protéger et prévenir la violence. Cela suppose que les victimes disposent de suffisamment de force et de ressources pour se protéger de la violence.

Explication:

- Manque de capacités et de ressources : En réalité, les victimes manquent souvent de capacités et de ressources pour se protéger. Cela peut être dû à des problèmes économiques, à l'isolement social, au manque de soutien des autres ou à la peur de l'agresseur.

- La nécessité d'une intervention communautaire : La lutte contre les violences basées sur le genre nécessite non seulement les actions des victimes, mais également une intervention communautaire à grande échelle. Cela comprend l'élaboration d'une législation efficace pour protéger les victimes, la création de refuges et de centres de soutien, l'accès à une aide et à des conseils juridiques et la formation du public à reconnaître et à réagir aux signes de violence.

- Soutien et protection : Les victimes de violences basées sur le genre ont besoin du soutien et de la protection de la société et de l'État. Cela les aide à se sentir plus en sécurité et augmente leurs chances de se sortir d'une situation dangereuse.

Ce mythe sous-estime la complexité de la situation des victimes de violences basées sur le genre et la nécessité d'une intervention communautaire collective pour assurer leur sécurité et leur protection. Il souligne l'importance de créer un environnement favorable et sûr où les victimes peuvent recevoir aide et soutien.

8. « La violence n'est commise que par des étrangers » : ce mythe suppose que la violence basée sur le genre est commise exclusivement par des étrangers, et non par des proches ou des partenaires. Cela implique que la violence se produit principalement dans des situations inconnues et de la part de personnes inconnues.

Explication:

- Relations proches : En fait, les agresseurs les plus courants sont souvent des personnes proches de la victime, comme les conjoints, les partenaires domestiques, les parents ou les amis. Cela peut impliquer le recours à la violence pour contrôler, dominer ou réprimer la victime.

- Mécanismes de pouvoir et de contrôle : La violence basée sur le genre dans les relations intimes repose souvent sur des mécanismes de pouvoir et de contrôle, dans lesquels l'auteur cherche à contrôler le comportement et les actions de la victime. Cela peut inclure des menaces, des abus émotionnels et psychologiques, ainsi que des abus physiques et sexuels.

- Difficulté à reconnaître : La violence survenant souvent au sein de relations proches, elle peut être difficile à reconnaître ou à reconnaître comme de la violence. Les victimes peuvent éprouver de la honte, de la peur ou de la culpabilité, ce qui rend difficile pour elles de demander de l'aide ou une protection.

Ce mythe souligne l'importance de reconnaître que la violence peut survenir dans n'importe quelle relation, y compris les relations intimes.

Comprendre cela permet d'élargir la compréhension de la violence basée sur le genre et de prêter attention à sa présence dans divers domaines de la vie.

9. « La violence n'arrive qu'aux personnes d'une certaine classe sociale ou d'un certain groupe ethnique » : ce mythe suppose que la violence basée sur le genre est limitée à certains groupes sociaux ou ethniques. Cela donne l'impression que la violence est limitée à certaines catégories de personnes et n'est pas répandue.

Explication:

- Universalité du problème : En fait, la violence basée sur le genre peut survenir dans toutes les sociétés et tous les environnements, indépendamment de la classe sociale, de l'origine ethnique ou de l'origine culturelle. Elle ne connaît pas de frontières et peut se propager dans différents contextes culturels et sociaux.

- Stéréotypes culturels : Certains stéréotypes et attitudes culturels peuvent normaliser la violence basée sur le genre ou accroître sa prévalence dans certains groupes. Toutefois, cela ne signifie pas que la violence est limitée à ces groupes.

- Manque de données : Parfois, la violence basée sur le genre dans certains groupes peut être moins visible en raison de stéréotypes ou de barrières culturelles, ce qui peut créer une fausse impression selon laquelle la violence n'existe pas dans ces environnements. Toutefois, cela ne veut pas dire que le problème n'existe pas.

Ce mythe souligne l'importance de reconnaître que la violence basée sur le genre est un problème mondial qui ne se limite pas à certains groupes sociaux ou ethniques. Comprendre cela permet de lutter plus pleinement et plus efficacement contre le problème de la violence dans la société.

10. « Les victimes de violences basées sur le genre ripostent toujours » : Ce mythe suppose que les victimes de violences basées sur le genre résistent toujours activement à leurs agresseurs. Cela donne l'impression que les victimes ont la capacité de résister à la violence dans n'importe quelle situation.

Explication:

- Sentiments paralysants : En réalité, de nombreuses victimes de violences basées sur le genre éprouvent de la peur, de l'horreur et des sentiments paralysants qui peuvent les empêcher de résister ou de tenter de quitter leur agresseur. Cela peut être dû à un traumatisme, à une pression psychologique ou à des menaces de la part de l'agresseur.

- Mécanismes de contrôle : Les agresseurs utilisent souvent divers mécanismes de contrôle et de manipulation pour réprimer la résistance de la victime et la maintenir en leur pouvoir. Cela peut inclure des menaces, des violences physiques ou émotionnelles et un isolement du monde extérieur.

- Traumatisme et stress : les expériences de violence basée sur le genre peuvent entraîner des traumatismes et du stress, rendant la résistance encore plus difficile. Les victimes peuvent se sentir sans défense et impuissantes, ce qui rend difficile pour elles d'échapper à une situation dangereuse.

Ce mythe souligne l'importance de reconnaître que les victimes de violence basée sur le genre peuvent éprouver des émotions différentes et réagir différemment à la violence. Comprendre cela permet d'éviter la stigmatisation ou le blâme en cas de manque de résistance active et garantit que les victimes sont soutenues et assistées dans leur lutte contre la violence.

11. « Les victimes de violences basées sur le genre sont toujours libres de quitter » : Ce mythe suppose que les victimes de violences basées sur le genre sont toujours libres de quitter une situation de violence. Cela implique que les victimes ont le contrôle de leur situation et la possibilité de quitter l'agresseur à tout moment.

Explication:

- Dépendance financière : De nombreuses victimes de violences basées sur le genre sont confrontées à une dépendance financière à l'égard de leurs agresseurs, ce qui rend difficile la sortie d'une situation de violence sans soutien financier. Ils peuvent se voir refuser l'accès à leurs propres moyens de subsistance ou à leur indépendance économique, ce qui limite leur capacité à partir.

- Menaces et peur : Les agresseurs ont souvent recours aux menaces et à la manipulation pour maintenir les victimes en leur pouvoir et empêcher les tentatives de sortir de la situation de violence. Les victimes peuvent craindre pour leur sécurité et celle de leurs enfants, ce qui peut les empêcher de prendre la décision de partir.

- Sentiments d'obligation ou de honte : Certaines victimes peuvent se sentir obligées de rester dans la relation en raison d'un sentiment d'obligation ou de honte, ce qui les empêche également de quitter la situation de violence.

Ce mythe souligne l'importance de comprendre que les victimes de violences basées sur le genre peuvent rencontrer de nombreux obstacles pour se libérer de leur agresseur. Le soutien, la compréhension et l'accès aux ressources peuvent rendre le processus de sortie d'une situation de violence plus sûr et plus accessible pour les victimes.

12. « Les hommes ne peuvent pas être des victimes » : ce mythe suppose que seules les femmes peuvent être victimes de violences basées sur le genre, tandis que les hommes sont toujours considérés comme les

auteurs. Il soutient que les hommes ne peuvent pas devenir victimes de violence de la part de leur partenaire ou dans d'autres situations.

Explication:

- La réalité de la victimisation masculine : En effet, les hommes peuvent aussi devenir victimes de violences basées sur le genre. Ils peuvent être victimes de violences physiques, émotionnelles, sexuelles ou économiques de la part de leur partenaire, des membres de leur famille ou d'autres personnes.

- Stéréotypes et stigmatisation : Le mythe selon lequel les hommes ne peuvent pas être des victimes peut conduire à la stigmatisation et à la réduction au silence de leurs expériences de violence. Cela crée des obstacles à l'aide et au soutien et peut exacerber le traumatisme de la victime.

- Sous-estimation du problème : Ignorer la violence contre les hommes conduit à sous-estimer le problème et complique la création de stratégies efficaces pour le combattre. Prendre en compte les expériences des hommes victimes de violences basées sur le genre est important pour comprendre et combattre ce problème dans la société.

Ce mythe souligne la nécessité de reconnaître que la violence basée sur le genre ne connaît pas de frontières de genre et peut toucher n'importe qui, quel que soit son sexe ou son identité de genre. Comprendre cela contribue à créer une approche plus inclusive et efficace pour prévenir et combattre la violence sexiste.

13. « Partez et tout sera résolu » : Ce mythe implique que les victimes de violences basées sur le genre peuvent facilement et simplement quitter leur agresseur, et tous leurs problèmes seront résolus automatiquement. Il sous-estime la complexité et le danger du processus de libération de la violence.

Explication:

- Difficultés à quitter : Pour de nombreuses victimes, quitter un partenaire violent signifie faire face à des obstacles financiers, émotionnels et physiques. Ils peuvent être confrontés à des menaces, à des manipulations ou à des violences lorsqu'ils tentent de partir, ce qui rend le processus de libération extrêmement difficile et dangereux.

- Dépendance économique : De nombreuses victimes de violences basées sur le genre dépendent de leurs agresseurs, financièrement ou autrement, ce qui rend leur départ dangereux et risqué. Ils peuvent avoir des difficultés à subvenir à leurs besoins et à ceux de leurs enfants sans soutien ni ressources financières.

- Manque de soutien : Les victimes souffrent souvent d'un manque de soutien de la part de la société, de leurs amis ou de leur famille, ce qui rend le processus de séparation de leur agresseur encore plus difficile et encore plus isolant.

Ce mythe souligne l'importance de comprendre que la libération de la violence sexiste est un processus complexe et multiforme qui nécessite un soutien, des ressources et un environnement sûr. Il souligne également la nécessité de créer un soutien public et une protection pour les victimes de violence dans leur processus de libération et de rétablissement.

14. « La violence est un privilège des riches » : ce mythe implique que la violence basée sur le genre se produit exclusivement dans les sociétés pauvres ou sous-développées et est absente ou rare dans les populations plus riches. Il estime que la violence est une conséquence d'un désavantage social ou économique.

Explication:

- Prévalence de la violence : La violence basée sur le genre est courante dans tous les secteurs de la société, quels que soient le statut social, le revenu ou l'éducation. Cela peut toucher n'importe qui, quel que soit sa richesse ou son statut social.

- Cas cachés : dans les couches aisées de la société, les cas de violence basée sur le genre peuvent être cachés ou supprimés en raison de la stigmatisation sociale, de la peur ou du manque de sensibilisation. Cela peut avoir pour conséquence que le problème reste invisible ou sous-estimé.

- Facteurs culturels et structurels : La violence basée sur le genre est causée par des facteurs culturels, sociaux et structurels présents dans différentes sociétés, quel que soit leur niveau de développement ou de bien-être.

Ce mythe souligne l'importance de comprendre que la violence basée sur le genre ne se limite pas à certains groupes sociaux ou économiques, et que sa prévention et son contrôle doivent être fondés sur la compréhension de ses racines et de ses causes dans différents contextes culturels et sociaux.

15. « Les victimes de violences basées sur le genre provoquent toujours le violeur » : Ce mythe implique que les victimes de violences basées sur le genre sont toujours responsables de quelque chose et provoquent le violeur par leur comportement ou leurs actions. Il indique à tort que l'agression ou la violence est une réaction à une action ou à un comportement de la victime.

Explication:

- Responsabilité des violences : Aucun comportement ou action de la victime ne justifie les violences. Les agresseurs assument l'entière responsabilité de leurs actes et de leur choix de recourir à la violence pour contrôler ou humilier une autre personne.

- Manipulation et contrôle : Les agresseurs peuvent utiliser des déclarations telles que « c'est de sa faute » pour manipuler et contrôler la victime. Cela sert à renforcer leur pouvoir et à justifier leur comportement violent.

- Normalisation de la violence : La propagation d'un tel mythe peut contribuer à la normalisation et à la tolérance de la violence dans la société, ce qui peut entraver la condamnation des actes de violence et l'apport d'un soutien aux victimes.

Ce mythe souligne la nécessité de reconnaître que la responsabilité de la violence incombe toujours à l'auteur de la violence et qu'aucune action ou comportement de la victime ne justifie le recours à la violence. Il souligne également l'importance de remettre en question la culture de normalisation de la violence et de renforcer le soutien aux victimes de violences basées sur le genre.

Ces mythes peuvent fausser les perceptions de la violence sexiste et entraver sa prévention et sa réponse. Comprendre qu'elles ne sont pas vraies permet de mieux comprendre l'ampleur du problème et d'apporter un soutien aux victimes.

Comprendre que de nombreuses croyances courantes concernant la violence sexiste sont des mythes peut aider les victimes à reconsidérer leur situation et à réaliser qu'elles ne sont pas responsables de ce qui leur arrive. Cela peut être la première étape pour vous libérer de la violence et rechercher de l'aide et du soutien.

Chapitre 4.
Premiers secours pour les victimes de violences basées sur le genre. Ressources disponibles pour aider les victimes de violence basée sur le genre.

Aider les victimes de violences basées sur le genre est non seulement nécessaire, mais également important dans les premiers instants qui suivent l'incident. Cette première étape peut faire une énorme différence pour la victime, en lui fournissant le soutien dont elle a besoin en cas de crise.

Tout d'abord, prodiguer les premiers secours peut sauver des vies et prévenir les menaces pour la santé de la victime. Fournir des soins médicaux, la sécurité et la protection sont des priorités absolues pour éviter d'autres blessures et complications.

Cependant, outre l'assistance physique, il est également important d'apporter à la victime un soutien psychologique et un réconfort. Cela contribuera à réduire le stress, l'anxiété et l'inconfort, et montrera également que la victime n'est pas seule dans son combat.

L'aide apportée dans les premières minutes suivant un incident peut également servir de point de départ pour la suite du processus de rétablissement. Le soutien et la protection fournis en cette période critique peuvent jouer un rôle clé dans le démarrage du processus de guérison et le retour à une vie normale.

Il est important de comprendre que prodiguer les premiers secours n'est pas seulement une intervention physique, mais aussi un acte de soutien et d'empathie. C'est le moment où la survivante se sent entendue, comprise et soutenue, ce qui constitue une étape importante vers la guérison et le rétablissement.

Fournir les premiers soins aux victimes de violences basées sur le genre est une étape essentielle pour soutenir et protéger les survivants. Voici quelques aspects de base des premiers secours et les ressources disponibles pour les victimes :

1. Sécurité : La première priorité est d'assurer la sécurité de la victime. Si la situation présente toujours un risque, il est important de prendre des mesures immédiates pour y remédier. Cela peut inclure d'appeler la police ou une ambulance pour une intervention immédiate et d'assurer la sécurité de la victime et des autres, ou d'appeler et de demander de l'aide à des organisations sociales spéciales qui protègent les victimes de violences basées sur le genre. Lors de l'évaluation de la sécurité, il est important de considérer à la fois les aspects physiques et psychologiques de la situation, puisque la menace peut provenir aussi bien de l'extérieur que de l'intérieur du domicile ou de la famille. La victime doit être éloignée de la situation dangereuse et bénéficier d'une protection pour éviter d'autres blessures ou des incidents de violence répétés.

2. Soins médicaux : Si la victime présente des blessures physiques ou des blessures, les soins médicaux sont la première priorité. Cela peut inclure l'arrêt du saignement et la fourniture des premiers soins en cas d'ecchymoses, de fractures ou d'autres blessures. La victime doit recevoir des soins médicaux dans les plus brefs délais pour éviter une aggravation de son état et garantir le meilleur rétablissement possible. Dans certains cas, une hospitalisation d'urgence peut être nécessaire pour traiter des blessures graves ou pour évaluer d'éventuelles blessures internes. Il est important de prêter attention à tout signe de blessure ou de douleur et de consulter rapidement un médecin pour les traiter et les traiter.

3. Soutien psychologique : Les victimes de violences basées sur le genre peuvent subir des conséquences traumatisantes sous forme de stress, d'anxiété, de dépression ou de trouble de stress post-traumatique (SSPT). Fournir un soutien psychologique et des conseils aide les survivants à faire face à leurs difficultés émotionnelles. Le soutien psychologique peut inclure des consultations avec un psychologue ou un psychiatre, des séances de thérapie ou la participation à des programmes de groupe visant

à soutenir les victimes de violence. Il est important que les survivants se sentent soutenus et émotionnellement en sécurité afin qu'ils puissent exprimer leurs sentiments en toute sécurité et recevoir l'aide dont ils ont besoin pour se remettre de leur expérience traumatisante.

4. Assistance juridique : Les victimes de violences basées sur le genre doivent connaître leurs droits et avoir accès à une assistance juridique. Cela comprend la consultation d'un avocat pour les aider à comprendre leurs droits et options en vertu de la loi. Un avocat peut fournir à la victime des informations sur les processus de défense et de protection devant le tribunal, y compris la possibilité d'obtenir une ordonnance de non-communication ou une ordonnance de non-communication. En outre, le soutien juridique peut inclure une aide à la préparation des documents, au dépôt d'une plainte auprès de la police ou du tribunal et à la représentation de la victime devant le tribunal. Il est important que les victimes de violences basées sur le genre sachent qu'elles ont droit à une défense et à un procès équitable devant les tribunaux, et qu'elles peuvent bénéficier du soutien et de l'assistance d'avocats expérimentés.

5. Centres d'assistance aux victimes : Il existe des organisations spécialisées et des centres d'assistance qui apportent un soutien aux victimes de violences basées sur le genre. Ces centres offrent une large gamme de services, notamment une assistance juridique, médicale et psychologique.
L'assistance juridique comprend les consultations avec un avocat, l'assistance à la préparation des documents, l'accompagnement lors des audiences judiciaires et la protection des intérêts de la victime devant le tribunal.
Les soins médicaux fournissent les premiers soins en cas de blessures physiques, le traitement des blessures et la réadaptation des victimes.
Le soutien psychologique aide les victimes à faire face aux difficultés émotionnelles telles que le stress, l'anxiété et la dépression causées par la violence sexiste.
En outre, les centres d'aide peuvent proposer un hébergement temporaire dans des endroits sûrs aux victimes qui ont besoin d'un refuge contre leur agresseur.
Ces organisations jouent un rôle important en apportant soutien et protection aux victimes de violences basées sur le genre, en les aidant à se rétablir et à faire face à des situations de vie difficiles.

6. Lignes d'assistance téléphonique : De nombreux pays disposent de lignes d'assistance téléphonique pour les victimes de violences. Ces lignes fournissent un soutien et des conseils confidentiels aux victimes, ainsi que

des informations sur les ressources et services disponibles.

En appelant la hotline, les victimes peuvent recevoir toute l'aide de crise dont elles ont besoin, discuter de leur situation avec un professionnel et recevoir des conseils sur les prochaines étapes.

Les lignes téléphoniques fonctionnent 24 heures sur 24 et sont généralement disponibles gratuitement. Ils jouent un rôle important en apportant un soutien et des informations aux victimes de violences basées sur le genre, en les aidant à se sentir moins isolées et davantage soutenues.

En cas de violence sexiste, les victimes doivent demander l'aide des forces de l'ordre, des institutions médicales ou des organisations spécialisées dans l'accompagnement des victimes de violence les plus proches. Ils peuvent fournir l'assistance nécessaire et orienter la victime vers d'autres ressources et services pour assurer sa sécurité et son bien-être.

7. Ressources en ligne et communautés de soutien : Les ressources en ligne et les communautés de soutien jouent également un rôle important dans l'aide aux victimes de violence sexiste. Il existe de nombreux sites Web, forums, groupes de médias sociaux et plateformes en ligne conçus pour soutenir les victimes de violence et leur fournir les informations et les ressources dont elles ont besoin.

Grâce à ces ressources, les victimes peuvent recevoir un soutien confidentiel, échanger leurs expériences avec d'autres personnes confrontées à des situations similaires, obtenir des conseils de spécialistes et participer à des discussions sur des sujets liés à leurs problèmes.

Les ressources en ligne offrent généralement un large éventail d'informations sur les droits des victimes, les services de soutien et la manière d'accéder à une assistance médicale, psychologique et juridique. En outre, ils peuvent fournir les coordonnées d'organisations et de centres d'aide où les victimes peuvent recevoir une aide supplémentaire hors ligne.

Les communautés de soutien en ligne créent un espace sûr permettant aux victimes d'exprimer leurs sentiments, de recevoir du soutien et de se sentir solidaires avec des personnes partageant les mêmes idées. Il est important que ces communautés soient modérées par des professionnels pour garantir la sécurité et la confidentialité des participants.

8. Centres médico-psychologiques : Les centres médico-psychologiques jouent un rôle clé dans l'aide aux victimes de violences basées sur le genre, en leur fournissant un traitement complet et un soutien pour retrouver leur santé physique et psychologique.

Les centres de santé sont spécialisés dans la fourniture de soins médicaux aux victimes de blessures physiques causées par la violence sexiste. Les médecins et le personnel médical prodiguent les premiers soins si nécessaire, soignent les blessures, pratiquent des interventions chirurgicales si nécessaire et surveillent l'état de santé des victimes.

Les centres psychologiques sont spécialisés dans l'apport d'un soutien psychologique et de conseils aux victimes de violences basées sur le genre. Les psychologues et les psychothérapeutes aident les victimes à faire face aux difficultés émotionnelles associées aux expériences traumatisantes, telles que le stress, l'anxiété, la dépression, le trouble de stress post-traumatique (SSPT) et d'autres conséquences psychologiques de la violence.

Les centres médicaux et psychologiques fournissent également une assistance et un soutien professionnels aux victimes pour restaurer leur estime de soi, améliorer leur qualité de vie et élaborer des stratégies pour faire face aux conséquences de la violence sexiste. Ils travaillent en étroite collaboration avec d'autres organisations et centres d'aide pour fournir toute la gamme d'aide et de soutien nécessaires aux victimes.

9. Auto-assistance et auto-éducation : L'auto-assistance et l'auto-éducation jouent un rôle important en aidant les victimes de violences basées sur le genre à comprendre leurs droits, à améliorer leur estime de soi et à trouver des moyens de faire face aux difficultés.

L'auto-assistance comprend une variété de stratégies et de techniques que les victimes peuvent utiliser pour maintenir leur bien-être physique et psychologique. Cela peut inclure des exercices de relaxation, des techniques de respiration, des pratiques de méditation et de yoga pour aider à soulager le stress et l'anxiété. Les victimes peuvent également consulter de la littérature, des ressources en ligne et des brochures d'information pour en savoir plus sur leurs droits, leurs méthodes d'autoprotection et leurs stratégies d'adaptation.

L'auto-éducation offre aux victimes la possibilité d'acquérir des compétences et des connaissances supplémentaires qui les aideront à faire face aux conséquences de la violence sexiste et à reprendre une vie normale. Cela peut inclure la participation à des formations et à des séminaires d'autodéfense, l'apprentissage de compétences en communication et en gestion de conflits et la participation à des séances de soutien de groupe où les victimes peuvent partager leurs expériences et recevoir le soutien d'autres personnes ayant vécu des situations similaires.

L'auto-assistance et l'auto-éducation permettent aux victimes de devenir des participants actifs au processus de guérison et de rétablissement, ce qui favorise la guérison psychologique, un meilleur bien-être et une confiance en soi accrue.

de violence sexiste.

Les centres et organisations travaillant avec les jeunes jouent un rôle important en aidant les victimes de violence basée sur le genre. Ils offrent une variété de programmes et d'activités pour soutenir le soutien et le bien-être émotionnel des jeunes vivant cette problématique.

Ces centres et organisations proposent souvent des séances de groupe, des ateliers et des formations sur la violence sexiste, où les jeunes peuvent en apprendre davantage sur leurs droits, discuter de leurs émotions et de leurs expériences, et apprendre des stratégies efficaces pour se protéger et faire face à des situations difficiles.

Ils fournissent également des conseils et un soutien en matière de protection juridique, de soins médicaux et de soutien psychologique, aidant ainsi les jeunes à surmonter les effets traumatisants de la violence sexiste et à retrouver une vie normale.

En outre, ces centres fournissent souvent une aide pour trouver un logement temporaire, offrant ainsi un environnement sûr et favorable aux jeunes victimes qui tentent de quitter un partenaire violent ou de violence domestique.

En général, les centres et les organisations qui travaillent avec les jeunes jouent un rôle important en apportant soutien et protection aux jeunes victimes de violence sexiste et en favorisant leur rétablissement.

11. Groupes de soutien : Il existe différents groupes de soutien pour les victimes de violence sexiste où les personnes peuvent partager leurs expériences et recevoir des conseils et un soutien émotionnel de la part des autres participants.

Les groupes de soutien pour les victimes de violence basée sur le genre constituent une ressource importante pour celles qui sont confrontées à ce problème. Dans de tels groupes, les gens peuvent partager leurs histoires et leurs expériences, recevoir un soutien émotionnel et des conseils d'autres membres qui ont traversé des difficultés similaires.

La participation à des groupes de soutien permet aux survivantes de violences basées sur le genre de sentir qu'elles ne sont pas seules dans leur expérience et qu'il existe de nombreuses personnes prêtes à les soutenir et à les écouter. Se connecter avec des personnes qui comprennent et partagent leurs sentiments peut les aider à se sentir comprises et acceptées.

Les groupes de soutien discutent également de diverses stratégies d'adaptation, techniques d'autoprotection et options pour obtenir de l'aide. Cela aide les participants à développer leurs compétences en résolution de problèmes et à trouver des chemins vers le rétablissement.

En outre, les groupes de soutien peuvent servir de plate-forme de débat public sur la violence sexiste, en sensibilisant la société au problème et en promouvant des changements dans la législation et les politiques pour la prévenir et la combattre.

Dans l'ensemble, les groupes de soutien pour les victimes de violences basées sur le genre constituent une ressource importante qui aide les personnes à trouver compréhension, soutien et force lorsqu'elles font face à des expériences traumatisantes.

12. Psychologues scolaires et travailleurs sociaux : De nombreux établissements d'enseignement emploient des psychologues et des travailleurs sociaux qui fournissent des conseils et un soutien aux étudiants victimes de violence sexiste.

Les psychologues scolaires et les travailleurs sociaux jouent un rôle important en apportant soutien et assistance aux élèves victimes de violence sexiste. Dans les milieux éducatifs, ils fournissent des conseils confidentiels et un soutien émotionnel aux étudiants et les aident à prendre les mesures nécessaires pour protéger leur sécurité.

Les psychologues scolaires et les travailleurs sociaux possèdent des compétences professionnelles pour travailler avec des enfants et des adolescents, ce qui leur permet de contribuer efficacement à résoudre les problèmes liés à la violence sexiste. Ils sont capables d'apporter un soutien émotionnel, d'aider les étudiants à comprendre leurs droits et à trouver des solutions pour surmonter les difficultés.

Par ailleurs, les psychologues scolaires et les travailleurs sociaux peuvent mener un travail préventif pour prévenir les violences basées sur le genre dans le milieu éducatif. Ils peuvent organiser des événements éducatifs, des programmes de formation et des groupes de soutien visant à accroître la sensibilisation et à développer des relations saines entre les étudiants.

Ainsi, les psychologues scolaires et les travailleurs sociaux sont des acteurs clés dans la lutte contre les violences basées sur le genre en milieu éducatif. Leurs compétences professionnelles et leur soutien aident les étudiants à surmonter les défis associés à ce problème et à créer un environnement sûr et favorable pour toutes les personnes impliquées dans le processus éducatif.

13. Soutien via les réseaux sociaux et les forums en ligne : Le soutien via les réseaux sociaux et les forums en ligne joue un rôle important dans la fourniture d'une assistance et d'un soutien aux victimes de violence sexiste. Ces ressources fournissent une plateforme anonyme où les gens peuvent partager leurs histoires, discuter de leurs problèmes et recevoir le soutien des autres membres.

L'un des principaux avantages de l'assistance via les réseaux sociaux et les forums en ligne est leur accessibilité et leur commodité. Les victimes de violences basées sur le genre peuvent recevoir de l'aide à tout moment de la journée, partout dans le monde, avec un simple accès à Internet. Ceci est particulièrement important pour ceux qui peuvent avoir peur ou avoir des difficultés à obtenir de l'aide dans le monde réel.

De plus, les réseaux sociaux et les forums en ligne offrent des possibilités de communication anonyme. Cela peut être particulièrement important pour ceux qui hésitent à partager leurs expériences avec de vraies personnes en raison de la peur ou de la stigmatisation. L'anonymat permet aux victimes de se sentir plus à l'aise et protégées.

Par ailleurs, des groupes ou communautés spécialisés dédiés à la question des violences basées sur le genre peuvent être créés sur les réseaux sociaux et les forums en ligne. Ces groupes rassemblent des personnes ayant des expériences et des intérêts similaires, offrant ainsi un forum d'échange d'informations, de soutien et de solidarité.

En tant que tel, le soutien via les réseaux sociaux et les forums en ligne constitue une ressource importante et efficace pour les victimes de violences basées sur le genre, leur donnant accès à du soutien, à des informations et à une communauté à tout moment et en tout lieu.

Ces ressources peuvent constituer une première ligne de défense impénétrable dès les premiers stades de la violence sexiste. Ils fournissent des « premiers secours » fiables qui peuvent mettre fin à la violence sexiste ou au moins fournir à la victime le temps et le soutien nécessaires pour se préparer à d'autres actions.

Aux premiers stades de la violence sexiste, ces ressources peuvent aider la victime à obtenir un aperçu, un soutien et des conseils sur la façon de réagir. Ils peuvent également proposer des stratégies pour lutter contre les violences basées sur le genre et aider la victime à renforcer sa résilience.

En outre, ils peuvent servir de plateforme pour créer un environnement favorable et renforcer les liens sociaux, ce qui est un facteur important pour lutter efficacement contre la violence sexiste. De cette manière, ces ressources fournissent non seulement une assistance dans les situations de crise, mais favorisent également les compétences d'autoprotection et font face aux conséquences de la violence basée sur le genre dès les premiers stades de son développement.

✧ · ✧ · ✧ · ✧ · ✧ · ✧ · ✧ · ✧ · ✧ · ✧ · ✧ · ✧ · ✧ · ✧ · ✧

Chapitre 5.
Premier accompagnement et assistance. Le rôle de la famille et des amis dans la lutte contre la violence sexiste.

Le soutien et l'assistance initiale de la famille et des amis sont essentiels pour faire face à la violence sexiste. Avant tout, la famille et les proches apportent un soutien émotionnel et un réconfort à la victime, ce qui lui permet de se sentir protégée et aimée dans les moments difficiles. Cela crée un soutien psychologique qui aide à faire face aux émotions négatives et au stress provoqués par la violence sexiste.

De plus, la famille et les amis peuvent participer activement à la recherche de solutions au problème. Ils peuvent aider la victime à développer des stratégies pour faire face à la violence sexiste et y répondre, en l'aidant à prendre des mesures audacieuses et efficaces pour se protéger. Il est important que les personnes de soutien apprennent à la victime comment fixer des limites, développer ses compétences en matière de communication et de recherche d'aide, et l'aider à développer son estime de soi et sa confiance en soi.

La famille et les amis jouent également un rôle clé en offrant un environnement sûr à la victime. Ils peuvent aider à limiter les contacts avec l'intimidateur, à créer des plans de sécurité et à aider la victime à décider si elle doit demander l'aide de l'école ou des forces de l'ordre.

De plus, le soutien de la famille et des amis peut aider la victime à se remettre d'expériences négatives de violence sexiste. Ils peuvent fournir l'espace nécessaire pour exprimer des sentiments et des émotions, aider dans le processus de réadaptation psychologique et trouver des moyens de restaurer l'estime de soi et la confiance envers les autres.

Ainsi, le rôle de la famille et des amis dans la fourniture d'un soutien et d'une assistance initiale aux victimes de violence sexiste est inestimable. Ils jouent un rôle clé dans la création d'un environnement protecteur, le développement des capacités d'adaptation de la victime et le rétablissement de son bien-être psychologique.

Lorsqu'une famille est confrontée à une situation de violence sexiste chez un enfant, elle peut apporter aide et soutien de plusieurs manières. En même temps, peu importe l'âge de l'enfant, puisque pour les parents, l'enfant reste un enfant à tout âge.

1. Soutien et écoute : L'aspect le plus important de l'aide à une famille est d'apporter soutien et compréhension à la victime. Il s'agit simplement d'écouter l'enfant parler de ce qui se passe, lui permettant d'exprimer ses sentiments et ses émotions sans craindre d'être jugé. Le soutien familial aide l'enfant à sentir qu'il n'est pas seul dans son combat ct qu'il a des personnes toujours prêtes à l'aider.

2. Discutez des stratégies et des solutions : La famille peut aider l'enfant à développer des stratégies pour faire face à la violence sexiste et y répondre. Ensemble, ils peuvent discuter des actions les plus efficaces dans une situation particulière et de la manière dont l'enfant peut se protéger ou demander l'aide d'un adulte.

3. Soutien dans la communication avec les établissements d'enseignement si l'enfant est mineur : La famille peut agir en tant que défenseur de l'enfant lors de la communication avec les enseignants ou la direction de l'école. Ils peuvent fournir des informations supplémentaires sur les incidents de violence sexiste, demander des mesures pour prévenir de nouveaux incidents et garantir la sécurité de l'enfant dans l'environnement scolaire.

4. Créer un environnement familial sûr : Il est important que l'environnement familial soit un refuge pour l'enfant contre le stress et l'anxiété causés par la violence sexiste. Les parents peuvent créer une atmosphère de confiance et de soutien dans laquelle l'enfant se sentira à l'aise et protégé. Cela inclut l'établissement d'une communication ouverte où l'enfant peut partager librement ses problèmes et ses préoccupations.

5. Rechercher l'aide d'un professionnel si nécessaire : Si la situation de violence sexiste devient trop grave, la famille peut demander l'aide d'un professionnel. Cela peut inclure des consultations avec un psychologue ou un thérapeute pour l'enfant afin de l'aider à faire face au stress émotionnel et au traumatisme causé par la violence sexiste.

En plus des méthodes mentionnées ci-dessus, les familles peuvent recourir à des approches supplémentaires pour aider une victime de violence basée sur le genre :

6. Activités et passe-temps : Impliquer votre enfant dans différents passe-temps ou activités qu'il aime peut l'aider à développer son estime de soi et sa confiance en soi. Cela donnera également à l'enfant la possibilité d'être en dehors des situations de violence sexiste et de vivre des expériences positives.

7. Enseigner les compétences sociales : Les parents peuvent aider leur enfant à développer une intelligence émotionnelle et des compétences de communication efficaces. Cela peut inclure d'apprendre à votre enfant à exprimer ses émotions, à fixer des limites et à interagir avec les autres de manière à éviter que des conflits ne surviennent.

8. Soutien à l'estime de soi : Aider un enfant à développer son estime de soi et son acceptation de soi peut jouer un rôle important dans la lutte contre la violence sexiste. Les parents peuvent mettre en valeur les points forts et les réalisations de leur enfant et l'aider à comprendre qu'être la cible de violences basées sur le genre ne signifie pas qu'il est inférieur.

9. Mesures préventives : La famille peut discuter d'éventuels scénarios de violence basée sur le genre avec l'enfant et élaborer un plan d'action pour prévenir les incidents ou y répondre efficacement. Cela aidera votre enfant à se sentir plus en confiance et prêt à affronter différentes situations.

10. Apprenez à résoudre efficacement les conflits : Apprendre à résoudre efficacement les conflits et les problèmes peut être essentiel pour réduire le risque de devenir victime de violence sexiste. La famille peut aider l'enfant à développer ces compétences en lui enseignant des stratégies de résolution de conflits et de compromis.

11. Créer un environnement familial favorable : Il est important que l'environnement familial soit un endroit où l'enfant se sent en sécurité et soutenu. Les parents peuvent créer une atmosphère dans laquelle l'enfant peut exprimer librement ses sentiments et ses expériences, sachant qu'il est écouté et compris.

12. Encourager une communication ouverte : Les parents peuvent encourager activement leur enfant à parler de ses problèmes et de ses préoccupations. Cela peut inclure des conversations régulières sur sa journée, des discussions sur les événements à l'école et les problèmes auxquels il est confronté.

activités de la vie scolaire, telles que les réunions parents-professeurs, les événements et les compétitions sportives. Cela aidera votre enfant à se sentir soutenu et connecté à la communauté scolaire.

Les parents peuvent aider leur enfant à développer sa confiance en soi et ses compétences d'autodéfense afin qu'il puisse faire face plus efficacement aux situations de violence sexiste. Cela peut inclure l'apprentissage de techniques d'autodéfense, des exercices de renforcement de l'estime de soi et la participation à diverses formations.

Toutes ces options de soutien supplémentaires aident la famille à soutenir efficacement l'enfant et à assurer sa protection et son bien-être dans les situations de violence basée sur le genre.

De manière générale, la famille joue un rôle essentiel dans le soutien et la protection des victimes de violences basées sur le genre. Ils peuvent fournir le soutien émotionnel et pratique nécessaire pour aider un enfant à faire face aux effets négatifs de la violence sexiste et à retrouver une vie saine et heureuse.

Les amis jouent un rôle important dans le soutien d'une victime de violence sexiste, car ils peuvent devenir non seulement des alliés, mais aussi des protecteurs dans des situations difficiles. Les amis peuvent être une présence et un soutien pour la victime, en lui offrant compréhension, réconfort et solidarité. Une simple expression de sympathie et de soutien peut grandement contribuer à apaiser l'état émotionnel de la victime.

Les amis peuvent aider une victime de violence sexiste à trouver des solutions et des stratégies pratiques pour faire face à ses agresseurs. Ils peuvent vous conseiller sur la manière de gérer les situations conflictuelles et de vous protéger au mieux.

Les amis peuvent également agir en tant que défenseurs des victimes dans les lieux publics ou à l'école où se produisent des violences basées sur le genre. Ils peuvent soutenir la victime si elle se trouve dans une situation difficile et l'aider à éviter les conflits. Les amis peuvent agir comme médiateurs pour résoudre les conflits entre la victime et l'agresseur, en les aidant à trouver un compromis et à régler la situation de manière pacifique.

Les amis peuvent directement aider la victime à trouver des ressources et des organisations appropriées qui lui fournissent une aide et un soutien professionnels. Ils peuvent conseiller à la victime de consulter un psychologue, un conseiller scolaire ou d'autres professionnels si nécessaire.

Dans l'ensemble, le soutien des amis est un aspect important de l'aide aux victimes de violence sexiste, car ils peuvent les soutenir et les aider à faire face aux difficultés causées par ce problème.

Comment les amis peuvent aider une victime de violence sexiste :

1. Soutien moral : L'un des moyens les plus importants d'aider une victime de violence sexiste est le soutien moral de ses amis. Faire preuve d'amitié, de compréhension et de compassion peut aider la victime à se sentir moins seule et isolée.

2. Construire une alliance contre la violence basée sur le genre : Les amis peuvent se rassembler pour prendre position contre la violence basée sur le genre et soutenir la victime. Cela peut inclure une action conjointe, comme défendre la victime à l'école ou demander de l'aide aux enseignants et aux administrateurs.

3. Soutien à la participation à des activités sociales : Les amis peuvent inviter la victime de violence basée sur le genre à participer à diverses activités sociales, comme rencontrer des amis, sortir ou faire du sport. Cela aidera la victime à se sentir incluse et soutenue.

4. Aider à développer les compétences sociales : Les amis peuvent aider une victime de violence sexiste à développer les compétences sociales nécessaires pour renforcer ses amitiés et interagir avec le monde qui l'entoure. Cela peut inclure une formation en communication, la participation à diverses activités sociales et activités ensemble.

5. Aide pour trouver une aide extérieure : Les amis peuvent aider une victime de violence sexiste à trouver une aide et des ressources extérieures, telles que des psychologues scolaires, des services sociaux, des lignes d'assistance téléphonique ou une intervention parentale. Le soutien d'amis peut aider la victime à surmonter sa peur et son hésitation à demander de l'aide.

6. Créer un environnement sûr : Les amis peuvent contribuer à créer un environnement sûr pour les victimes de violence sexiste, dans lequel elles se sentent protégées. Cela peut inclure de communiquer régulièrement avec la victime, de défendre ses intérêts et d'empêcher toute tentative de harcèlement ou d'attaque supplémentaire.

7. Offrir une aide pratique : Les amis peuvent offrir une aide pratique, comme un accompagnement à l'école ou à la maison, si une victime de violence sexiste a peur d'y aller seule. Cela peut donner à la victime un sentiment de sécurité et de soutien.

8. Enseigner des stratégies d'autodéfense : les amis peuvent aider une victime de violence sexiste à apprendre des stratégies d'autodéfense et de gestion des conflits. Cela peut inclure l'apprentissage de techniques d'affirmation de soi, comment fixer des limites et comment réagir de manière appropriée à une agression.

9. Proposer des activités positives : les amis peuvent proposer des activités positives et des activités pour soutenir la victime de violence sexiste et la distraire des expériences négatives. Cela peut être quelque chose comme faire du sport, des passe-temps, des jeux ou d'autres activités ensemble qui vous apportent plaisir et joie.

10. Créer un réseau de soutien : Les amis peuvent aider une victime de violence sexiste à créer un réseau de soutien, comprenant d'autres amis, la famille, des enseignants et d'autres adultes qui peuvent offrir soutien et protection en cas de besoin.

11. Faire preuve d'empathie et de soutien : Il est important que les amis fassent preuve d'empathie et de soutien envers la victime de violence sexiste, écoutent ses sentiments et ses émotions et lui apportent compréhension et réconfort dans les moments difficiles.

12. Intervention active : les amis peuvent intervenir activement s'ils constatent des cas de violence sexiste ou d'agression contre la victime. Ils peuvent agir en tant que défenseurs et supporters et se tourner vers les enseignants ou d'autres adultes pour obtenir de l'aide.

13. Formation aux compétences en communication et en résolution de conflits : Les amis peuvent aider une victime de violence basée sur le genre à développer des compétences en communication, en résolution de conflits et en établissant des relations saines avec les autres. Cela les aidera à interagir efficacement avec les agresseurs et à résoudre les conflits.

14. Fournir des informations sur les ressources et le soutien : les amis peuvent être informés des ressources et des organisations qui offrent une assistance aux victimes de violences basées sur le genre et partager ces informations avec la victime. Cela peut les aider à recevoir un soutien et une assistance supplémentaires pour lutter contre la violence sexiste.

L'aide de la famille et des amis est d'une grande importance pour les victimes de violences basées sur le genre. Premièrement, la famille et les amis apportent un soutien émotionnel en exprimant leur sympathie, leur compréhension et leur réconfort. Cela aide la victime à se sentir moins seule et isolée dans les moments difficiles.

En outre, la famille et les amis peuvent agir en tant que conseillers de confiance, en fournissant des conseils et une assistance pour trouver des solutions pour lutter contre la violence sexiste. Ils peuvent aider les victimes à développer des stratégies pour contrer les intimidateurs et à renforcer leur estime de soi et leur confiance en elles.

La famille et les amis peuvent également jouer le rôle de médiateurs en contactant l'école ou les autorités compétentes pour des plaintes et des demandes d'assistance. Leur participation active peut contribuer à créer un environnement sûr et à mettre fin aux cas de violence sexiste.

En outre, la famille et les amis peuvent aider les victimes de violence sexiste à trouver des ressources et des organisations appropriées qui leur fournissent une aide et un soutien professionnels. Leur soutien peut être essentiel au rétablissement d'une victime des effets négatifs de la violence sexiste et contribuer à son bien-être psychologique et émotionnel.

❖·❖·❖·❖·❖·❖·❖·❖·❖·❖·❖·❖·❖·❖·❖

Chapitre 6.
Demander de l'aide pour lutter contre la violence basée sur le genre. Étapes clés pour les victimes et les témoins

La violence sexiste est un problème grave auquel de nombreuses personnes sont confrontées à différentes étapes de leur vie. Cependant, il est important de rappeler qu'il existe de nombreuses ressources et organisations disponibles pour apporter soutien et assistance aux personnes aux prises avec ce problème. Demander de l'aide est la première et importante étape vers la résolution d'une situation de violence basée sur le genre. Dans cet article, nous examinons les principales étapes que les victimes et témoins de violences basées sur le genre peuvent suivre pour demander de l'aide et obtenir le soutien dont ils ont besoin.

1. Définissez la situation.

La première étape pour demander de l'aide face à la violence sexiste est de comprendre et d'être conscient de ce qui se passe. Les victimes de violences basées sur le genre peuvent subir diverses formes de violence, notamment la violence physique, verbale, émotionnelle ou cyber-sexiste. Il est important d'être clair sur ce qui se passe et de comprendre que c'est inacceptable et qu'il faut agir.

La violence basée sur le genre est une forme de comportement agressif caractérisé par le fait d'infliger systématiquement et délibérément un préjudice, une humiliation ou des souffrances à une autre personne. Les victimes de violences basées sur le genre peuvent subir diverses formes de violence, notamment la violence physique, verbale, émotionnelle ou cyber-sexiste. La violence physique basée sur le genre comprend les coups, les coups, les bousculades et autres formes de violence physique directe. La violence verbale basée sur le genre comprend les insultes, les menaces, les moqueries, les commentaires désobligeants et d'autres formes de violence verbale. La violence émotionnelle basée sur le genre vise à saper l'estime de soi et l'estime de soi de la victime, notamment par l'isolement, les menaces, le chantage et même la manipulation. La violence cybergenre, une forme moderne de violence basée sur le genre, se produit en ligne et comprend des attaques, des insultes, des menaces, des rumeurs et d'autres formes de violence numérique.

La première étape pour demander de l'aide face à la violence sexiste est de prendre conscience et de comprendre ce qui se passe. Les victimes de violences basées sur le genre peuvent souvent ressentir de la peur, de la honte, de l'embarras ou de la culpabilité face à la situation dans laquelle elles se trouvent. Cependant, il est important de comprendre que la violence basée sur le genre est inacceptable et nécessite des mesures. Cela peut impliquer de reconnaître ce qui se passe et d'admettre que vous êtes victime de violence sexiste. La sensibilisation peut vous aider à prendre les premières mesures pour vous protéger et demander de l'aide.

Une fois que vous avez compris la situation, l'étape suivante consiste à agir pour vous protéger et obtenir de l'aide. Cela peut inclure, selon l'âge, le contact avec des personnes de confiance , les services sociaux, la police, les parents, les enseignants ou un conseiller scolaire pour obtenir du soutien et des conseils. Vous pouvez également vous tourner vers des amis pour obtenir du soutien et des conseils. Il est important de se rappeler que la violence sexiste n'est pas de votre faute et que vous avez droit à un environnement sûr et favorable.

2. Ne restez pas silencieux.

Il est très important de ne pas passer sous silence les cas de violence basée sur le genre. Les victimes et les témoins doivent trouver le courage de raconter à quelqu'un ce qui se passe. Il peut s'agir d'un parent, d'un enseignant, d'un conseiller scolaire, d'un confident ou d'un ami. Parler de la situation aidera à attirer l'attention sur le problème et à entamer le processus pour obtenir de l'aide.

L'un des aspects les plus importants de la lutte contre la violence sexiste est de ne pas rester silencieux face aux cas de violence. Les victimes de violences basées sur le genre, ainsi que les témoins d'agressions, doivent trouver le courage de raconter à quelqu'un ce qui se passe. Il peut s'agir d'un parent, d'un enseignant, d'un conseiller scolaire, d'un confident ou d'un ami. Parler de la situation aidera à attirer l'attention sur le problème et à entamer le processus pour obtenir de l'aide.

La découverte des cas de violence sexiste est essentielle pour surmonter ce problème. Lorsqu'une victime ou un témoin partage son expérience avec une figure d'autorité, cela aide à identifier les cas d'abus et à prendre les mesures nécessaires. La violence sexiste se produit souvent en secret, et de nombreuses victimes peuvent avoir honte ou avoir peur de signaler l'incident. Cependant, une discussion ouverte vous permet d'attirer l'attention sur le problème et de lancer des actions pour le résoudre.

Le partage des incidents de violence basée sur le genre contribue à apporter soutien et protection à la victime. Lorsque la victime fait part de ses préoccupations, cela permet aux autres de comprendre l'ampleur du problème et de prendre des mesures pour la protéger. Dans le cas de mineurs, un enseignant, un parent ou un autre adulte peut fournir un soutien et des conseils sur les prochaines étapes, comme demander de l'aide auprès des services ou des organisations appropriés.

Identifier les cas de violence basée sur le genre est la première étape pour obtenir de l'aide. Une fois les cas de violence basée sur le genre découverts, le processus d'obtention d'aide et de soutien pour la victime commence. Cela peut inclure des consultations avec des psychologues, des conseils sur la gestion de la situation, l'élaboration de stratégies de protection et de prévention des agressions, ainsi que l'enseignement de compétences de régulation émotionnelle et le renforcement de l'estime de soi.

Un débat ouvert sur la violence sexiste contribue également à créer un environnement sûr dans les établissements d'enseignement et dans la société en général. Lorsque les gens savent qu'ils peuvent parler ouvertement de leurs problèmes, cela contribue à renforcer la confiance et le soutien. Cela permet également aux institutions et aux organisations de prendre des mesures pour prévenir de futurs incidents de violence sexiste et garantir la sécurité de toutes les personnes impliquées.

Plus les cas de violence sexiste sont découverts et discutés, plus le problème est attiré l'attention. Cela pourrait conduire à la création de programmes éducatifs, de formations et d'activités visant à prévenir la violence sexiste, ainsi qu'à des changements dans les politiques et la législation pour protéger les victimes et punir les auteurs. En outre, discuter de cette question dans la société peut contribuer à changer la culture, en créant une tolérance zéro à l'égard de la violence et en favorisant des relations saines entre les personnes.

La divulgation des cas de violence sexiste et les discussions qui s'ensuivent aident à identifier les facteurs qui contribuent à la violence et à prendre des mesures pour la prévenir. Cela peut inclure l'élaboration de programmes d'adaptation sociale, l'enseignement de compétences d'empathie et de respect, la fourniture d'interventions comportementales sociales positives et la création de soutien et de filets de sécurité pour les groupes vulnérables.

Rechercher de l'aide pour lutter contre la violence sexiste est une étape importante pour vaincre la violence et garantir la sécurité de tous dans la société. Divulguer les cas de violence sexiste, discuter du problème puis agir permet de soutenir les victimes, de prévenir de futurs cas de violence et de créer un environnement sûr et favorable pour chacun.

3. Contactez tes parents ou une personne de confiance.

Les enfants et les adolescents peuvent également être vulnérables à la violence sexiste, et il est important de contacter rapidement un parent ou un autre adulte de confiance pour obtenir du soutien et de l'aide. Les parents peuvent aider à clarifier la situation, discuter des étapes possibles pour résoudre le problème et contacter les ressources et les organisations appropriées pour obtenir de l'aide.

Contacter un parent ou une personne de confiance est une première étape importante pour les enfants et adolescents confrontés à des situations de violence basée sur le genre. Les parents ont de l'autorité et peuvent fournir à leurs enfants le soutien et l'orientation dont ils ont besoin pour résoudre un problème. Un confident peut également devenir un soutien pour les enfants, surtout s'ils ne peuvent pas se tourner vers leurs parents pour une raison quelconque.

Les parents jouent un rôle clé en aidant les enfants victimes de violence sexiste. Ils peuvent apporter un soutien émotionnel, aider l'enfant à comprendre la gravité de la situation et lui fournir des informations sur les ressources d'aide disponibles. Les parents doivent écouter l'enfant, faire preuve de compréhension et d'attention, et prendre les mesures nécessaires pour le protéger et le soutenir.

1. Soutien émotionnel : Les parents peuvent apporter un soutien émotionnel et du réconfort pour aider leur enfant à faire face aux sentiments de peur, d'impuissance et d'anxiété provoqués par la violence sexiste.

2. Évaluation de la situation : Les parents aideront l'enfant à évaluer la situation, à comprendre sa gravité et à décider des mesures à prendre ensuite.

3. Discutez des étapes possibles : une discussion conjointe avec les parents aide l'enfant à déterminer les étapes possibles pour résoudre le problème, notamment en contactant l'école, les forces de l'ordre ou d'autres ressources d'aide.

4. Trouver du soutien : Les parents peuvent aider leur enfant à trouver des ressources et des organisations appropriées spécialisées dans l'aide aux victimes de violence sexiste, telles que des psychologues scolaires, des lignes d'assistance téléphonique, des organisations de défense des droits de l'homme et autres.

5. Participer à la solution : Les parents peuvent jouer un rôle actif dans la résolution du problème de la violence basée sur le genre en travaillant avec l'école, les organismes communautaires et d'autres parties prenantes pour assurer la sécurité et le bien-être de leur enfant.

6. Développer des compétences d'autodéfense : les parents peuvent enseigner à leurs enfants des stratégies d'autodéfense, notamment la confiance en soi, l'établissement de limites et une communication efficace, pour les aider à mieux faire face aux situations de violence sexiste.

7. Développer l'intelligence émotionnelle : Les parents peuvent aider leur enfant à développer son intelligence émotionnelle en lui apprenant à reconnaître et à gérer ses émotions, ce qui peut l'aider à mieux faire face à la pression et au stress causés par la violence sexiste.

8. Encourager la communication : les parents peuvent encourager leur enfant à parler de ses sentiments et de ses expériences en matière de violence sexiste en créant un environnement ouvert et favorable dans lequel l'enfant se sent à l'aise pour partager ses expériences.

9. Rechercher une aide spécialisée : les parents peuvent rechercher activement des organisations, des programmes et des professionnels spécialisés qui peuvent fournir un soutien et une assistance dans la lutte contre la violence sexiste.

10. Créer un espace sûr à la maison : Les parents peuvent créer un

espace sûr à la maison où l'enfant se sent protégé et soutenu, et peuvent également lui offrir l'occasion de parler des problèmes et des dangers auxquels il est confronté.

11. Participation active à l'environnement éducatif : les parents peuvent participer activement à l'environnement éducatif de leur enfant en interagissant avec les enseignants, les administrateurs scolaires et d'autres parents pour contribuer à créer un environnement scolaire sûr et favorable.

Contacter un parent ou une personne de confiance est une première et importante étape pour les enfants et adolescents victimes de violences basées sur le genre. Les parents peuvent non seulement fournir un soutien émotionnel et une orientation, mais aussi participer activement à la solution en créant un environnement sûr et favorable à leur enfant.

Si un enfant souffre de violence sexiste à la maison et que les parents ne constituent pas une source d'aide fiable et solidaire, cela peut créer une situation encore plus difficile pour l'enfant. Dans de tels cas, il est important de demander l'aide d'autres adultes ou d'organisations qui peuvent fournir le soutien et la protection nécessaires. Voici quelques étapes possibles :

1. Contacter d'autres membres de sa famille ou tuteurs : L'enfant peut essayer de contacter d'autres membres de sa famille, tels que des grands-parents, des oncles ou des tantes, s'ils peuvent lui fournir un abri ou un soutien sûr.

2. Demander de l'aide à l'école ou à une institution : L'enfant peut demander l'aide d'enseignants, d'un psychologue scolaire, d'un conseiller scolaire ou de l'administration scolaire. Ils peuvent offrir des conseils et des orientations sur la manière dont l'enfant peut mieux faire face à la situation.

3. Contacter les services de protection de l'enfance : Si les parents se trouvent dans un état qui constitue une menace pour l'enfant, ils peuvent alors contacter les organismes de protection de l'enfance ou les services sociaux appropriés qui peuvent fournir assistance et protection.

4. Consultation avec les services professionnels : L'enfant peut s'adresser à des psychologues, des thérapeutes ou des conseillers spécialisés dans l'accompagnement des enfants et des adolescents en situation familiale difficile.

5. Contacter des adultes de confiance dans la communauté : L'enfant peut essayer de rechercher le soutien d'autres adultes de la communauté, tels que des chefs religieux, des chefs de groupes de jeunes ou des coachs professionnels.

Il est important que l'enfant comprenne qu'il existe d'autres sources d'aide et de soutien, même si sa propre famille ne constitue pas un environnement sûr. En cherchant de l'aide, un enfant peut recevoir le soutien et la protection nécessaires pour faire face efficacement à une situation de violence basée sur le genre.

4. Recherche d'un soutien dans un établissement d'enseignement.

Si les enfants et les adolescents sont victimes de violences basées sur le genre, les établissements d'enseignement disposent souvent de spécialistes qui peuvent les aider en cas de violence basée sur le genre. Il peut s'agir de psychologues scolaires, de conseillers, d'enseignants ou d'administrateurs. Vous pouvez les contacter pour obtenir des conseils, de l'assistance et de l'aide pour résoudre le problème.

Trouver un accompagnement dans un cadre éducatif est une étape importante pour les victimes de violences basées sur le genre. La présence de spécialistes dans l'école, tels que des psychologues scolaires, des conseillers, des enseignants ou des administrateurs, peut grandement atténuer la situation et apporter l'aide nécessaire. Examinons de plus près ce processus.

1. Psychologues et conseillers scolaires : ces professionnels sont formés et expérimentés pour travailler avec des adolescents et peuvent offrir des conseils et un soutien confidentiels. Ils peuvent aider une victime de violence sexiste à comprendre et à faire face aux conséquences émotionnelles et à développer des stratégies pour faire face au problème.

2. Enseignants : Les enseignants peuvent être le premier point de contact pour les survivants ou les témoins de violences basées sur le genre. Ils peuvent offrir leur soutien, comprendre ce qui se passe et prendre des mesures pour mettre fin à la violence sexiste.

3. Administration scolaire : La direction de l'école a la responsabilité de fournir un environnement sûr aux élèves. Les victimes de violences basées sur le genre peuvent contacter l'administration pour obtenir assistance et protection. Les administrateurs peuvent enquêter sur un incident de violence sexiste et prendre des mesures pour mettre fin à de nouveaux incidents.

4. Enseignants : les enseignants peuvent également apporter un soutien aux victimes de violences basées sur le genre en leur assurant une protection dans l'environnement de la classe et en les aidant à interagir avec les autres élèves.

5. Programmes de lutte contre la violence sexiste : Certaines écoles mettent en place des programmes spéciaux pour prévenir et combattre la violence sexiste. Les victimes de violences basées sur le genre peuvent bénéficier des ressources et des activités proposées par ces programmes.

Rechercher le soutien d'un établissement d'enseignement est une étape importante pour une victime de violence basée sur le genre. Cela peut aider à mettre fin aux abus et à fournir à la victime le soutien et la protection dont elle a besoin.

Si le problème de la violence sexiste n'est pas abordé de manière adéquate dans un pays ou dans les établissements d'enseignement et que la victime a peur de demander de l'aide en raison d'éventuelles conséquences négatives, il existe d'autres moyens d'obtenir soutien et protection. Voici quelques mesures que vous pouvez prendre dans une telle situation :

1. Contactez un parent ou un adulte de confiance : Si une école ne réagit pas à la violence sexiste, il est important de contacter un parent ou un autre adulte de confiance pour obtenir du soutien. Ils peuvent aider à identifier la situation et prendre les mesures nécessaires pour protéger la victime.

2. Trouvez des ressources externes : essayez de trouver des organisations ou des groupes externes spécialisés dans l'aide aux victimes de violence sexiste. Ces organisations peuvent fournir des conseils, un soutien et une assistance pour résoudre le problème.

3. Consultation avec un avocat : Dans certains cas, notamment si la violence sexiste entraîne un préjudice physique ou psychologique, une intervention juridique peut être nécessaire. Les avocats peuvent aider à évaluer la situation et offrir des conseils sur la protection des droits de la victime.

4. Trouvez du soutien dans les communautés en ligne : Il existe des ressources et des communautés en ligne où les survivantes de violences basées sur le genre peuvent obtenir le soutien et les conseils de personnes confrontées à des problèmes similaires. Cela peut être une source utile d'informations et de soutien émotionnel.

5. Mécanismes de protection de la recherche : Familiarisez-vous avec les lois et les politiques liées à la violence basée sur le genre et aux droits de l'enfant dans votre pays. Connaître vos droits peut vous aider à vous défendre et à demander de l'aide plus efficacement.

Il est important de rappeler qu'il existe un soutien et des ressources disponibles pour les victimes de violence basée sur le genre, même dans les cas où un établissement d'enseignement ne répond pas de manière appropriée au problème. Il est important de ne pas rester seul et de demander de l'aide à d'autres sources pour se protéger et lutter contre la violence sexiste.

Face à la violence sexiste, en plus de rechercher du soutien auprès de ressources externes, il est également important de pouvoir se protéger. Voici quelques techniques d'autodéfense qui peuvent aider les victimes de violences basées sur le genre :

1. Fixer des limites : apprenez à fixer des limites et à exprimer clairement vos préférences et votre rejet des comportements indésirables. Par exemple, si quelqu'un vous insulte, dites-lui que c'est inacceptable et demandez-lui d'arrêter.

2. Éviter les situations de conflit : essayez d'éviter tout contact avec ceux qui font preuve d'agressivité ou de violence. Choisissez une entreprise avec plus de soin et essayez de vous trouver dans des endroits sûrs.

3. Adopter un comportement confiant : essayez de paraître confiant et calme, même si vous ne vous sentez pas en sécurité intérieurement. Cela peut contribuer à dissuader les agresseurs potentiels et à réduire la probabilité d'une attaque.

4. Renforcement de l'estime de soi : Travaillez à renforcer votre estime de soi et votre estime de soi. Plus vous vous valorisez et vous respectez, moins vous risquez d'être blessé par le comportement négatif des autres.

5. Trouvez du soutien : trouvez des amis ou des adultes en qui vous avez confiance et partagez vos problèmes avec eux. Avoir quelqu'un pour vous soutenir et être à vos côtés peut vous aider à traverser des situations difficiles.

6. Développer des compétences en communication : améliorez vos compétences en communication pour être plus confiant et mieux réussir à résoudre les conflits. Cela inclut la capacité d'exprimer vos pensées et vos sentiments de manière claire et respectueuse.

7. Entraînement à l'autodéfense physique : En cas d'attaque physique, la connaissance des techniques de base d'autodéfense physique peut être utile. Cependant, il est important de se rappeler que la violence physique est toujours un dernier recours et ne doit être utilisée qu'en dernier recours pour se protéger.

La pratique de ces techniques d'autodéfense peut aider les victimes de violences basées sur le genre à se sentir plus en confiance et réduire le risque de nouvelles attaques. Cependant, il est important de se rappeler que l'autodéfense doit être adaptée à votre situation spécifique et qu'il vaut toujours la peine de demander de l'aide et du soutien si possible.

5. Utilisez les ressources en ligne.

Il existe de nombreuses ressources et organisations en ligne qui apportent un soutien aux victimes de violence sexiste. Il peut s'agir de sites Web spécialisés, de forums, de forums de discussion ou de lignes d'assistance téléphonique où vous pouvez obtenir des conseils et du soutien auprès de professionnels et d'autres personnes confrontées à une situation similaire.

Utiliser des ressources en ligne pour obtenir de l'aide en cas de violence sexiste peut être une étape importante et efficace pour les victimes. Voici un aperçu plus détaillé de ce sujet :

- Sites Internet spécialisés : Il existe de nombreux sites Internet dédiés à la problématique des violences basées sur le genre, proposant des informations, des conseils et des ressources aux victimes et à leurs familles. Sur ces sites, vous trouverez des articles, des vidéos, des tests, ainsi que des contacts de spécialistes prêts à vous aider.

- Forums et communautés : les forums et les communautés en ligne offrent aux victimes de violences basées sur le genre la possibilité d'entrer en contact avec d'autres personnes qui ont vécu ou traversent des situations similaires. C'est un endroit pour partager vos expériences et obtenir du soutien et des conseils de personnes qui comprennent votre situation.

- Salons de discussion et lignes d'assistance téléphonique : certaines organisations proposent des forums de discussion ou des lignes d'assistance téléphonique en ligne où les victimes de violences basées sur le genre peuvent demander des conseils et une assistance en temps réel. Cela peut être particulièrement utile pour ceux qui ont besoin d'une aide urgente ou qui souhaitent simplement parler à quelqu'un.

- Matériel d'auto-assistance : du matériel d'auto-assistance tel que des articles, des livres, des didacticiels vidéo et des podcasts audio peuvent être trouvés sur diverses ressources en ligne. Ces ressources peuvent inclure des conseils pour gérer le stress, développer des capacités d'adaptation et améliorer l'estime de soi.

- Trouver de l'aide sur les réseaux sociaux : vous pouvez également trouver des groupes et des communautés dédiés à la lutte contre la violence sexiste sur les plateformes de réseaux sociaux. Rejoindre ces groupes vous permet d'obtenir le soutien d'un large éventail de personnes, ainsi que d'accéder à des informations et des ressources à jour.

L'utilisation de ressources en ligne pour lutter contre la violence sexiste peut être un complément utile à d'autres formes de soutien. Cependant, il est important d'être prudent lors du choix des ressources et de vérifier leur validité et leur fiabilité pour éviter de tomber dans le piège de conseils préjudiciables ou erronés.

6. Demandez de l'aide juridique.

Dans les cas de violence sexiste grave qui viole les lois ou conduit à des crimes, une assistance juridique peut être demandée auprès d'avocats ou d'organisations spécialisées dans les droits des enfants et la protection contre la violence. Les avocats peuvent aider à évaluer la situation et fournir des conseils sur les droits de la victime.

Demander une aide juridique peut être une étape nécessaire pour les victimes de violences basées sur le genre, surtout si la situation devient grave et viole les lois. Voici un aperçu plus détaillé de ce sujet :

1. Évaluer la situation : Les avocats spécialisés dans les droits des enfants et la protection contre la violence peuvent procéder à une évaluation pour comprendre la gravité et la complexité du problème de la violence sexiste. Ils examineront tous les aspects de la situation, y compris les violences physiques, verbales, émotionnelles ou cybernétiques, ainsi que les éventuelles violations des lois.

2. Fournir des conseils sur les droits des victimes : les avocats aideront une victime de violence sexiste à comprendre ses droits et ses options. Ils peuvent expliquer quelles lois ont été violées, quels droits la victime possède et quelles mesures peuvent être prises pour se protéger.

3. Préparation des documents et accompagnement dans les procédures judiciaires : Les avocats aideront à la préparation des documents nécessaires, tels que les rapports de police, les plaintes judiciaires ou les demandes de mesures de protection. Ils peuvent également représenter la victime devant les tribunaux ou dans d'autres procédures judiciaires.

4. Médiation et négociation : Dans certains cas, les avocats peuvent agir comme médiateurs entre la victime et l'agresseur pour tenter de parvenir à une résolution pacifique du conflit. Ils peuvent également négocier avec des agences ou des organisations pour assurer la protection et le soutien de la victime.

5. Obtention d'une indemnisation : En cas de dommages causés par la violence sexiste, les avocats peuvent aider la victime à obtenir une indemnisation pour les blessures physiques ou psychologiques, les frais médicaux, les dommages matériels et autres pertes.

Il peut être nécessaire de recourir à une assistance juridique dans les cas où les autres méthodes de soutien et de résolution des conflits sont inefficaces ou insuffisantes. Il est important de choisir des avocats expérimentés et qualifiés, spécialisés dans les droits des enfants et la protection contre la violence, afin d'assurer un soutien et une protection maximum à une victime de violence basée sur le genre.

7. Recherchez le soutien d'amis.

Les amis peuvent être une source importante de soutien pour les victimes de violence sexiste. Ils peuvent offrir un soutien émotionnel, aider à résoudre des conflits, un soutien dans des situations sociales et aider à trouver la force de résister aux intimidateurs.

Rechercher le soutien d'amis peut être une étape importante pour les victimes de violence sexiste, car les amis peuvent offrir un soutien émotionnel et aider à résoudre les conflits. Voici un aperçu plus détaillé de ce sujet :

1. Soutien émotionnel : Les amis peuvent être ceux qui comprennent et acceptent la victime de violence sexiste, ce qui constitue la base du soutien émotionnel. Le simple fait d'écouter et de fournir un soutien dans les moments difficiles peut grandement aider la victime à se sentir moins seule et isolée.

2. Résolution des conflits : les amis peuvent aider à trouver des solutions pour mettre fin à la violence sexiste ou résoudre un conflit. Ils peuvent vous conseiller, vous accompagner dans la prise de décisions et même vous aider à trouver des pistes d'action appropriées.

3. Soutien dans les situations sociales : Les amis peuvent apporter leur soutien dans des situations sociales, comme les déplacements à l'école ou les activités parascolaires. Avoir des amis à proximité peut aider la victime à se sentir plus en sécurité et plus confiante.

4. Aide à résister aux intimidateurs : Les amis peuvent aider la victime à trouver la force de résister aux intimidateurs. Ils peuvent vous proposer des idées ou un soutien pour prendre des mesures pour vous protéger, comme l'apprentissage de compétences en communication, l'affirmation de soi ou même l'autodéfense.

5. Accompagnement dans la recherche d'une aide professionnelle : Les amis peuvent également aider la victime à entrer en contact avec des ressources professionnelles et des spécialistes si la situation devient trop complexe ou nécessite une aide spécialisée.

Se connecter avec des amis peut rendre la gestion de la violence basée sur le genre moins effrayante et aider les victimes à sentir qu'elles ne sont pas seules dans leur lutte. Cependant, il est important que les amis apportent leur soutien et n'aggravent pas la situation, encourageant la victime de violence sexiste à demander de l'aide si nécessaire.

8. Fixez des limites et des priorités.

Comprendre vos propres limites et priorités peut aider une victime de violence sexiste à se protéger et à protéger ses intérêts. Il est important d'apprendre à dire « non » aux situations qui provoquent un inconfort ou deviennent source de violence. Cela peut inclure de rester à l'écart des intimidateurs, de trouver de nouveaux amis ou de modifier son mode de vie pour éviter les situations de conflit.

Fixer des limites et des priorités joue un rôle important dans la protection de la victime de violence sexiste et de ses intérêts. Regardons ce sujet plus en détail :

1. Comprendre vos propres limites : Il est important pour une victime de violence sexiste de comprendre et de respecter ses limites personnelles. Cela peut impliquer de réaliser qu'elle mérite le respect et la dignité, et que personne n'a le droit de violer ses limites ou de lui causer du tort.

2. Dire « non » : Apprendre à dire « non » aux situations qui provoquent un inconfort ou deviennent source de violence est une compétence clé pour se protéger. Cela peut inclure le refus de participer à des situations de conflit ou de communiquer avec des agresseurs, ainsi que le refus de se conformer à des demandes ou des exigences qui violent les limites personnelles.

3. Priorités : Il est important pour une survivante de violence sexiste d'identifier et de se concentrer sur ses priorités. Cela peut impliquer de trouver de nouveaux amis ou cercles sociaux qui la soutiennent et la respectent, ainsi que de changer son mode de vie pour éviter les situations de conflit ou les endroits où elle ne se sent pas en sécurité.

4. Autodéfense : Une victime de violence sexiste doit être prête à se défendre si nécessaire. Cela peut inclure l'apprentissage de compétences d'autodéfense ou la recherche de l'aide d'adultes ou de professionnels si une

situation devient dangereuse ou trop difficile à gérer par vous-même.

5. Trouver du soutien : Enfin, une victime de violence basée sur le genre doit savoir qu'elle n'est pas seule dans son combat et qu'il existe de nombreuses ressources et organisations qui peuvent l'aider à obtenir du soutien et de la protection. Cela peut inclure des psychologues scolaires, des conseillers, des parents, des amis ou des organisations professionnelles.

6. Participez à des groupes sûrs : les survivants de violences basées sur le genre peuvent trouver soutien et protection en rejoignant des groupes ou des communautés sûrs et solidaires. Il peut s'agir de clubs scolaires, d'organismes communautaires ou de forums en ligne où ils peuvent discuter de leurs problèmes et obtenir le soutien de personnes qui les comprennent.

7. Utilisation des technologies de sécurité : Dans le monde d'aujourd'hui, la technologie peut devenir un puissant outil de protection. Les victimes de violences basées sur le genre peuvent utiliser les fonctionnalités de blocage, de filtrage ou de signalement sur les réseaux sociaux et les applications de messagerie pour empêcher tout contact ou contenu indésirable.

8. Respect de soi et pensée positive : Il est important qu'une victime de violence sexiste conserve son respect d'elle-même et sa confiance en elle. La pensée positive et la confiance en soi peuvent l'aider à surmonter les effets négatifs de la violence sexiste et à continuer d'avancer.

9. Demander l'aide de professionnels : Si la situation devient accablante ou dangereuse, la victime de violence basée sur le genre devrait demander l'aide de professionnels. Il peut s'agir de psychologues, de travailleurs sociaux, d'avocats ou d'autres spécialistes qui lui apporteront le soutien et l'assistance nécessaires.

10. Auto-éducation et sensibilisation : Une victime de violence basée sur le genre peut renforcer sa protection en apprenant comment prévenir et répondre à la violence basée sur le genre. Elle peut en apprendre davantage sur ses droits, se renseigner sur les ressources et organisations existantes et acquérir des connaissances sur la gestion du stress et le soutien émotionnel.

Fixer des limites et des priorités aidera une victime de violence sexiste à se protéger contre de nouvelles violences et à prendre le contrôle de sa vie. Ces méthodes aideront une victime de violence basée sur le genre à acquérir la force, l'estime de soi et le soutien nécessaire pour surmonter une situation difficile et poursuivre sa vie.

9. Contactez les organisations professionnelles.

Il existe diverses organisations non gouvernementales et gouvernementales spécialisées dans l'assistance et le soutien aux victimes de violences basées sur le genre. Ces organisations peuvent fournir des conseils, résoudre les conflits, un soutien émotionnel et aider à faire face aux effets de la violence sexiste.

Les organisations professionnelles spécialisées dans la lutte contre les violences basées sur le genre jouent un rôle clé dans l'assistance et le soutien aux victimes de ce type de violences. Voici quelques aspects à considérer :

1. Diversité des organisations : Il existe de nombreuses organisations, tant non gouvernementales que gouvernementales, qui s'attaquent à la question de la violence basée sur le genre. Ils peuvent être nationaux, régionaux ou locaux et fournir une assistance variée, notamment des conseils, un soutien et des ressources.

2. Fournir des conseils et une assistance : Les organisations professionnelles disposent généralement de spécialistes pour aider les victimes de violences basées sur le genre. Il peut s'agir de psychologues, de travailleurs sociaux, d'avocats et d'autres professionnels possédant une expérience et des connaissances dans ce domaine.

3. Résolution des conflits : les organisations peuvent aider à résoudre les conflits et trouver des stratégies appropriées pour faire face à la violence sexiste. Ils proposent des conseils individuels, des séances de groupe ou des formations visant à développer les compétences d'auto-représentation et de gestion des conflits.

4. Soutien émotionnel : L'un des aspects importants du travail des organisations professionnelles est la fourniture d'un soutien émotionnel aux victimes de violences basées sur le genre. Cela peut inclure un soutien psychologique, une aide à faire face à l'impact émotionnel de la violence et la création d'un espace sûr pour exprimer leurs sentiments et leurs préoccupations.

5. Faire face aux conséquences : Les organisations aident les victimes de violences basées sur le genre à faire face aux conséquences de ce type de violence. Cela peut inclure une aide à reconstruire l'estime de soi, à surmonter le trouble de stress post-traumatique et à développer des stratégies pour faire face aux émotions négatives.

6. Éducation du public et plaidoyer : Les organisations professionnelles jouent un rôle important dans l'éducation du public sur la question de la violence sexiste, ainsi que dans le plaidoyer pour la mise en œuvre de politiques et de programmes efficaces pour prévenir ce phénomène. Ils peuvent mener des activités de formation, des campagnes de sensibilisation et participer à l'élaboration de législations visant à protéger les victimes de violences basées sur le genre.

De manière générale, les organisations professionnelles constituent une ressource importante pour les victimes de violences basées sur le genre et leurs familles, en leur fournissant une assistance et un soutien complets dans les situations difficiles.

10. N'hésitez pas à demander de l'aide.

Il est important de se rappeler que demander de l'aide n'est pas un signe de faiblesse, mais plutôt un signe d'inquiétude pour son propre bien-être et sa sécurité. Personne ne mérite de souffrir de violence sexiste, et demander de l'aide est la première étape pour résoudre le problème.

Rechercher de l'aide pour lutter contre la violence sexiste est une première étape importante pour résoudre le problème. Voici quelques aspects à considérer :

1. L'importance de l'auto-assistance : Demander de l'aide en cas de violence sexiste n'est pas un signe de faiblesse, mais démontre au contraire un souci pour son bien-être et sa sécurité. Le refus d'aider ne peut qu'aggraver la situation et entraîner d'autres conséquences négatives.

2. Respect de soi et droits : Personne ne mérite de souffrir de violence basée sur le genre. Demander de l'aide est une manifestation de respect de soi et de protection de vos droits à une vie sûre et heureuse. Toute personne a droit au respect et à la protection contre la violence.

3. Soutien des autres : Souvent, les gens ont peur de demander de l'aide par peur d'être jugés ou sous-estimés. Cependant, il est important de se rappeler que la famille, les amis, les enseignants et les organisations professionnelles sont disponibles pour apporter soutien et assistance dans la lutte contre la violence sexiste.

4. Conséquences possibles du silence : Ne pas demander de l'aide peut entraîner des souffrances à long terme liées à la violence sexiste, une détérioration du bien-être psychologique et émotionnel et une détérioration des relations avec les autres. Il est donc important de ne pas hésiter à demander de l'aide en cas de signes d'abus.

5. Options d'aide : Il existe de nombreuses ressources et organisations disponibles pour aider les victimes de violence basée sur le genre. Cela pourrait inclure des psychologues scolaires, des travailleurs sociaux, des conseillers professionnels, des lignes d'assistance téléphonique, des ressources en ligne et bien plus encore. Demander de l'aide ouvre une gamme d'options d'assistance et de conseils.

Dans l'ensemble, demander de l'aide en cas de violence sexiste est une étape importante qui vous aide à vous protéger et à protéger vos intérêts, ainsi qu'à entamer le processus de résolution du problème.

Demander de l'aide face à la violence sexiste est une étape importante et nécessaire pour se protéger ou aider les autres. Que vous soyez victime ou témoin de violences basées sur le genre, n'oubliez pas qu'il existe de nombreuses ressources et organismes disponibles pour vous soutenir et vous assister. N'hésitez pas à demander de l'aide et rappelez-vous que vous n'êtes pas seul dans cette situation.

La recherche d'aide en cas de violence sexiste joue un rôle essentiel pour garantir la sécurité et le bien-être des victimes et des témoins.

La première étape pour demander de l'aide consiste à reconnaître le besoin de soutien. Cela peut être dû à une détérioration psychologique, à la peur ou au désespoir, qui peuvent s'aggraver sans intervention. Il est important de savoir où chercher de l'aide. Les ressources peuvent inclure des psychologues scolaires, des travailleurs sociaux, des lignes d'assistance téléphonique, des ressources en ligne, des centres médicaux et psychologiques, des organisations de défense des droits de l'enfant, etc.

Souvent, les gens peuvent être gênés de demander de l'aide par peur d'être jugés ou sous-estimés. Il est important de rappeler que demander de l'aide est une démarche courageuse et responsable qui peut conduire à une amélioration de la situation.

Obtenir le soutien et les conseils de professionnels vous aide à mieux comprendre la situation, à élaborer des stratégies pour résoudre le problème et à apprendre à faire face à l'inconfort émotionnel. Demander de l'aide vous aide à vous protéger, ainsi que les autres, contre d'autres violences et améliore votre bien-être général. Cela permet également d'éviter d'éventuelles conséquences négatives de la violence sexiste à long terme.

Dans l'ensemble, demander de l'aide en cas de violence sexiste est une étape importante et nécessaire qui contribue à garantir la sécurité, la protection et le soutien des victimes et des témoins. N'hésitez pas à demander de l'aide, rappelez-vous que vous n'êtes pas seul dans cette situation et qu'il existe de nombreuses ressources et personnes prêtes à vous aider.

Chapitre 7.
Qui est responsable du fait que vous soyez victime de violence sexiste ?

Ici, il faut décider immédiatement qui est exactement victime de violence , et à ce stade nous nous intéressons uniquement à savoir si la personne est en bonne santé :

- le corps humain présente des dommages mentaux ou physiques importants à un niveau tel qu'il n'est pas en mesure de fournir de manière indépendante une résistance suffisante à l'agresseur.

- 100 % en parfaite santé, il reste très peu de personnes sur la planète en raison de très nombreux facteurs, c'est-à-dire que nous souhaitons savoir si le corps d'une personne est suffisamment en bonne santé pour se situer dans les limites raisonnables de sa propre capacité suffisante à contrôler son corps. et les processus mentaux.

Dans le premier cas, malheureusement, il sera beaucoup plus difficile, voire impossible, pour une personne de faire face de manière indépendante aux agresseurs lors de violences basées sur le genre. Dans ce cas, une aide extérieure est nécessaire, il peut s'agir de l'aide de la famille, des proches, des connaissances ou des agents de la sécurité de l'État de l'individu, tels que des travailleurs sociaux ou des militants des droits de l'homme et de la police.

Dans le second cas, si vous êtes victime de violence sexiste, vos parents et vous-même en êtes directement responsables. Examinons maintenant les raisons que j'ai évoquées. Mais avant cela, prenons un peu de recul et considérons une question importante : qui ou quoi est une personne d'un point de vue biologique.

D'un point de vue direct, peu importe ce que vous pensez de vous-même et des autres, nous faisons tous partie du système biologique de cette planète et appartenons aux catégories d'animaux. D'un point de vue biologique, l'homme est un organisme biologique appartenant au règne animal. Les humains sont une espèce d'Homo sapiens, qui appartient à l'espèce des primates. Ainsi, les humains font partie du système biologique de la planète Terre et partagent des ancêtres communs avec d'autres espèces animales.

Je pense que vous avez déjà remarqué que presque toutes les créatures de la planète ont la même structure corporelle, avec seulement des changements mineurs. Les corps de presque toutes les créatures de la planète ont :

Il a été observé à juste titre que de nombreuses créatures sur la planète ont une structure corporelle similaire avec quelques variations. Cette structure générale comprend les fonctionnalités suivantes :

- Tête : Elle abrite généralement des organes sensoriels tels que les yeux pour la perception visuelle de l'environnement, les oreilles ou d'autres structures similaires pour la perception auditive, ainsi qu'une ouverture pour manger et communiquer avec le monde extérieur.

- Colonne vertébrale : C'est l'axe central auquel sont rattachées toutes les parties du corps, tant externes qu'internes. La colonne vertébrale fournit soutien et protection au système nerveux et constitue la base du mouvement et du maintien de la structure du corps.

- Membres proches de la tête : ce sont généralement des mains ou d'autres organes permettant de manipuler et d'interagir avec l'environnement.

- Membres situés à l'extrémité de la colonne vertébrale : il s'agit généralement de jambes ou de structures similaires utilisées pour la locomotion et le mouvement dans l'environnement.

- Système reproducteur et digestif : Ce sont des systèmes anatomiques importants responsables de la reproduction et de l'obtention des nutriments contenus dans les aliments, ainsi que de l'élimination des déchets.

Ces caractéristiques anatomiques sont des éléments clés pour la survie et le fonctionnement des créatures sur la planète, et elles sont généralement présentes dans toutes les espèces, bien qu'elles puissent varier en fonction de l'environnement et des adaptations évolutives.

Nous avons donc déterminé que l'homme fait partie des espèces animales. Mais il faut garder à l'esprit que cette créature de la planète est la plus dangereuse, la plus intelligente et la plus cruelle jusqu'à l'absurdité. Aucune autre créature sur la planète ne tue pour son propre plaisir, ni n'abuse d'autres créatures, et en particulier des siens, pour le plaisir. Et cela a toujours été le cas, quelle que soit la profondeur avec laquelle on s'intéresse à l'histoire de l'humanité. Et même des siècles plus tard, absolument rien n'a changé.

Oui, les communautés ont créé des systèmes juridiques basés sur des caractéristiques territoriales. Mais seulement pour contrôler les autres comme eux et protéger ceux qui règnent sur ce territoire.

Où est-ce que je veux mener cette conversation ? Tout est très simple. Je veux vous montrer que l'homme est la créature la plus cruelle et la plus impitoyable qui aime tuer et torturer les autres. Et oui, comme tout le monde, vous possédez ces caractéristiques. Mais dès la naissance, la plupart d'entre nous ont été programmés, eh bien, disons-le autrement - nous avons été élevés dans l'idée qu'une personne est une créature de bonne humeur. Ceci est principalement bénéfique pour ceux qui règnent sur la foule maléfique, dont ils tentent de broyer les dents et les griffes depuis l'enfance. De cette façon, il est plus facile de contrôler la foule et de lui donner l'impression qu'elle pense quelque chose et décide, plutôt que de rester littéralement des esclaves dirigeant les autres.

Mais tout le monde n'est pas d'accord avec cette propagande générale, et beaucoup ne pratiquent pas cette pratique au sein de leur famille. En particulier dans les familles défavorables, où les enfants grandissent sans une couche culturelle aussi épaisse, qui contrôle le subconscient d'une personne au niveau subconscient. Fondamentalement, ils deviennent des agresseurs directs d'autrui. Les personnes issues de ce milieu deviennent le plus souvent aussi des criminels, notamment avec un penchant pour les crimes cruels et sanglants.

Mais si une personne a grandi en étant soumise à des « règles de comportement » et à une « culture », alors elle n'est peut-être pas préparée à une réaction comportementale différente de celle de personnes ayant des valeurs culturelles et une éducation différentes.

Mais qui est responsable du fait qu'une personne devient victime de violence sexiste :
- tes parents,
- vous personnellement.

Et absolument dans des proportions égales. Il n'y a personne d'autre à blâmer pour votre victimisation. Vous personnellement et ceux qui vous ont élevé en êtes responsables.

Et pourquoi? Tout est très simple, les agresseurs, exprimant leur véritable essence en tant qu'humains, font exactement ce que font les créatures par nature. Comme je l'ai dit, l'homme est la créature la plus cruelle et la plus impitoyable de la planète, qui prend plaisir à tuer les siens, ainsi qu'à torturer et à se moquer des siens. Oui, naturellement, cette règle s'applique à d'autres créatures, une personne embrasse joyeusement et complètement tous les êtres vivants qui l'entourent, et se moque et torture cruellement d'autres créatures. Pourtant, l'homme poursuit ses semblables plus que toutes les autres créatures.

Beaucoup sont prêts à discuter avec moi sur cette question. Je suis d'accord avec cela. Et j'ai immédiatement envie de poser une question : dans quelle mesure êtes-vous prêt à discuter avec moi ? Avant la bataille, avant la persécution, avant la destruction de moi-même et de ma théorie ? Mais cela ne prouve-t-il pas déjà ma théorie ? Malheureusement, si vous réfléchissez profondément, regardez autour de vous, rappelez-vous l'histoire de l'humanité au cours des siècles passés, tout le monde sera d'accord avec moi, car c'est vrai.

Alors pourquoi ai-je dit que vos élèves ou vos parents étaient responsables du fait que vous soyez devenu une victime ? Parce qu'ils ne vous ont pas préparé au monde réel, ne vous ont pas élevé correctement, ne vous ont pas laissé le choix et ont fait de vous une victime. Selon les méthodes modernes d'éducation basées sur la gentillesse et le respect, il peut malheureusement être extrêmement dangereux qu'une personne élevée selon cette méthode se retrouve dans un autre environnement qui n'est pas soutenu par les mêmes principes. Et si vous lisez le livre, c'est ce qui s'est passé. Vos parents, sans même y penser, vous ont involontairement élevé de telle manière que vous avez dû devenir une victime à un moment de votre vie, car la vraie vie n'est pas un conte de fées sur les licornes roses, mais une lutte cruelle. Que ce soit à l'école ou au travail, pour une évolution de carrière.

Et pourquoi ai-je dit que c'est parce que vous êtes vous-même coupable d'être victime de violence sexiste ? Ici aussi, j'ai une réponse simple. Vos parents vous ont élevé et vous ont inculqué des visions irréalistes de la vie, c'est vrai, mais dès la première année scolaire, vous avez pu voir que tout cela n'était qu'un mensonge et que la réalité était très cruelle. Et les enfants sont très cruels, et dans votre établissement éducatif, même dans les premières années, ils pourraient voir des exemples de violence sexiste envers d'autres enfants ou même envers vous. Et à ce stade, vous auriez dû vous en rendre compte et agir à ce sujet afin de cesser d'être une victime ou de ne jamais l'être. C'est entièrement de votre faute, puisque vous auriez pu prendre les mesures nécessaires pour éviter d'en être victime.

✧·✧·✧·✧·✧·✧·✧·✧·✧·✧·✧·✧·✧·✧·✧

Partie 2.
La violence sexiste est un désastre dans le monde moderne.

Chapitre 8.

L'importance de discuter de la violence basée sur le genre.

La violence basée sur le genre n'est pas seulement un problème mondial, mais aussi une question qui touche aux principes fondamentaux de justice, d'égalité et de sécurité dans la société moderne. La discussion sur ce sujet devient partie intégrante des efforts visant à créer un monde plus juste et plus sûr. Dans ce chapitre, nous verrons pourquoi discuter de la violence sexiste est si important pour la société moderne.

La violence basée sur le genre est une forme de violation des droits humains fondée sur les inégalités sociales et culturelles entre les sexes. Cela peut prendre de nombreuses formes, notamment des abus physiques, émotionnels, économiques et sexuels. Il est important de comprendre que la violence basée sur le genre ne se limite pas à certaines catégories de personnes ou groupes sociaux, elle est répandue et peut toucher n'importe qui, sans distinction de sexe, d'âge, de race ou de statut social.

Discuter de la question de la violence sexiste devient une nécessité en raison de son impact dévastateur sur la vie de millions de personnes dans le monde. Ce phénomène crée des inégalités, de la peur et de la stigmatisation, compromettant la santé, la sécurité et le bien-être. La lutte contre la violence sexiste nécessite non seulement des efforts individuels, mais également des changements sociétaux à grande échelle, notamment un changement des attitudes culturelles, un renforcement de la législation et la création d'un environnement favorable aux victimes.

La violence sexiste a des conséquences considérables sur la société dans son ensemble. Non seulement cela détruit la vie des victimes individuelles, mais cela compromet également la stabilité sociale, le développement économique et la solidarité sociale. Combattre ce problème est essentiel pour créer une société égalitaire et juste où chacun a droit à la sécurité, au respect et à l'abri de la violence.

L'importance de discuter de la violence sexiste ne peut être sous-estimée. Il ne s'agit pas seulement d'une question de justice et de droits de l'homme, mais également d'une question de sécurité et de bien-être publics. Discuter de ce problème permet d'en prendre conscience, d'attirer l'attention sur la nécessité d'agir et d'inspirer des actions pour le surmonter.

La violence basée sur le genre se produit lorsqu'une personne est maltraitée ou harcelée en raison de son genre ou de son identité de genre. Cela peut inclure différentes formes d'agression et de contrôle qui causent des dommages non seulement physiques, mais aussi émotionnels et économiques.

La violence basée sur le genre peut prendre différentes formes, telles que :

1. Violence physique : c'est lorsqu'une personne est frappée, battue, menacée ou maltraitée en utilisant la force physique.

2. Abus émotionnel et psychologique : c'est lorsqu'une personne est soumise à une humiliation, à des menaces, à un contrôle ou à une manipulation qui nuit à son état émotionnel et à son estime de soi.

3. Violence sexuelle : c'est lorsqu'une personne est contrainte d'accomplir des actes intimes sans son consentement ou sous pression.

4. Violence économique : c'est lorsqu'une personne est contrôlée ou limitée dans son accès aux ressources financières ou aux opportunités de revenus.

La violence basée sur le genre peut survenir dans diverses situations, notamment dans les relations familiales, les relations intimes, au travail ou dans les lieux publics. Il est important de comprendre que cela ne se limite pas aux femmes : les hommes peuvent également devenir victimes de violence sexiste.

La violence sexiste imprègne divers aspects de la vie des gens, ayant un impact négatif sur leur santé physique et mentale, leurs relations sociales, leur bien-être économique et leur sécurité publique.

1. Santé physique : La violence sexiste peut entraîner des blessures physiques, notamment des contusions, des fractures, des écorchures, voire la mort. Les victimes éprouvent souvent de la douleur et de la souffrance et peuvent également être confrontées à des conséquences à long terme sur leur santé, telles que des douleurs chroniques, des troubles du sommeil et des troubles psychosomatiques.

2. Santé mentale : La violence basée sur le genre peut entraîner de graves conséquences psychologiques telles que l'anxiété, la dépression, le trouble de stress post-traumatique (SSPT) et les idées suicidaires. Les victimes peuvent éprouver de la peur, de l'anxiété et un sentiment de sécurité, ce qui a un impact considérable sur leur qualité de vie.

3. Relations sociales : La violence basée sur le genre détruit la confiance et la stabilité dans les relations entre partenaires, amis et famille. Les victimes se sentent souvent socialement isolées et aliénées, ce qui peut entraîner une perte de soutien social et une détérioration de leur santé mentale.

4. Bien-être économique : la violence basée sur le genre peut limiter l'accès des victimes à l'éducation, à l'emploi et aux ressources financières. Cela peut conduire à une dépendance économique à l'égard de l'agresseur et rendre difficile pour la victime de sortir seule d'une situation dangereuse.

5. Sécurité publique : La violence basée sur le genre constitue une menace pour la sécurité publique car elle contribue à la propagation de la

violence et de la criminalité dans la société. Cela peut également miner la confiance dans les forces de l'ordre et le système judiciaire, rendant difficile l'accès des victimes à la justice et à la protection.

6. Enfants et famille : La violence basée sur le genre a de graves conséquences sur les enfants issus de familles violentes. Ils peuvent être témoins ou victimes de violences, qui peuvent entraîner des traumatismes durant l'enfance, des problèmes de santé mentale et des troubles du développement. En outre, la violence sexiste provoque souvent des ruptures dans les relations familiales et des divorces, ce qui a également un impact sur les enfants et leur bien-être.

7. Stabilité émotionnelle : La violence basée sur le genre peut affecter considérablement la stabilité émotionnelle des victimes, provoquant des sentiments de peur, d'impuissance, de culpabilité et de honte. Ces émotions peuvent empêcher une réponse appropriée à la situation, affaiblissant la détermination de la victime à résister à la violence ou à quitter un environnement dangereux.

8. Accès aux ressources : La violence basée sur le genre limite l'accès des victimes aux ressources et aux services nécessaires à la survie et au rétablissement. Cela comprend l'accès à la protection juridique, aux soins médicaux, au soutien psychologique, au logement, à l'emploi et à l'aide financière. Un accès limité à ces ressources peut laisser la victime dans une position vulnérable et accroître sa dépendance à l'égard de l'agresseur.

9. Opinion publique et culture : La violence basée sur le genre reflète les normes et valeurs de la société en matière de genre et de pouvoir. Cela peut être lié aux stéréotypes de genre, aux croyances culturelles et aux attentes sociales qui tolèrent ou tolèrent la violence contre certains groupes de personnes. Cela souligne l'importance de changer les attitudes du public et de créer une culture de respect des droits de chaque personne, quel que soit son sexe.

10. Stabilité économique : La violence basée sur le genre peut avoir de graves conséquences économiques pour les victimes. La violence peut entraîner la perte d'un emploi, une dépendance financière à l'égard de l'agresseur, une perte de biens ou de possibilités d'éducation. La dépendance économique de la victime à l'égard de l'agresseur peut être utilisée comme moyen de contrôle et de manipulation, la rendant plus vulnérable et incapable de se libérer de l'abus.

11. Bien-être psychologique : La violence basée sur le genre a des effets à long terme sur le bien-être psychologique des victimes. Cela peut conduire au développement d'un trouble de stress post-traumatique (SSPT), de dépression, de troubles anxieux et d'une altération de l'estime de soi et de soi. Les conséquences traumatisantes de la violence basée sur le genre peuvent avoir un impact sur la qualité de vie de la victime et sur sa capacité à fonctionner dans la société.

12. Dynamique familiale et sociale : La violence basée sur le genre affecte la dynamique familiale et sociale, créant des déséquilibres de pouvoir et de contrôle. Cela peut conduire à des relations brisées, à un isolement du soutien social et à une perte de liens avec les amis et la famille. La destruction du soutien familial et social laisse la victime dans une position plus vulnérable et réduit sa capacité à faire face à la situation de violence.

La violence sexiste imprègne divers aspects de la vie des gens, ayant un impact négatif sur leur bien-être physique, émotionnel, économique et social. Cela nécessite non seulement une intervention individuelle et un soutien aux victimes, mais également une prise de conscience sociale, un changement des normes culturelles et la création des conditions nécessaires pour prévenir et mettre fin à la violence.

Discuter de la violence sexiste joue un rôle clé dans la sensibilisation, la sensibilisation du public et le soutien aux victimes. Voici quelques-uns des aspects importants de l'importance de discuter de la violence basée sur le genre :

1. Sensibilisation : Discuter de la violence basée sur le genre aide les gens à comprendre sa portée, ses types et ses conséquences. Cela contribue à sensibiliser le grand public au problème, ce qui peut conduire à un changement d'attitude à l'égard de la violence et de son caractère inacceptable.

2. Attirer l'attention sur le problème : Discuter de la violence sexiste contribue à attirer l'attention de la société, des agences gouvernementales, des organisations internationales et d'autres parties prenantes sur ce grave problème. Plus les gens sont informés sur la violence sexiste, plus ils ont la possibilité d'agir pour la prévenir et la combattre.

3. Soutenir les victimes : discuter de la violence sexiste crée un espace où les victimes peuvent raconter leur histoire, recevoir le soutien et l'assistance de la communauté et trouver des ressources pour se rétablir et se protéger. Savoir qu'elles ne sont pas seules et qu'il existe des personnes prêtes à les aider peut être très précieux pour les victimes de violence.

4. Prévenir la violence : discuter de la violence sexiste aide à identifier les causes et les facteurs qui contribuent à son apparition, ce qui peut à son tour contribuer à l'élaboration et à la mise en œuvre de programmes efficaces de prévention de la violence.

5. Changer les normes culturelles : Discuter de la violence sexiste peut entraîner un changement dans les normes culturelles qui soutiennent ou tolèrent la violence. Cela contribue à créer une société où la violence n'est pas tolérée et où chacun respecte les droits et la dignité des autres.

Une analyse détaillée des raisons pour lesquelles la question de la violence basée sur le genre nécessite discussion et attention inclut la prise de conscience de sa prévalence, de la diversité de ses formes et de ses conséquences pour les victimes et la société dans son ensemble. Il comprend également une analyse des facteurs qui contribuent à la violence, tels que l'inégalité entre les sexes, les stéréotypes culturels, l'absence de législation et l'insuffisance des ressources pour soutenir les victimes.

La violence basée sur le genre est un sujet actuel et important pour la société moderne pour plusieurs raisons :

1. Généralisée : la violence basée sur le genre touche tous les secteurs de la société et peut survenir dans divers contextes, notamment les environnements familiaux, les espaces publics, les environnements de travail et les espaces en ligne. Ce phénomène touche des millions de personnes dans le monde.

2. Impact sur la santé et le bien-être : La violence basée sur le genre a des impacts négatifs sur la santé physique et mentale des victimes. Cela peut entraîner des traumatismes, un trouble de stress post-traumatique, une dépression, ainsi qu'une mauvaise qualité de vie et un isolement social.

3. Violation des droits et de la dignité : La violence basée sur le genre est une violation des droits humains fondamentaux et démontre le caractère inacceptable de la violation de la dignité des personnes en raison de leur sexe ou de leur identité de genre.

4. Conséquences économiques : La violence basée sur le genre peut entraîner des pertes économiques pour les victimes, telles que la perte d'emploi, la détérioration de la situation financière et un accès réduit aux ressources.

5. Conséquences sociales : Ce phénomène affecte les familles, les communautés et la société dans son ensemble, provoquant une perturbation des relations sociales, une détérioration de la sécurité publique et une augmentation des coûts sociaux en matière de soins de santé et de système judiciaire.

6. Inégalités de genre et stéréotypes : La violence basée sur le genre est le produit de l'inégalité entre les sexes et des stéréotypes culturels sur les rôles des hommes et des femmes dans la société. Discuter de cette question contribue à changer les idées dépassées sur le genre et soutient la création d'une société plus égalitaire et plus juste.

Dans l'ensemble, la violence sexiste nécessite l'attention et l'action de la société, des agences gouvernementales et des organisations internationales pour prévenir son apparition, protéger les victimes et créer un environnement sûr et favorable pour tous.

La violence sexiste n'est pas seulement un crime contre un individu, mais aussi une attaque contre la société dans son ensemble. Elle imprègne divers aspects de la vie des gens, provoquant des effets dévastateurs sur leur bien-être physique, émotionnel et psychologique.

Il est important de comprendre que la violence sexiste ne se limite pas aux agressions physiques. Elle peut prendre de nombreuses formes, notamment la violence émotionnelle et psychologique, le harcèlement sexuel, l'oppression économique et d'autres types d'agression. Toutes ces formes de violence ont une chose en commun : elles reposent sur un pouvoir et un contrôle inégaux entre les sexes.

La violence sexiste non seulement laisse aux victimes des cicatrices physiques et émotionnelles, mais détruit également leur confiance dans les autres et leur sentiment de sécurité dans leur propre foyer et communauté. Elle porte atteinte aux droits humains fondamentaux à la vie, à la liberté et à la dignité et a un impact négatif sur les relations et les structures sociales.

Par conséquent, discuter du problème de la violence sexiste devient partie intégrante de la lutte pour la justice et l'égalité dans la société. Cela aide à sensibiliser le public au problème, à identifier ses racines et ses causes, et à élaborer des mesures efficaces pour le surmonter. Ce n'est que par un dialogue ouvert et honnête que nous pourrons apporter des changements et créer une société sûre et juste pour tous ses membres.

Discuter de la question de la violence sexiste et de son impact sur la société est d'une grande importance. Cela permet de comprendre l'ampleur du problème et ses conséquences pour les victimes, leurs familles et la société dans son ensemble. Le débat contribue à faire prendre conscience de l'importance de lutter contre ce phénomène et de trouver des solutions efficaces. Grâce à un dialogue ouvert et à un échange de points de vue, nous pouvons créer un environnement favorable aux victimes et contribuer à changer les normes culturelles et sociales qui contribuent à la violence sexiste. Il est important de souligner que la violence sexiste n'est pas seulement un problème personnel pour les individus, mais aussi un problème systémique qui nécessite une large attention du public et des efforts pour le surmonter.

Chapitre 9.
Types de violence basée sur le genre

L'étude des différents types de violence basée sur le genre joue un rôle important dans la lutte pour les droits et la sécurité de toutes les personnes dans la société. Voici pourquoi c'est si important :

Premièrement, comprendre l'ampleur du problème de la violence sexiste nous aide à comprendre qu'il ne s'agit pas de cas isolés, mais d'un grave problème systémique. Lorsque nous examinons l'ensemble des différentes formes de violence, nous comprenons mieux à quel point elles affectent profondément la vie de nombreuses personnes.

Deuxièmement, la connaissance des différents types de violences basées sur le genre permet de développer des stratégies plus précises pour les combattre. Chaque forme de violence nécessite une approche et des méthodes de prévention différentes, et plus nous approfondissons le problème, plus nous pouvons prendre des mesures efficaces.

De plus, étudier les types de violence basée sur le genre nous aide à mieux comprendre les besoins et les expériences des victimes. Cela permet de leur apporter une aide et un soutien plus efficaces, en tenant compte de leur situation et de leurs besoins individuels.

Une meilleure compréhension du problème contribue également à accroître la sensibilisation du public. Lorsque les gens sont conscients des différents types de violence et de leurs conséquences, ils sont plus disposés à agir et à soutenir les victimes. Cela contribue à créer une société où la violence n'a pas lieu et où chacun peut se sentir en sécurité.

En fin de compte, la connaissance des différents types de violence basée sur le genre est essentielle pour créer une société plus sûre, plus juste et plus égalitaire pour tous ses membres.

La violence physique basée sur le genre est l'une des formes de violence les plus évidentes et les plus répandues dans les relations entre les sexes. Elle se manifeste par le recours à la force physique ou par la menace de son recours dans le but de contrôler, d'humilier ou de nuire à la victime. Il est important de comprendre que la violence physique peut viser aussi bien les hommes que les femmes, mais que ses formes et ses conséquences peuvent varier en fonction de la dynamique de genre et du contexte socioculturel.

Les principales caractéristiques de la violence physique basée sur le genre comprennent :

1. La violence physique peut inclure des coups, des coups de pied, des gifles, l'étouffement, l'utilisation d'armes ou d'autres formes d'agression physique.

2. Cela peut survenir dans des contextes publics et privés, notamment dans le cadre de violences domestiques, de conflits familiaux, au travail ou dans des lieux publics.

3. La violence physique s'accompagne souvent de menaces, de déclarations humiliantes ou de pressions psychologiques, ce qui accroît son impact sur la victime.

4. Les conséquences de la violence physique peuvent être graves et inclure des dommages physiques, des blessures, des conséquences psychologiques et, dans certains cas, la mort.

Comprendre la violence physique basée sur le genre permet d'identifier les premiers signes, de soutenir les victimes et d'élaborer des stratégies pour prévenir et combattre ce type de violence. Il est également important de comprendre que la violence physique n'est pas seulement un problème personnel pour la victime, mais un problème public qui requiert une attention et une action généralisées de la part de la société et de l'État.

Examinons quelques exemples de violence physique basée sur le genre dans différents contextes :

1. Violence domestique : Liliana vit avec un partenaire souvent ivre.

Un jour, alors qu'elle refusait d'accéder à sa demande, il s'est mis à la frapper au visage et sur le corps. Liliana a peur, mais elle a honte et a peur de demander de l'aide.

2. Le lieu de travail : Max travaille dans un bureau où son patron utilise souvent des menaces physiques pour le forcer à se conformer à ses exigences. Un jour, alors que Max refusait d'accomplir une tâche, le patron lui saisit le bras avec une telle force que des bleus apparurent sur son bras. Max se sent impuissant et ne sait pas comment se protéger.

3. Environnement scolaire : Anya est souvent victime d'intimidation de la part de ses camarades de classe, qui la défient de se battre et la battent en utilisant la force physique. Elle rentre souvent chez elle avec des contusions et des contusions, mais elle n'en parle à personne de peur d'être encore plus isolée.

4. Espace public : Mark va au parc tous les soirs pour se rafraîchir après le travail. Un jour, en rentrant chez lui, il entra en conflit avec un inconnu qui commença à le battre. Mark se sent vulnérable et effrayé, ne sachant pas comment se protéger.

Ces exemples aident à comprendre que la violence physique peut survenir dans différents domaines de la vie et ne dépend pas du statut social ou de la profession. Il est important de reconnaître que chacun de ces cas est une forme de violence basée sur le genre et que les victimes doivent rechercher de l'aide et du soutien pour briser le cycle de la violence et protéger leurs droits et leur sécurité.

Ces exemples aident à comprendre que bon nombre des types de violence physique décrits ci-dessus sont des formes de violence basée sur le genre qui reposent sur le pouvoir et le contrôle sur une autre personne en raison de son sexe ou de son identité de genre. Il est important que les victimes comprennent qu'elles sont victimes de violences basées sur le genre et qu'elles ont droit à la protection et au soutien. En recherchant l'aide de professionnels et d'organisations telles que des institutions médicales, des organisations de défense des droits de l'homme, des centres d'assistance aux victimes et des lignes d'assistance téléphonique, les victimes peuvent recevoir l'aide, le soutien et la protection dont elles ont besoin. Il est important de prendre les mesures nécessaires pour briser le cycle de la violence et entamer le processus de rétablissement du bien-être physique et émotionnel.

Les causes de la violence physique peuvent être nombreuses et complexes, et elles sont souvent interdépendantes. Voici quelques-uns des principaux facteurs contribuant à son apparition :

1. Pouvoir et contrôle : La violence physique est souvent utilisée comme moyen d'établir et de maintenir le contrôle sur une autre personne. L'agresseur cherche à établir son pouvoir et sa domination sur la victime en exprimant son agressivité et en menaçant la force physique.

2. Stéréotypes de genre : Dans les sociétés inégalitaires entre les

sexes, les stéréotypes sur la masculinité et la féminité peuvent contribuer à la violence physique. Les hommes peuvent estimer qu'ils ont le droit de contrôler et de punir les femmes qui ne se conforment pas aux attentes de leur rôle.

3. Facteurs sociaux et économiques : Les inégalités de statut social et économique peuvent également exacerber les situations de violence physique. Par exemple, la dépendance financière d'une victime à l'égard d'un agresseur peut rendre difficile pour elle d'échapper à l'abus.

4. Manque d'éducation et de sensibilisation : Certains cas de violence physique peuvent être dus à un manque d'éducation et de compréhension de ce qu'est une relation saine et des limites que devraient être les limites d'un partenariat.

5. Facteurs psychologiques : Les problèmes émotionnels ou psychologiques chez l'agresseur, tels que l'agressivité, la dépendance à l'alcool ou aux drogues, le stress ou une faible estime de soi, peuvent également être des causes de violence physique.

6. Facteurs culturels et religieux : Certaines croyances culturelles et religieuses peuvent justifier, voire encourager, la violence physique dans certaines sociétés.

7. Antécédents de violence : L'expérience personnelle ou une culture sociale de violence au sein de la famille ou de la communauté peut être un facteur contribuant à la survenue de violence physique. Une personne peut répéter un schéma qu'elle a vu dans son enfance ou percevoir la violence comme normale en raison de son environnement.

8. Manque d'empathie et de respect : Certaines personnes peuvent devenir physiquement agressives en raison d'un manque d'empathie et de respect envers les autres. Ils ne sont pas conscients du préjudice qu'ils causent par leurs actions et sont incapables de résoudre les conflits de manière adéquate.

9. Troubles mentaux : Certains agresseurs peuvent recevoir un diagnostic de troubles mentaux, tels que des troubles de la personnalité ou une psychopathie, qui peuvent contribuer à leur tendance à se livrer à des violences physiques.

10. Pression sociale et conformité : Dans certains cas, des personnes peuvent commettre des violences physiques en raison de la pression sociale ou du désir de se conformer à certains stéréotypes ou attentes de leur groupe social.

Ces facteurs interagissent et peuvent créer un environnement dans lequel la violence physique devient plus probable. Comprendre ces raisons nous permet de développer des programmes complets pour prévenir la violence et apporter un soutien aux victimes. L'analyse de ces facteurs permet de mieux comprendre la complexité du problème de la violence physique et de développer des stratégies plus efficaces pour la prévenir et la combattre.

L'influence des facteurs culturels, sociaux et psychologiques sur la survenue de la violence physique est extrêmement importante. Il est important de comprendre comment ces facteurs peuvent influencer l'émergence et la propagation de la violence dans la société.

Dans certaines cultures et certains pays, il existe des croyances dépassées selon lesquelles les hommes ont le droit de contrôler et de dominer les femmes et de recourir à la violence comme moyen de résoudre les conflits. Ces stéréotypes peuvent être renforcés et transmis de génération en génération, rendant la violence physique plus courante et socialement acceptable dans ces sociétés.

Cependant, il est important de comprendre que ces normes et croyances ne justifient pas la violence et qu'elles doivent être activement combattues dans la société. L'éducation, la sensibilisation et le soutien aux victimes sont des outils clés pour s'attaquer aux causes culturelles et sociales de la violence sexiste.

Des facteurs sociaux tels que les inégalités économiques, le chômage et l'instabilité du logement peuvent créer un environnement tendu dans lequel la violence physique est plus probable. Par exemple, le stress provoqué par des difficultés financières peut accroître le risque de conflits au sein de la famille et le recours à la violence comme méthode de contrôle.

Des facteurs psychologiques tels qu'une faible estime de soi, des difficultés d'adaptation au stress et une mauvaise régulation émotionnelle peuvent également contribuer à la violence physique. Par exemple, une personne souffrant d'agressivité ou d'une faible estime de soi peut utiliser la violence comme moyen de contrôler ou d'affirmer son pouvoir dans une relation.

Ainsi, comprendre l'influence des facteurs culturels, sociaux et psychologiques nous aidera à combattre plus efficacement la violence physique et à prévenir sa propagation dans la société.

Les effets de la violence physique sur les victimes peuvent être extrêmement graves et avoir des conséquences à long terme sur la santé physique et mentale.

Effets physiques sur les victimes : La violence physique peut entraîner diverses blessures et défigurations, notamment des fractures, des ecchymoses, des écorchures, des coupures, des écorchures, des brûlures, etc. Certaines blessures peuvent être si graves qu'elles provoquent des incapacités permanentes ou temporaires, limitant ainsi la victime. des activités quotidiennes normales.

Effets psychologiques : La violence physique peut également laisser de profondes blessures psychologiques. Les victimes peuvent ressentir un stress traumatique, qui se manifeste par une anxiété persistante, de la peur, de l'insomnie et des réactions physiologiques telles qu'une accélération du rythme cardiaque et une transpiration. Certaines victimes peuvent développer un trouble de stress post-traumatique (SSPT), qui entraîne des accès de peur, des cauchemars, la prise de conscience d'événements traumatisants, un isolement social et d'autres problèmes émotionnels à long terme.

Comprendre ces conséquences de la violence physique aide les victimes à comprendre la gravité de la situation et à prendre des mesures pour demander de l'aide et du soutien. Ils doivent savoir que des ressources sont à leur disposition pour une assistance médicale et psychologique, ainsi qu'une protection juridique.

Comme déjà mentionné, la lutte contre la violence physique nécessite une approche globale et comprend plusieurs activités clés :

1. Offrir un refuge : Il est important de fournir aux victimes un endroit sûr où elles peuvent se cacher de leur agresseur. Il pourrait s'agir d'un refuge de crise fourni par des organisations spécialisées dans la lutte contre la violence domestique.

2. Fournir des soins médicaux : Les victimes de violences physiques doivent recevoir les soins médicaux nécessaires pour soigner leurs blessures et leurs blessures. Cela peut inclure des consultations chez des médecins, des examens médicaux et des procédures de réadaptation.

3. Soutien psychologique et conseils : Les victimes de violences physiques ont souvent besoin d'un soutien psychologique pour faire face aux conséquences traumatisantes. Les psychologues et les conseillers peuvent les aider à faire face au stress émotionnel, à développer des stratégies d'autoprotection et à retrouver confiance en eux.

4. Contacter les forces de l'ordre : les victimes de violence physique doivent signaler l'incident à la police et aux autres organismes chargés de l'application de la loi. Cela permettra d'ouvrir une enquête sur l'incident et de traduire le violeur en justice.

5. Mener des programmes éducatifs : Il est important de mener des programmes éducatifs sur la prévention de la violence et la protection des droits des victimes. Cela peut inclure une éducation sur la façon de reconnaître les signes de maltraitance, où chercher de l'aide et quelles mesures prendre pour assurer votre sécurité.

6. Mesures législatives : des lois et des politiques sont nécessaires pour protéger les droits des victimes et punir les violeurs. Cela pourrait inclure le renforcement des sanctions en cas de violence, l'amélioration de l'accès à la protection judiciaire et l'élargissement des protections juridiques pour les victimes.

Lutter efficacement contre la violence physique nécessite des efforts conjoints de la part de l'État, des organisations publiques, des institutions médicales et de la population dans son ensemble.

Les interventions visant à prévenir la violence physique se concentrent sur la sensibilisation et l'enseignement des compétences en matière de résolution des conflits. Voici quelques mesures clés :

1. Éducation de sensibilisation : des programmes et des campagnes éducatives doivent être menés pour sensibiliser aux méfaits et aux conséquences de la violence physique. Cela implique de former les gens à reconnaître les signes de violence et à comprendre son impact sur les victimes et la société dans son ensemble.

2. Formation à la résolution de conflits : les établissements d'enseignement, les familles et les organisations communautaires devraient se concentrer sur l'enseignement de compétences constructives en matière de résolution de conflits. Cela peut inclure l'enseignement de compétences en communication, la gestion des émotions et la communication respectueuse.

3. Lutter contre les comportements violents : Des programmes visant à lutter contre les comportements agressifs devraient être accessibles à ceux qui présentent des signes de violence. Cela peut inclure des cours de gestion de la colère, des conseils psychologiques et des séances de groupe pour discuter des problèmes d'intimidation.

4. Soutien aux victimes et aux témoins : Il est important de créer un environnement sûr dans lequel les victimes peuvent demander de l'aide et les témoins de violences peuvent signaler les incidents. Cela comprend la fourniture de services d'assistance confidentiels, de lignes d'assistance téléphoniques anonymes et la formation du personnel pour fournir une assistance.

5. Développer des modèles de comportement positif : les dirigeants publics, les médias et les célébrités devraient agir comme des modèles de comportement positif, en soulignant l'importance du respect, de la tolérance et de la résolution non violente des conflits.

Ces mesures contribueront non seulement à prévenir la violence physique, mais contribueront également à créer une société plus saine et plus sûre.

Les mesures et ressources de protection pour les victimes de violence physique comprennent divers aspects qui contribuent à assurer la sécurité et le soutien des victimes. En voici quelques-uns :

1. Assistance juridique : Les victimes de violences physiques peuvent demander une assistance et une protection juridiques. Les avocats et les notaires fournissent des conseils sur leurs droits et aident les victimes à déposer des rapports de police ou de justice.

2. Refuges pour les victimes : Il existe des centres et des refuges pour les victimes de violence qui offrent un hébergement temporaire et un environnement protégé à celles qui se sentent menacées par leur agresseur.

3. Soutien psychologique : Les psychologues et les conseillers fournissent un soutien émotionnel et aident les victimes à faire face aux effets du traumatisme. Des séances de groupe et des thérapies peuvent également être proposées aux victimes de violence physique.

4. Soutien communautaire : Divers organismes communautaires et

caritatifs offrent soutien et assistance aux victimes de violence. Cela peut inclure l'organisation de groupes de soutien, la conduite de campagnes d'information et la formation du personnel travaillant avec les survivants.

5. Aide économique : les victimes de violence physique peuvent être confrontées à des difficultés financières en raison de la perte de leur emploi ou d'un déménagement. Les programmes de soutien économique, tels que les fonds de logement temporaire ou l'aide à la recherche d'emploi, peuvent constituer une source de soutien importante.

Les mesures de protection et ressources supplémentaires pour les victimes de violence physique comprennent :

6. Lignes d'assistance téléphonique : Il existe des lignes d'assistance téléphonique dédiées où les victimes peuvent recevoir un soutien confidentiel, des conseils et des informations sur les ressources disponibles à tout moment de la journée.

7. Soins médicaux : Les établissements médicaux et les hôpitaux dispensent des soins aux victimes de violence physique, y compris des soins médicaux pour les blessures et la réadaptation après la violence.

8. Programmes éducatifs : Divers programmes et campagnes éducatifs visent à éduquer le public sur le problème de la violence physique, ses conséquences et les méthodes de prévention. Cela comprend l'organisation de formations, de conférences, de webinaires et d'autres événements.

9. Réseau de soutien social : Il existe un vaste réseau d'organisations professionnelles et bénévoles qui fournissent un soutien social et une assistance aux victimes de violence physique. Cela peut prendre la forme de consultations individuelles, de réunions de groupe ou d'un soutien en ligne.

10. Programmes de protection régionaux : Certaines régions disposent de programmes de protection pour les victimes de violence physique qui fournissent un hébergement protégé, un soutien juridique et social et une aide au retour à une vie normale.

Ces mesures et ressources de protection jouent un rôle important en assurant la sécurité, le soutien et le rétablissement des victimes de violence physique, en les aidant à reconstruire leur vie et à mettre fin à des relations toxiques.

En fin de compte, la violence physique constitue une menace sérieuse pour la santé et le bien-être des personnes, causant des dommages physiques et psychologiques immédiats et à long terme. Discuter de ce type de violence sexiste est essentiel pour la combattre et créer un environnement sûr pour tous les membres de la société. Il est important de comprendre que la violence physique ne doit être tolérée dans aucune situation et que chacun a droit à une vie sûre et saine. Une éducation proactive, un soutien aux victimes, une formation à la résolution des conflits et des efforts à l'échelle communautaire sont nécessaires pour surmonter ce type de violence et créer un monde sans peur et sans violence pour tous.

Chapitre 10.
Abus émotionnel et psychologique.

La violence émotionnelle et psychologique est une forme de violence qui peut laisser de profondes blessures aux niveaux mental et émotionnel de la victime. Contrairement à la violence physique, elle est peut-être moins visible et plus difficile à reconnaître, mais son impact n'en est pas moins dévastateur.

L'importance de comprendre les manifestations et l'impact de la violence émotionnelle et psychologique sur la victime :

1. Aider les victimes : Comprendre la violence émotionnelle et psychologique permet de mieux reconnaître les signes et d'offrir aux victimes le soutien et la protection dont elles ont besoin.

2. Prévention : La connaissance des manifestations de la violence émotionnelle et psychologique aide à prévenir sa survenue et à prévenir la violence dès les premiers stades.

3. Conscience communautaire : discuter de ce sujet contribue à la création d'une société consciente qui non seulement condamne la violence, mais s'y oppose également activement, créant un environnement sûr et favorable à tous ses membres.

4. Changement culturel : Comprendre la violence émotionnelle et psychologique aide à changer les normes culturelles qui soutiennent et tolèrent la violence dans les relations et favorise des modèles de comportement plus sains et plus respectueux.

5. Bien-être psychologique : la lutte contre la violence émotionnelle et psychologique permet d'accorder une plus grande attention à l'état psychologique des victimes et de leur fournir le soutien et l'assistance nécessaires pour faire face au traumatisme et au stress.

6. Couverture publique : discuter de la maltraitance émotionnelle et psychologique dans les débats publics, dans les médias et sur d'autres plateformes contribue à sensibiliser l'opinion au problème et à mobiliser les efforts de la communauté pour le combattre.

7. Créer un environnement sûr : Comprendre les manifestations et les conséquences de la violence émotionnelle et psychologique contribue à créer un environnement sûr pour tous les membres de la société, où chacun peut se sentir protégé et respecté.

8. Développement des compétences professionnelles : L'étude du thème de la violence émotionnelle et psychologique contribue à développer les compétences professionnelles des spécialistes dans le domaine du

travail social, de la médecine, du droit et d'autres domaines, ce qui contribue à une assistance plus efficace aux victimes et à la prévention de la violence..

9. Recherche empirique : La discussion sur la violence émotionnelle et psychologique stimule la recherche visant à mieux comprendre ses mécanismes et l'efficacité des divercses méthodes pour la combattre. Cela contribue à l'avancement des connaissances scientifiques et au développement de stratégies plus efficaces pour prévenir et répondre à la violence.

10. Créer un environnement favorable : Discuter de la violence émotionnelle et psychologique contribue à créer un environnement favorable dans lequel les victimes peuvent se sentir soutenues et comprises plutôt que seules et isolées. Cela favorise leur récupération et leur récupération après une blessure.

La violence psychologique est une forme de violence basée sur le genre caractérisée par le recours à des tactiques émotionnelles, psychologiques et mentales pour contrôler, manipuler et humilier une autre personne. Souvent, cela ne se manifeste pas par des actions physiques, mais peut avoir un effet profond et durable sur l'état mental de la victime.

La violence psychologique peut prendre de nombreuses formes, notamment les menaces, les insultes, la dépréciation, l'isolement, les remarques désobligeantes, le contrôle de la victime, la culpabilisation de la victime, la tentative de contrôler son comportement et ses décisions et l'ignorance de ses besoins et de ses sentiments. Ces actions peuvent entraîner une mauvaise estime de soi, de l'anxiété, de la dépression, un trouble de stress post-traumatique et d'autres conséquences psychologiques graves pour la victime.

La violence psychologique est souvent cachée et imperceptible aux yeux des observateurs extérieurs, mais elle peut être extrêmement préjudiciable à la victime car elle porte atteinte à son estime de soi, à sa dignité et à son bien-être psychologique. Comprendre la nature et les caractéristiques de la violence psychologique est essentiel pour la prévenir, la détecter et apporter un soutien aux victimes.

La violence psychologique peut se manifester par diverses méthodes et tactiques que l'agresseur utilise pour contrôler et manipuler la victime :

1. Menaces : L'agresseur peut menacer la victime de violence physique, de violence contre ses proches, voire de suicide. Ces menaces créent une atmosphère de peur et d'anxiété chez la victime.

2. Insultes et humiliations : L'agresseur peut constamment insulter et humilier la victime, critiquer son apparence, son intelligence, ses capacités ou ses décisions. Cela crée un sentiment d'infériorité et d'impuissance chez la victime.

3. Isolement : L'agresseur peut isoler la victime de ses amis, de sa famille et de son soutien en contrôlant ses contacts, en restreignant ses

mouvements et en lui interdisant de communiquer avec d'autres personnes. Cela rend la victime vulnérable et dépendante de l'agresseur.

4. Contrôle et contrôle : L'agresseur cherche à contrôler tous les aspects de la vie de la victime, y compris ses décisions, ses actions, ses finances et ses contacts sociaux. Il peut prendre des décisions à sa place, limiter sa liberté et la soumettre à sa volonté.

5. Pression de culpabilité : L'agresseur peut recourir à la manipulation et aux menaces pour culpabiliser la victime de ce qui se passe, même si ce n'est pas de sa faute. Cela peut entraîner une augmentation de l'anxiété, de la dépression et du doute de soi chez la victime.

Exemples de situations pouvant être des manifestations de violence psychologique :

1. Le partenaire critique et humilie constamment l'autre en présence d'autres personnes.

2. Le parent menace l'enfant qu'il ne pourra pas voir ses amis s'il ne suit pas leurs instructions.

3. Un responsable au travail insulte et humilie constamment son subordonné devant ses collègues.

4. Les haineux en ligne écrivent des commentaires menaçants et offensants à l'égard de la victime sur les réseaux sociaux.

5. Les proches critiquent constamment la victime et la comparent aux autres membres de la famille, ce qui la fait se sentir inférieure et coupable.

Ces situations démontrent différents aspects de la violence psychologique et ses manifestations variées dans la vie quotidienne.

La violence psychologique laisse une empreinte profonde sur le bien-être psychologique et émotionnel de la victime. L'impact peut varier, mais comprend les aspects suivants :

1. Peur et anxiété : Les menaces constantes, l'humiliation et la pression exercées sur la victime créent un sentiment constant de peur et d'anxiété. La victime peut constamment se sentir menacée et impuissante face à l'agresseur.

2. Névroses et troubles anxieux : La violence psychologique peut provoquer diverses réactions névrotiques telles que des attaques de panique, des obsessions et des compulsions, ainsi que d'autres troubles anxieux.

3. Perte d'estime de soi et dépression : Les insultes, humiliations et critiques constantes peuvent entraîner une perte d'estime de soi et de confiance envers la victime. Cela peut provoquer une dépression, un sentiment d'impuissance et de désespoir.

4. Perte d'identité et de compréhension de soi : La violence psychologique peut détruire l'identité de la victime en provoquant des doutes sur elle-même, ses valeurs et ses croyances. La victime peut perdre

son identité et son estime de soi.

5. Isolement et solitude : L'agresseur tente d'isoler la victime du soutien et des contacts avec d'autres personnes, ce qui peut conduire à des sentiments de solitude et d'isolement.

6. Stress traumatique et trouble de stress post-traumatique (SSPT) : Une violence émotionnelle persistante peut conduire au développement d'un stress traumatique et d'un SSPT chez la victime, qui se manifeste par des flashbacks, des cauchemars, de l'anxiété et une désorientation émotionnelle.

Exemples de situations :

1. Une femme qui subit constamment des menaces et des insultes de la part de son partenaire commence à éprouver des crises de panique et des troubles anxieux.

2. Un adolescent régulièrement critiqué et humilié par ses camarades à l'école commence à se sentir impuissant et isolé des autres.

3. Un homme constamment menacé et humilié par sa mère commence à se sentir impuissant et déprimé.

4. Une victime de violence domestique a constamment des flashbacks et des cauchemars sur des incidents passés, ce qui l'empêche de fonctionner normalement dans la vie de tous les jours.

Ces exemples illustrent les diverses conséquences psychologiques et émotionnelles de la violence psychologique et son impact sur la victime.

La maltraitance psychologique est une forme de violence basée sur l'utilisation de pressions émotionnelles et psychologiques pour contrôler, manipuler et subjuguer la victime. Elle peut se manifester sous diverses formes, notamment la menace, l'humiliation, l'isolement, la domination, la manipulation et le contrôle du comportement et des pensées de la victime.

Les caractéristiques de la violence psychologique comprennent :

1. Invisibilité : La violence psychologique se produit souvent hors de la vue du public et peut être invisible pour les autres. Cela rend plus difficile l'identification et l'arrêt.

2. Graduel : La violence psychologique se développe souvent progressivement, commençant par des signes subtils de contrôle et de manipulation, et augmentant progressivement avec le temps.

3. Suppression de la personnalité : Le but de la violence psychologique est de supprimer la personnalité et l'estime de soi de la victime, la rendant plus vulnérable et susceptible d'être contrôlée et manipulée.

4. Effets à long terme : La violence psychologique peut avoir des effets psychologiques et émotionnels à long terme sur la victime, notamment une faible estime de soi, une dépression, des troubles anxieux et un trouble de stress post-traumatique.

5. Recours aux menaces et au chantage : un agresseur peut recourir aux menaces, au chantage et au contrôle des ressources et des relations

pour établir et maintenir le contrôle sur la victime.

6. Manipulation : La violence psychologique implique souvent une manipulation et une terreur psychologique pour créer des sentiments de culpabilité, de peur et d'impuissance chez la victime.

L'un des aspects clés de la violence psychologique est qu'elle est subtile et difficile à reconnaître, ce qui la rend particulièrement dommageable pour la victime.

La manipulation, les menaces et l'humiliation sont les principales formes de violence psychologique utilisées par le violeur pour établir un contrôle sur la victime.

1. Manipulation : Un agresseur peut utiliser diverses tactiques de manipulation pour contrôler le comportement, les pensées et les émotions de la victime. Cela peut inclure mentir, faire des promesses, manipuler des informations et déformer les faits pour atteindre ses propres objectifs.

2. Menaces : Les menaces sont un outil de violence psychologique fréquemment utilisé. L'agresseur peut menacer la victime de blessures physiques, de licenciement, de destruction des relations ou d'autres conséquences négatives afin d'obtenir sa conformité.

3. Humiliation : L'humiliation est une forme de violence psychologique visant à détruire l'estime de soi et la dignité de la victime. Cela peut inclure des insultes, de la négligence, des critiques constantes et des commentaires désobligeants qui laissent la victime vulnérable et sans défense.

D'autres formes de violence psychologique comprennent l'isolement, le contrôle et la domination de la victime.

1. Isolement : L'agresseur peut accroître son contrôle sur la victime en l'isolant de ses amis, de sa famille et du monde extérieur. Cela rend la victime plus dépendante de l'agresseur et crée des obstacles à l'obtention d'aide et de soutien.

2. Contrôle : L'agresseur cherche à contrôler tous les aspects de la vie de la victime, y compris son comportement, ses finances, ses communications et ses décisions. Cela crée une atmosphère de peur constante et d'impuissance chez la victime.

3. Domination : La violence psychologique implique souvent de dominer la victime, d'établir ses propres règles et attentes et de soumettre la victime à la volonté de l'agresseur. Cela entraîne une perte d'autonomie et d'autodétermination pour la victime, ainsi qu'un sentiment d'impuissance et d'aliénation.

Poursuivre la conversation sur les formes de violence psychologique :

L'isolement est un moyen efficace pour l'agresseur de contrôler la victime en limitant ses contacts avec le monde extérieur. Cela peut inclure le fait de ne pas communiquer avec la famille et les amis, de restreindre l'accès à l'information ou aux médias sociaux et de ne pas participer à des événements sociaux ou à des activités en dehors du domicile. L'isolement rend la victime vulnérable, la prive de soutien et de protection, ce qui la rend plus dépendante de l'agresseur.

Le contrôle est un élément clé de la violence psychologique, dans laquelle l'agresseur cherche à contrôler tous les aspects de la vie de la victime. Cela peut inclure le contrôle de ses finances, de son temps, de ses mouvements, de ses communications et de sa prise de décision. Le contrôle crée un sentiment d'impuissance et de dépendance chez la victime, la privant de liberté et d'autonomie.

La domination est le désir du violeur de dominer la victime, établissant ainsi son pouvoir et son autorité. Cela peut prendre la forme de menaces, de coercition, de ridicule, d'humiliation et d'autres formes de domination mentale et émotionnelle. La domination humilie la victime, mine son estime de soi et sa confiance, la rendant plus vulnérable à l'influence du violeur.

Comprendre ces formes de violence psychologique permet aux victimes d'en reconnaître les signes, ce qui est la première étape pour se libérer du contrôle et de la maltraitance, et permet également aux autres d'apporter soutien et assistance aux victimes.

La maltraitance psychologique peut entraîner divers troubles mentaux tels que la dépression, les troubles anxieux, le trouble de stress post-traumatique (SSPT), ainsi que d'autres problèmes de santé mentale. Ces troubles peuvent avoir de graves conséquences sur la victime et rendre difficile sa vie et son fonctionnement au quotidien.

La violence psychologique peut amener la victime à se sentir étrangère à elle-même et à son identité. Elle peut perdre son estime de soi, devenir incertaine d'elle-même et de ses capacités et perdre son moi intérieur. Cela peut conduire à une dépersonnalisation et à une dépersonnalisation, où la victime se sent déconnectée de ses pensées, de ses émotions et de son propre corps.

Les victimes de violence psychologique souffrent souvent de dépression et d'anxiété. Ils peuvent ressentir un stress et une anxiété constants, ainsi qu'une incapacité à profiter et à éprouver de la satisfaction dans la vie. Cela peut entraîner une diminution de la qualité de vie, un isolement social et même des pensées suicidaires.

Comprendre ces conséquences est important pour apporter soutien et assistance aux victimes de violence psychologique. Cela permet de reconnaître la gravité du problème et la nécessité d'apporter un soutien émotionnel et psychologique aux personnes victimes de ce type de violence.

Une analyse comparative des violences émotionnelles et psychologiques permet de mieux comprendre leurs caractéristiques, leur impact et leurs conséquences pour les victimes et la société dans son ensemble.

1. Définition et caractéristiques :

- Abus émotionnel : implique l'utilisation de mots, de comportements et d'autres moyens pour contrôler, manipuler et humilier la victime. Il vise à créer de la peur, de la vulnérabilité et de la dépendance.

- Abus psychologique : couvre un large éventail de comportements et d'actions visant à contrôler, manipuler et réprimer la victime. Cela peut inclure des menaces, l'isolement, l'humiliation et d'autres formes de pression psychologique.

2. Manifestations :

- Violence émotionnelle : comprend les critiques, les menaces, l'humiliation, le contrôle sur la victime, l'isolement des liens sociaux et l'atteinte à l'estime de soi.

- Violence psychologique : Peut se manifester par la manipulation, les menaces, les jeux psychologiques, l'humiliation, l'isolement et le contrôle sur la victime.

3. Relation et intersection :

- Les violences émotionnelles et psychologiques se chevauchent souvent et peuvent se compléter. Par exemple, les menaces et la manipulation peuvent s'accompagner d'humiliations et de critiques, ce qui augmente l'impact sur la victime.

4. Impact sur la victime et la société :

- Les deux types de violence ont un impact profond sur la victime, entraînant une détresse psychologique, une perte d'estime de soi, un isolement social et d'autres conséquences négatives.

- Pour la société, cela peut conduire à une détérioration de la santé publique, à une augmentation des niveaux de violence et à la désintégration des réseaux sociaux.

Ainsi, comprendre les similitudes et les différences entre la violence émotionnelle et psychologique aide à développer des stratégies efficaces pour prévenir et combattre ces types de violence, ainsi qu'à fournir le soutien et l'assistance nécessaires aux victimes.

Il convient de souligner l'importance de lutter contre la violence émotionnelle et psychologique afin de créer un environnement sûr et favorable pour tous les membres de la société. Même si ces types de violence ne laissent pas toujours de traces physiques, leur impact sur la victime peut être dévastateur.

L'analyse a révélé que la violence émotionnelle et psychologique peut avoir de graves conséquences sur la santé mentale de la victime, notamment le stress, la dépression, les troubles anxieux et la perte d'estime de soi. Ils peuvent également conduire à l'isolement social et à la perturbation des relations interpersonnelles.

La lutte contre ces types de violence nécessite une approche globale qui comprend l'éducation, la sensibilisation, des ressources accessibles et un soutien aux victimes. Il est important de créer un environnement sûr dans lequel les victimes peuvent obtenir de l'aide et du soutien et où les agresseurs sont tenus responsables de leurs actes.

Le soutien communautaire, l'assistance juridique, la réadaptation psychologique et les programmes d'éducation à la prévention de la violence jouent un rôle important dans ce processus. Ce n'est que grâce aux efforts conjoints de la société que nous pourrons créer un monde dans lequel chaque personne se sent protégée et respectée et où la violence, quelle qu'elle soit, ne sera pas tolérée.

❖ · ❖ · ❖ · ❖ · ❖ · ❖ · ❖ · ❖ · ❖ · ❖ · ❖ · ❖ · ❖ · ❖

Chapitre 11.
Violences sexuelles.

La violence sexuelle est une forme de violation des droits et de l'intimité basée sur le recours à des comportements ou des actions sexuels sans le consentement d'une autre personne. Elle peut se manifester sous diverses formes, notamment la coercition physique, les menaces, la pression psychologique, la violence sexuelle et autres. L'élément principal de la violence sexuelle est l'absence de consentement volontaire de l'une des parties à une activité sexuelle ou à une ingérence dans sa vie intime.

L'étude de la violence sexuelle est extrêmement importante dans la société moderne. Cela permet d'en reconnaître les manifestations, de prévenir les cas de violence et de porter assistance aux victimes. Comprendre l'ampleur du problème aide à façonner les mesures de prévention et de réponse, et contribue à créer un environnement favorable pour chacun, sans distinction de sexe, d'âge ou de statut social. Comprendre la violence sexuelle permet à la société dans son ensemble de devenir plus consciente, plus empathique et plus disposée à apporter une assistance aux victimes de violence.

La violence sexuelle est souvent motivée par **des facteurs socioculturels enracinés et immoraux** qui façonnent les normes et les attentes de la société. Certains d'entre eux incluent :

- Impact des stéréotypes de genre : les rôles et les stéréotypes de genre peuvent contribuer à normaliser la violence sexuelle. Par exemple, l'idée de domination masculine et de soumission féminine peut conduire à ce que la violence sexuelle soit perçue comme un comportement acceptable, voire justifiable.

- Normes et valeurs culturelles : Certaines normes culturelles peuvent contribuer au secret et à la normalisation de la violence sexuelle. Par exemple, une culture du silence autour des questions intimes ou de la honte associée au fait de discuter de questions sexuelles peut empêcher les victimes d'en parler et d'obtenir de l'aide.

La prise de conscience de ces facteurs socioculturels aide à mieux comprendre les racines de la violence sexuelle et à élaborer des mesures pour la prévenir, notamment des programmes éducatifs visant à modifier les stéréotypes de genre et les valeurs culturelles, ainsi qu'à créer un environnement sûr et favorable pour tous les groupes de la population.

Les caractéristiques individuelles peuvent également jouer un rôle dans l'augmentation du risque d'être victime de violence sexuelle. Certains d'entre eux incluent :

- Caractéristiques psychologiques : Des traits de personnalité tels qu'une faible estime de soi, l'anxiété ou la dépression peuvent rendre certaines personnes plus vulnérables à la violence sexuelle. Cela inclut également des troubles psychologiques qui peuvent rendre plus difficile l'établissement de limites et la protection contre la violence.

- Antécédents de violence ou de traumatisme : les personnes qui ont déjà subi des violences ou des événements traumatisants peuvent être plus susceptibles de subir à nouveau des violences sexuelles. Cela peut être dû à une vulnérabilité accrue, à une peur ou à une difficulté à fixer des limites saines dans les relations.

Comprendre les facteurs de risque individuels est important pour fournir un soutien et une assistance aux personnes exposées au risque de violence sexuelle. Les programmes éducatifs et le soutien psychologique peuvent être des outils efficaces pour prévenir la violence sexuelle et aider les victimes à en subir les conséquences.

Les facteurs systémiques jouent également un rôle important dans la création d'un environnement propice à la violence sexuelle. Certains d'entre eux incluent :

- Faiblesses de la législation et de son application : Une protection inadéquate ou une mauvaise application de la législation peut créer des lacunes dans le système, permettant aux violeurs d'échapper à la punition ou d'obtenir l'immunité. Cela pourrait conduire à l'impunité et encourager de nouvelles violences.

- Manque de sensibilisation du public et d'accès aux ressources : un accès limité aux informations sur la violence sexuelle et aux ressources pour la prévenir et soutenir les victimes peut également contribuer à un risque accru. Les obstacles à l'obtention d'aide et de soutien peuvent maintenir une victime silencieuse sur ses expériences ou entraver sa capacité à demander de l'aide.

S'attaquer à ces facteurs systémiques nécessite non seulement les efforts des législateurs et des forces de l'ordre, mais également la participation active de la société à la sensibilisation et à l'élimination des stéréotypes et des préjugés associés à la violence sexuelle.

La violence sexuelle peut avoir **diverses conséquences physiques sur les victimes** , qui peuvent être à la fois immédiates et à long terme. Certains d'entre eux incluent :

- Blessures et défigurations : La violence physique s'accompagne souvent de blessures physiques telles que des écorchures, des contusions, des fractures, des contusions et des tissus endommagés. Ces blessures peuvent être visibles ou cachées, mais elles peuvent engendrer des douleurs, des souffrances et des limitations dans la vie quotidienne de la victime.

- Infections sexuellement transmissibles et grossesse : Les violences sexuelles peuvent entraîner la transmission d'infections sexuellement transmissibles (IST) et du virus de l'immunodéficience humaine (VIH). De plus, en cas de violence sexuelle, une grossesse peut survenir, ce qui constitue une épreuve physique et émotionnelle difficile pour la victime, surtout si elle n'est pas souhaitée.

Ces conséquences physiques peuvent entraîner de graves problèmes de santé et nécessiter une intervention médicale et un soutien pour le rétablissement et le traitement.

La violence sexuelle laisse une profonde **marque psychologique** sur les victimes, conduisant souvent à une grave détresse psychologique. Certains des effets psychologiques comprennent :

- Stress traumatique et SSPT : De nombreuses victimes d'agression sexuelle subissent un stress traumatique, qui peut se manifester sous la forme de cauchemars, de flashbacks répétés de souvenirs douloureux et d'une anxiété excessive. Dans certains cas, cela peut conduire au développement d'un trouble de stress post-traumatique (SSPT), associé à de graves altérations du bien-être psychologique.

- Troubles dépressifs et anxieux : Les violences sexuelles peuvent provoquer des dépressions et des troubles anxieux importants chez les victimes. Ils peuvent éprouver des sentiments d'aliénation, d'impuissance et de honte, qui peuvent conduire à l'isolement social et à une perte d'intérêt pour la vie.

Ces conséquences psychologiques peuvent avoir un impact sérieux sur la qualité de vie de la victime et nécessitent un soutien psychologique professionnel et une thérapie pour y faire face.

La violence sexuelle a un **impact social important sur la victime** , affectant ses relations sociales et ses interactions avec la société. Certaines conséquences sociales comprennent :

- Isolement et aliénation de la société : les victimes de violences sexuelles peuvent se sentir isolées et éloignées des autres. Ils peuvent ressentir de la peur ou de la honte et éviter d'interagir avec les autres de peur d'être jugés ou incompris.

- Perte de confiance et problèmes relationnels : La violence sexuelle peut entraîner une perte de confiance dans les autres et créer des problèmes dans les relations interpersonnelles. Les victimes peuvent avoir des difficultés à établir et à entretenir des relations étroites en raison des expériences traumatisantes qu'elles ont vécues.

Ces conséquences sociales peuvent créer des difficultés supplémentaires pour la victime dans le processus de rétablissement et nécessitent la compréhension et le soutien de la société et des autres.

Le soutien médical joue un rôle clé dans l'aide aux victimes de violences sexuelles, en assurant non seulement une guérison physique, mais également une stabilisation psychologique. Il comprend:

- Fournir des soins médicaux et une protection : après des incidents de violence sexuelle, la victime a besoin de soins médicaux pour évaluer et traiter d'éventuelles blessures et conséquences, telles que des dommages physiques, une infection ou une grossesse. Cela inclut également la collecte de preuves et de dossiers médicaux à des fins juridiques.

- Réadaptation psychologique et conseil : les victimes de violences sexuelles peuvent avoir besoin d'un soutien psychologique pour surmonter l'expérience traumatisante. Le conseil psychologique et la thérapie aident les victimes à faire face aux conséquences émotionnelles et psychologiques telles que l'anxiété, la dépression, le trouble de stress post-traumatique (SSPT) et la perte d'estime de soi.

Le soutien médical fournit aux victimes les ressources et les services dont elles ont besoin pour entamer le processus de rétablissement et les aider à retrouver une vie saine et prospère.

Le soutien juridique joue un rôle clé pour garantir que justice soit rendue aux victimes de violences sexuelles, ainsi que pour prévenir la répétition de ces violences. Il comprend:

- Accès à l'assistance et à la protection juridiques : les victimes de violences sexuelles ont accès à une assistance et à des conseils juridiques, où elles peuvent obtenir des informations sur leurs droits, les procédures judiciaires et les conséquences juridiques possibles.

- Assistance en cas de litige et conseils juridiques : des experts juridiques et des avocats fournissent une assistance juridique aux victimes d'agression sexuelle, y compris la préparation aux comparutions devant le tribunal, la représentation devant le tribunal et la défense des droits des victimes devant le système judiciaire.

Le soutien juridique aide les victimes de violences sexuelles à acquérir un sentiment de justice, de protection et de soutien, et offre la possibilité de prévenir de nouvelles violences et de punir les auteurs de ces violences.

- 90-

Le soutien social fait partie intégrante du processus de rétablissement et de réadaptation des victimes de violences sexuelles. Comprend :

- Soutien communautaire et assistance psychosociale : des travailleurs sociaux, des psychologues et des bénévoles fournissent aux victimes de violences sexuelles un soutien émotionnel, des conseils et une assistance psychologique, les aidant à faire face aux conséquences traumatisantes de la violence et à s'adapter à une vie normale.

- Ressources d'hébergement et de sécurité : les victimes d'agression sexuelle bénéficient d'abris temporaires, d'espaces sûrs et d'autres ressources pour assurer leur sécurité et leur protection contre la menace potentielle de leur agresseur. Cela permet aux victimes de trouver un abri et une protection temporaires pendant qu'elles sont vulnérables après une agression sexuelle.

Le soutien social joue un rôle important dans le processus de rétablissement et de réadaptation des victimes de violences sexuelles, en leur offrant soutien, sécurité et la possibilité de reconstruire leur vie après un traumatisme.

L'éducation et la sensibilisation jouent un rôle clé dans la prévention des violences sexuelles. Il comprend:

- Éducation sur la violence sexuelle et ses conséquences : Un large public, à commencer par les jeunes des écoles et des universités, devrait être sensibilisé à la nature et aux conséquences de la violence sexuelle. Cela permet aux gens de reconnaître les signes de violence, de comprendre ses effets néfastes et de savoir comment réagir s'ils y sont confrontés.

- Promouvoir des relations saines et le consentement : Promouvoir et soutenir des relations et un consentement sains et respectueux contribue à créer un environnement dans lequel la violence sexuelle est moins acceptable et moins courante. Cela peut inclure des campagnes anti-violence, des activités éducatives et des mesures visant à promouvoir le consensus et l'accord mutuel dans les relations.

L'éducation et la sensibilisation à la violence sexuelle jouent un rôle essentiel dans la promotion de relations saines et la création d'une culture dans laquelle la violence n'a pas sa place. L'éducation et la sensibilisation précoces contribuent à créer une société dans laquelle chaque personne se sent protégée et respectée.

Le renforcement des lois et des réglementations joue un rôle important dans la prévention de la violence sexuelle. Il comprend:

- Protéger les droits des victimes et punir les violeurs : La législation doit être renforcée pour garantir que les droits des victimes de violences sexuelles soient protégés et que les violeurs soient équitablement punis. Cela comprend des lois strictes sur la violence, des protections et un soutien accrus aux victimes, ainsi que des mécanismes judiciaires efficaces pour tenir les agresseurs responsables de leurs actes.

- Créer un environnement sûr et des ressources d'aide : Il est nécessaire de créer des environnements sûrs où les victimes peuvent demander de l'aide et du soutien sans crainte ni discrimination. Cela comprend le déploiement de centres de crise, de lignes d'assistance téléphonique, de services juridiques et médicaux et d'autres ressources pour aider les victimes de violences sexuelles.

Le renforcement de la législation et la création d'un environnement favorable aux victimes de violences sexuelles sont des étapes importantes pour lutter contre ce type de violence et garantir la sécurité de tous les membres de la société.

La violence sexuelle reste l'un des défis les plus graves auxquels notre société est confrontée, avec des conséquences désastreuses pour les victimes et la société dans son ensemble. Ce document examine divers aspects de la violence sexuelle, notamment ses causes, ses conséquences et les moyens de soutenir les victimes.

Après avoir examiné les facteurs de risque, les conséquences et les soutiens, nous avons conclu que les efforts visant à prévenir et combattre la violence sexuelle doivent être renforcés. Il est important de se concentrer sur l'éducation et la sensibilisation du public, de renforcer la législation et de créer des environnements sûrs pour aider les victimes.

La lutte contre la violence sexuelle contribue non seulement à protéger les droits et la sécurité de tous les membres de la société, mais crée également un environnement favorable dans lequel les victimes peuvent demander de l'aide, analyser la situation et trouver des voies de guérison et de réadaptation psychologique. Il est important de continuer à œuvrer dans ce sens et de s'efforcer d'offrir un environnement sécuritaire et respectueux à tous.

Chapitre 12.
Violences économiques.

Dans le monde moderne, le problème de la violence contre les femmes devient de plus en plus aigu et largement débattu. Cependant, outre les formes de violence physique et psychologique, il existe une autre forme, moins visible, mais non moins destructrice : la violence économique. Cette forme d'abus se caractérise par le contrôle des finances et des ressources de la victime, la création d'une dépendance et la limitation de sa liberté financière.

La violence économique est une forme de violence qui s'exprime par l'établissement d'un contrôle sur les ressources financières et les moyens de la victime afin de contrôler son comportement, de limiter son indépendance et de créer une dépendance à l'égard de l'agresseur. Cela peut inclure l'interdiction du travail ou de l'éducation, le contrôle du budget familial, le refus de l'accès aux finances et aux ressources, ainsi que d'autres méthodes visant à réprimer économiquement la victime.

L'étude de la violence économique est essentielle pour comprendre ses effets dévastateurs et élaborer des mesures efficaces pour la prévenir et la combattre. Cette forme de violence est à la base de l'établissement d'un contrôle sur la victime et de la suppression de son autonomie. Sans une attention particulière à ce problème, les victimes restent dans une position vulnérable, privées de la possibilité de se libérer de l'agresseur et de retrouver leur indépendance financière. Il est donc nécessaire d'étudier activement et de contrer la violence économique afin de créer un environnement sûr et favorable pour tous ses membres.

Signes et manifestations de violence économique :
1. Restriction de l'accès aux ressources financières :
- Cela inclut le contrôle des comptes bancaires, des cartes de crédit, de l'argent liquide et d'autres actifs financiers de la victime.
- L'agresseur peut limiter ou bloquer l'accès de la victime aux fonds de son compte bancaire, révoquer ses cartes de crédit ou restreindre son accès aux espèces.
2. Gestion du budget et des finances de la victime :
- L'agresseur contrôle ou gère toutes les décisions financières et dépenses de la famille, ne laissant aucune possibilité à la victime de prendre des décisions indépendantes en matière de dépenses.
- La victime est privée du droit de participer à la planification budgétaire familiale, d'investir des fonds ou de gérer les finances familiales.
3. Dépendance et contrôle financiers :
- Cela se manifeste par le fait que la victime devient totalement dépendante financièrement du violeur. Elle perd son indépendance financière et le contrôle de ses propres finances.
- Un agresseur peut utiliser des moyens financiers comme moyen de menace et de contrôle pour maintenir la victime dans la relation et la plier à sa volonté.
4. Privation de possibilités de travail ou d'éducation :
- L'agresseur peut empêcher la victime de faire des études ou de trouver un emploi, ce qui la rend financièrement dépendante de lui.
- Cela peut se manifester par une interdiction de travail, des menaces de licenciement ou de ridicule si la victime aspire à l'indépendance financière.
Définition de la dépendance et du contrôle financiers :

La dépendance et le contrôle financiers sont une condition dans laquelle la victime devient complètement dépendante financièrement de l'agresseur. L'agresseur établit un contrôle total sur les ressources et les moyens financiers de la victime, la privant de la capacité de gérer son argent de manière indépendante et de prendre des décisions financières. Cela crée des inégalités dans la relation et rend la victime vulnérable et dépendante de l'agresseur.

Impact de la violence économique sur la victime :
1. Instabilité financière :
- La victime est confrontée à l'incertitude et à l'instabilité de ses ressources financières en raison du contrôle et de la manipulation de l'agresseur.
- Elle peut avoir des difficultés à payer ses factures et à subvenir à ses besoins fondamentaux, ainsi qu'à ceux de sa famille, en raison d'un accès limité aux ressources financières.
2. Limitation des opportunités de réalisation de soi et d'indépendance :
- La victime est privée de la possibilité de se développer professionnellement et personnellement en raison de restrictions dans l'obtention d'une éducation ou la recherche d'un emploi.
- Elle est incapable de prendre ses propres décisions financières et de gérer ses propres finances, ce qui limite son indépendance et son autodétermination.
3. Conséquences émotionnelles et psychologiques :
- La victime éprouve du stress, de l'anxiété et de l'inquiétude en raison de l'incertitude quant à son avenir financier.
- Elle peut se sentir impuissante, humiliée et dépendante de l'agresseur, ce qui entraîne une perte d'estime de soi et une détérioration du bien-être psychologique.
4. Isolement social et dépendance :
- La victime se sent isolée et éloignée de la société en raison de sa dépendance financière à l'égard du violeur.
- Elle peut avoir honte et avoir peur de demander de l'aide ou du soutien, de peur de perdre son soutien financier.
L'instabilité financière et la dépendance sont une condition dans laquelle la victime devient financièrement vulnérable et dépendante de l'agresseur. Cela inclut des impacts négatifs sur le bien-être financier, des limitations sur l'épanouissement personnel et l'indépendance, ainsi que des conséquences émotionnelles et psychologiques. La victime perd le contrôle de ses finances et devient dépendante de l'agresseur, ce qui la rend vulnérable et mal à l'aise dans les relations sociales.

Les effets psychologiques et émotionnels de la violence

économique sur la victime peuvent être variés et inclure les éléments suivants :

1. Stress et anxiété dus à l'instabilité financière :

- La victime éprouve souvent un stress et une anxiété constants en raison de l'incertitude quant à son avenir financier.

- L'incertitude quant à sa capacité à subvenir à ses besoins fondamentaux et à ceux de sa famille peut provoquer de l'anxiété et de la panique.

2. Perte d'estime de soi et de confiance en soi :

- L'accès restreint aux ressources financières et la dépendance à l'égard de l'agresseur peuvent entraîner une perte d'estime de soi et de confiance en soi chez la victime.

- Elle peut commencer à douter de ses capacités et de sa valeur en tant que personne en raison d'un sentiment d'impuissance et de contrôle sur sa vie.

3. Auto-isolement et diminution de l'activité sociale :

- La victime, se sentant dépendante et vulnérable, peut éviter tout contact avec d'autres personnes et situations sociales.

- Cela peut conduire à l'auto-isolement et à une diminution de la participation à la vie sociale en raison de la peur d'être jugé ou humilié.

4. Troubles dépressifs et anxieux :

- Les émotions négatives et le stress constant provoqués par la violence économique peuvent déclencher le développement de troubles dépressifs et anxieux chez la victime.

- Elle peut éprouver des sentiments d'aliénation et de désespoir, ce qui entraîne une détérioration de son état psychologique.

5. Manifestations physiques du stress :

- Le stress et l'anxiété à long terme peuvent avoir des conséquences néfastes sur la santé physique de la victime, se manifestant par des maux de tête, des douleurs à l'estomac, des troubles du sommeil et d'autres symptômes physiques.

- Ces manifestations physiques sont le résultat d'une exposition prolongée au stress et nécessitent l'attention des professionnels de la santé.

Les mesures de protection et de soutien des victimes de violences économiques comprennent divers aspects, dont la protection juridique. Nous décrirons en détail ce qu'est la protection juridique et comment elle fonctionne, et examinerons également la législation sur la protection des victimes de violences économiques et les possibilités d'assistance juridique et de protection des droits.

1. Protection juridique :

- La protection juridique comprend la fourniture d'une assistance juridique et d'un soutien aux victimes de violences économiques.

- Cela peut inclure des conseils juridiques, une représentation devant les tribunaux, le dépôt de plaintes et de déclarations, ainsi que la protection des droits de la victime dans le cadre de la législation en vigueur.

2. Législation pour protéger les victimes de violence économique :

- De nombreux pays disposent de lois et réglementations visant à protéger les victimes de violences économiques et à lutter contre ce type d'abus.

- La législation peut inclure une définition de la violence économique, des sanctions pour les contrevenants, des mécanismes permettant aux victimes de recevoir une assistance et d'autres dispositions visant à protéger les droits et les intérêts des victimes.

3. Possibilités d'assistance juridique et de protection des droits :

- Les victimes de violences économiques peuvent demander l'aide d'avocats, de conseillers juridiques ou d'organisations spécialisées dans les droits de l'homme.

- Ils peuvent recevoir des conseils sur la protection des droits, une assistance pour la préparation et le dépôt des requêtes et des plaintes, ainsi que la représentation de leurs intérêts devant les tribunaux.

- Certaines organisations fournissent une aide juridique gratuite ou collaborent avec des avocats disposés à assister gratuitement les victimes.

La protection juridique est un outil important pour lutter contre la violence économique et garantir la protection des droits et des intérêts de ses victimes. Il permet aux victimes de recevoir aide et soutien pour respecter et protéger leurs droits, ainsi que pour demander justice dans le cadre de la loi.

Le soutien financier aux victimes de violences basées sur le genre comprend une variété de programmes et d'interventions conçus pour fournir aux survivants un accès à des ressources et des services financiers, et pour les aider à atteindre l'indépendance financière et à se rétablir.

1. Programmes d'aide financière et de soutien aux victimes :

- Ces programmes peuvent inclure une compensation financière pour les dommages tels que la perte de revenus ou de biens, les frais médicaux, la réadaptation psychologique et d'autres coûts associés aux conséquences de la violence.

- Certains programmes fournissent une aide financière directe pour couvrir les dépenses courantes liées au logement, à la nourriture, aux vêtements et à d'autres besoins fondamentaux.

2. Garantir l'accès aux ressources et services financiers :

- Cela inclut la fourniture d'informations sur les ressources financières disponibles et les programmes de soutien tels que les subventions, les bourses, les prestations sociales et autres formes d'assistance.

- Des consultations avec des professionnels et des conseillers financiers aident les victimes à élaborer des plans financiers, des budgets et des stratégies pour rétablir la stabilité financière.

3. Aide à l'obtention d'avantages juridiques et sociaux :

- Cela inclut l'assistance pour obtenir une protection juridique, comme l'obtention d'une indemnisation pour les dommages, l'obtention de restrictions temporaires ou permanentes sur les contacts avec l'agresseur, ou le changement de nom ou de lieu de résidence pour des raisons de sécurité.

- Les victimes peuvent également bénéficier d'avantages sociaux tels que l'accès aux services d'emploi, à la formation, aux services médicaux et psychologiques et aux programmes d'assistance aux victimes.

4. Soutien psychologique et émotionnel :

- Le soutien financier peut également inclure l'accès à un soutien et à des conseils en matière de santé mentale pour aider à faire face aux effets traumatisants de la violence et à rétablir le bien-être émotionnel.

Le soutien financier aux victimes de violences basées sur le genre joue un rôle important pour assurer la sécurité et le rétablissement des survivants, leur permettant de retrouver leur stabilité financière et leur indépendance après des situations traumatisantes.

Le soutien psychologique aux victimes de violences basées sur le genre consiste en un large éventail de services et d'activités visant à aider les victimes à surmonter les conséquences émotionnelles et psychologiques de la violence. Voici quelques aspects du soutien psychologique :

1. Conseils et assistance psychologique :

- Fournir des conseils dispensés par des psychologues et des spécialistes des événements traumatisants aide les victimes à exprimer leurs émotions, à comprendre et à surmonter les expériences traumatisantes et à développer des stratégies d'adaptation.

- L'assistance psychologique peut inclure des séances de thérapie, des séances de groupe, de l'art-thérapie et d'autres méthodes de traitement des traumatismes.

2. Développement de l'estime de soi et des compétences en gestion financière :

- Les survivants peuvent suivre des programmes d'estime de soi et de confiance en soi pour les aider à retrouver leur confiance en eux et leurs capacités.

- Une formation en gestion financière est également dispensée pour permettre aux victimes d'apprendre à gérer efficacement leur budget, planifier leurs dépenses et prendre des décisions financières.

3. Assistance pendant le processus de récupération :

- Le soutien psychologique vise à aider les victimes à se remettre d'événements traumatisants. Cela peut inclure une aide pour surmonter les peurs, les troubles anxieux, la dépression et d'autres problèmes psychologiques.

- Les psychologues peuvent également aider les victimes à rétablir leurs relations avec les autres, à développer des stratégies d'adaptation et à s'adapter à de nouvelles conditions de vie.

4. Soutien psychosocial en situation de crise :

- Une partie importante du soutien psychologique consiste à fournir aux victimes un soutien psychosocial 24 heures sur 24 en cas de situations de crise ou d'exacerbation des symptômes traumatiques.

- Des spécialistes par téléphone ou en ligne fournissent des conseils et un soutien en cas de situations stressantes ou de besoin d'aide immédiate.

La prévention et la prévention de la violence sexiste jouent un rôle important dans la création d'un environnement sûr et favorable pour tous les membres de la société. Voici quelques mesures et actions visant à prévenir et prévenir les violences basées sur le genre :

1. Éducation et information :

- L'éducation sur les signes et les conséquences de la violence économique est un aspect clé de la prévention. Les gens doivent être conscients des diverses formes de violence, y compris la violence économique, afin de les reconnaître et de les prévenir.

- Faire connaître les ressources et l'aide disponibles est également important. Les gens doivent savoir où chercher de l'aide s'ils sont victimes de violence, et quelles options de soutien et de protection sont disponibles.

2. Enseigner le consentement et les relations saines :

- Promouvoir des relations saines et l'harmonie contribue à créer une culture de respect et de compréhension dans les relations. Les gens doivent savoir que la violence sous toutes ses formes est inacceptable et que le consentement doit être la base de toute relation.

3. Accompagnement des victimes :

- Il est important d'apporter un soutien aux victimes et de les aider à se remettre de la violence. Cela peut inclure l'accès à une assistance médicale, psychologique et juridique, ainsi que la fourniture d'un hébergement temporaire et d'une protection.

4. Renforcement de la législation :

- Il est nécessaire de renforcer la législation qui protège les droits des victimes et punit les violeurs. Une protection juridique efficace joue un rôle important dans la prévention de la violence et dans la garantie de justice pour les victimes.

5. Initiatives sociales et culturelles :

- Les programmes sociaux et culturels peuvent contribuer à changer les attitudes à l'égard des stéréotypes de genre et de la violence. Les projets visant à sensibiliser et à inclure les communautés dans la lutte contre la violence peuvent avoir un impact significatif.

6. Soutien et participation du public :

- Il est important de créer des communautés qui soutiennent activement les victimes de violence et appellent à y mettre fin. Cela peut inclure l'organisation d'événements, de campagnes de sensibilisation et l'engagement du public dans un dialogue sur la violence sexiste.

7. Partenariat et coopération :

- Divers secteurs de la société, notamment le gouvernement, les organisations non gouvernementales, les entreprises et les établissements universitaires, doivent travailler ensemble pour lutter efficacement contre la violence sexiste. Les partenariats et les collaborations permettent de mettre en commun les ressources et l'expertise pour répondre plus efficacement à un problème.

8. Sensibilisation et participation des jeunes :

- Les jeunes jouent un rôle important dans la lutte contre la violence basée sur le genre, il est donc important de les inclure dans les programmes éducatifs et les campagnes de prévention. Enseigner aux jeunes des compétences relationnelles saines et le consentement peut contribuer à créer une culture de sécurité et de respect.

9. Recherche et surveillance continues :

- La recherche et le suivi continus de la violence basée sur le genre nous permettent d'évaluer l'efficacité des mesures prises et d'identifier de nouvelles tendances et défis. Cela permet d'adapter les stratégies anti-violence pour répondre aux conditions et aux besoins changeants.

10. S'attaquer aux causes profondes :

- Il est également nécessaire de s'attaquer aux causes profondes de la violence sexiste, telles que l'inégalité entre les sexes, les inégalités sociales et économiques, les stéréotypes et normes culturels, afin de créer une société plus juste et plus sûre pour tous.

11. Coopération internationale :

- La violence sexiste est un problème mondial et sa solution nécessite des efforts conjoints au niveau international. Les pays doivent coopérer, partager leurs expériences et leurs meilleures pratiques pour lutter plus efficacement contre ce phénomène.

La violence sexiste demeure l'un des problèmes les plus graves et les plus répandus dans le monde, ayant un impact dévastateur sur la vie de millions de personnes. Cela viole les droits humains et les libertés fondamentales et détruit les familles, les sociétés et les économies. Malgré les efforts considérables déployés par de nombreux pays et organisations, la violence sexiste continue de constituer un défi pour la communauté mondiale.

La lutte contre la violence sexiste nécessite une stratégie systémique et globale qui inclut la prévention, la protection des victimes, le renforcement de la législation et la création d'un public fort et informé. Il est important de reconnaître que chacun d'entre nous a une responsabilité dans ce combat et que ce n'est qu'en travaillant ensemble que nous pourrons atteindre nos objectifs.

N'oubliez pas que chaque personne a le droit de vivre sans peur ni violence, et qu'il est de notre devoir de créer un monde où chaque personne peut vivre en sécurité, liberté et dignité.

La sensibilisation du public à la violence sexiste, y compris la violence économique, joue un rôle clé dans la prévention et la lutte contre cette violence. Voici quelques méthodes et initiatives qui peuvent être incluses dans la sensibilisation à la violence économique :

1. Promouvoir des relations financières saines et l'indépendance :

- Campagnes et événements éducatifs visant à diffuser des connaissances sur la planification financière, la budgétisation et la gestion financière.

- Organiser des séminaires et des ateliers pour différents groupes d'âge et sociaux pour enseigner les compétences en gestion financière.

- Création de ressources en ligne comprenant des informations sur la littératie financière, dont l'accès peut être gratuit et largement disponible.

2. Soutenir les programmes et initiatives de lutte contre la violence économique :

- Financer et organiser des programmes de soutien aux victimes de violences économiques, en fournissant des consultations, une assistance juridique et un soutien financier.

- Élaboration et mise en œuvre de programmes éducatifs dans les écoles, universités et organismes publics sur la nature et les conséquences de la violence économique.

- Partenariat avec des organisations gouvernementales et non gouvernementales pour faire campagne contre la violence économique et sensibiliser le public à ce sujet.

3. Développement de ressources informationnelles :

- Création de brochures d'information, d'affiches et de matériel en ligne contenant des informations sur les signes, les conséquences et les moyens de lutter contre la violence économique.

- Diffusion des ressources d'information à travers les réseaux sociaux, sites Internet, centres communautaires et autres canaux de communication afin qu'elles soient accessibles à tous.

La sensibilisation du public au problème de la violence économique joue un rôle important pour la surmonter et créer un environnement sûr pour tous. Les efforts d'éducation, de sensibilisation et de soutien aident non seulement les victimes de violences, mais aussi la société dans son ensemble à comprendre et à surmonter ce type de violation des droits humains.

La violence économique est une forme grave de violation des droits humains qui a un impact dévastateur sur la victime et sur la société dans son ensemble. Cela se manifeste par un contrôle sur les finances et un accès limité aux ressources, qui peuvent conduire à une dépendance financière et à une instabilité à long terme.

Résumons les principales conclusions :

- La violence économique prend de nombreuses formes, notamment la restriction de l'accès aux ressources financières, la gestion du budget de la victime et la dépendance financière.

- Elle a un impact important sur la victime à travers des conséquences psychologiques, émotionnelles et sociales telles que le stress, l'anxiété, la perte d'estime de soi et l'isolement.

- L'importance de lutter contre la violence économique est inestimable pour garantir l'indépendance financière et le bien-être de tous les membres de la société. Cela nécessite non seulement de soutenir les victimes, mais également d'éduquer et d'informer la société sur la nature et les conséquences de ce type de violence.

L'importance de lutter contre la violence économique est de créer un environnement juste et équitable dans lequel chaque personne a droit à l'indépendance financière et à la possibilité de réaliser son potentiel sans menace de répression et de contrôle économiques. Le soutien aux victimes, la sensibilisation du public et des mesures de protection efficaces sont essentiels pour atteindre cet objectif.

La lutte contre la violence économique nécessite les efforts conjoints de l'État, des organisations publiques, des organisations de défense des droits de l'homme et de tous ceux qui s'efforcent de créer une société juste et sûre pour tous.

❖·❖·❖·❖·❖·❖·❖·❖·❖·❖·❖·❖·❖·❖·❖

Partie 3 :
Facteurs et causes de la violence basée sur le genre

Chapitre 13.
Facteurs socioculturels.

La violence sexiste est, à la base, l'un des types de violations des droits humains les plus dévastateurs et les plus répandus dans le monde. L'influence de ce phénomène s'étend à diverses sphères de la vie, laissant dans son sillage des destins détruits, des consciences traumatisées et des relations sociales bouleversées. Malgré des décennies de lutte pour l'égalité des sexes et les progrès en matière de droits humains, la violence sexiste reste un problème grave qui requiert notre attention et notre action.

L'objectif de ce chapitre est d'examiner les facteurs socioculturels qui sous-tendent la violence basée sur le genre. Nous plongerons dans le monde des stéréotypes, des normes culturelles et des attentes sociales pour comprendre comment ces facteurs façonnent et entretiennent des modèles de violence contre les différents genres. Comprendre ce sujet nous permettra de mieux comprendre les racines du problème et de proposer des stratégies efficaces pour prévenir et combattre les violences basées sur le genre.

Notre défi est de comprendre comment les aspects socioculturels influencent la perception et l'interprétation de la violence basée sur le genre, et comment ces facteurs peuvent être utilisés pour lutter plus efficacement contre ce phénomène négatif. Marchons ensemble sur un chemin qui nous mènera à une meilleure compréhension et peut-être à changer les structures qui sous-tendent la violence sexiste.

L'étude des facteurs socioculturels dans le contexte de la violence sexiste est essentielle pour bien comprendre les racines de ce phénomène et développer des stratégies efficaces pour y remédier. L'importance d'étudier ces facteurs tient à plusieurs aspects clés :

1. Formation de normes et de stéréotypes : les normes et stéréotypes socioculturels associés aux rôles de genre jouent un rôle décisif dans l'élaboration des relations entre les hommes et les femmes dans la société. L'étude de ces normes et stéréotypes permet de comprendre quelles attentes et croyances influencent le comportement des gens et comment elles peuvent contribuer au développement des violences basées sur le genre.

Les normes socioculturelles et les stéréotypes associés aux rôles de genre ont un impact énorme sur la formation des relations entre hommes et femmes dans la société. Ces normes définissent les attentes que la société place à l'égard de chaque genre et façonnent les attentes quant à ce que devraient être les hommes et les femmes. Cependant, il est important de comprendre que ces attentes et stéréotypes peuvent être erronés et injustes et doivent être analysés et évalués de manière critique.

Dans le contexte de la violence sexiste, les normes et stéréotypes socioculturels peuvent devenir la base de la formation de modèles de comportement et d'attitudes négatifs. Par exemple, le stéréotype de la « masculinité », qui suggère la force, l'agressivité et la domination chez les hommes, peut conduire certains hommes à justifier leur violence par l'expression de la « virilité ». D'un autre côté, le stéréotype de la « féminité », associé à la subordination, à la faiblesse et à la soumission des femmes, peut conduire à leur vulnérabilité à la violence et à leurs difficultés à exprimer leurs propres besoins et limites.

Les victimes de violences basées sur le genre, en particulier celles qui sont très sensibles et peu sûres d'elles, peuvent être influencées par ces stéréotypes et normes, ce qui les rend plus vulnérables face à l'agresseur. Cependant, il est important de comprendre que ces stéréotypes ne sont pas des lois de la nature, mais seulement une construction de société qui peut et doit être modifiée.

Pour lutter contre l'influence des normes et stéréotypes

socioculturels, il est nécessaire de mener des campagnes éducatives visant à changer les idées sur les rôles de genre et à soutenir l'égalité entre les hommes et les femmes. Il est également important de créer des espaces et des communautés sûrs où les victimes de violences basées sur le genre peuvent chercher de l'aide et connaître leurs droits. Le soutien et la compréhension des autres jouent également un rôle important dans le renforcement de l'estime de soi et de la confiance en soi des victimes, ce qui les aide à faire face aux conséquences de la violence et à sortir de cette situation.

2. Répartition du pouvoir et des ressources : Les facteurs socioculturels déterminent les structures sociales et la répartition du pouvoir et des ressources dans une société. Les inégalités dans les domaines sociaux et économiques deviennent souvent la base de la violence sexiste, lorsqu'un groupe de personnes utilise son pouvoir et ses privilèges pour en opprimer un autre.

La répartition du pouvoir et des ressources dans la société est un facteur clé qui façonne la dynamique des relations entre les différents groupes de personnes. Les normes et stéréotypes socioculturels peuvent contribuer à la création d'inégalités dans les sphères sociales et économiques, qui, à leur tour, peuvent devenir la base de violences basées sur le genre.

Les inégalités ont souvent pour résultat qu'un groupe dispose d'un pouvoir et de ressources importants tandis qu'un autre groupe se trouve dans une position plus vulnérable. Dans le cadre de la violence sexiste, cela se produit, par exemple, dans des situations où les hommes utilisent leur pouvoir social et économique pour contrôler les femmes. Cela peut s'exprimer par la violence financière, lorsqu'un homme contrôle les ressources financières de la famille, privant la femme de son indépendance financière, ou par la violence sociale, lorsqu'un homme utilise sa position sociale pour établir et maintenir le contrôle sur sa partenaire.

Les victimes de violences basées sur le genre, en particulier celles qui sont très sensibles et peu sûres d'elles, peuvent se sentir impuissantes et dépendantes de leurs agresseurs en raison d'une répartition inégale du pouvoir et des ressources. Ils peuvent avoir peur de tenir tête à l'intimidateur en raison des conséquences potentielles sur leur stabilité financière ou sociale.

Il est toutefois important de reconnaître que les inégalités et les disparités ne doivent pas être considérées comme des problèmes inévitables ou insurmontables. Changer la structure de la société et réduire les inégalités dans la répartition du pouvoir et des ressources sont des étapes clés dans la prévention de la violence sexiste. Cet objectif peut être atteint en créant des lois et des politiques visant à protéger les droits des femmes et à garantir l'égalité des sexes dans toutes les sphères de la vie. En outre, les programmes éducatifs et les campagnes de sensibilisation peuvent jouer un rôle important dans le changement des normes et stéréotypes socioculturels qui entretiennent les inégalités et contribuent à la violence sexiste.

3. Normalisation de la violence : dans certaines cultures, la violence peut être normalisée, voire justifiée, en fonction de certains rôles et attitudes liés au genre. L'étude des facteurs socioculturels permet d'identifier quelles pratiques et attitudes culturelles contribuent à créer un environnement dans lequel la violence sexiste est perçue comme monnaie courante.

La normalisation de la violence dans la société, notamment basée sur les rôles et attitudes sexistes, constitue un problème grave qui perpétue et intensifie la violence sexiste. Dans certaines cultures, la violence peut être considérée comme un moyen acceptable, voire nécessaire, de résoudre les conflits, notamment dans les relations entre hommes et femmes. L'étude des facteurs socioculturels permet de comprendre exactement quelles pratiques et attitudes culturelles contribuent à la normalisation de la violence et quels mécanismes soutiennent de tels comportements.

Les rôles de genre et les stéréotypes ancrés dans les normes culturelles peuvent faire en sorte que la violence relationnelle fasse partie de la vie quotidienne. Par exemple, un stéréotype de masculinité qui associe la masculinité à la force, à l'agressivité et au contrôle peut conduire les hommes à percevoir la violence comme un moyen d'affirmer leur statut et leur autorité au sein de la famille ou de la société. D'un autre côté, le stéréotype de la féminité associé à la passivité, à la faiblesse et à la soumission peut amener les femmes à accepter la violence comme une partie inévitable de leur vie.

En outre, la normalisation de la violence peut également être soutenue par des normes et traditions culturelles qui légitiment la violence domestique ou la discrimination contre certains groupes en raison de leur sexe. Par exemple, certaines sociétés ont des lois ou des coutumes qui justifient la violence domestique comme un moyen « d'éduquer » ou de « corriger » les épouses et les enfants.

Pour les victimes de violences basées sur le genre, en particulier celles qui sont très sensibles et peu sûres d'elles, la normalisation de la violence peut créer des obstacles supplémentaires à l'obtention d'aide et de soutien. Elles peuvent se sentir coupables ou avoir honte de leur situation en raison de normes et de stéréotypes culturels qui tolèrent ou minimisent la violence sexiste. Il est donc important d'œuvrer pour changer ces normes et attitudes par l'éducation, les campagnes publiques et la législation, afin que la violence basée sur le genre ne soit plus perçue comme normale, mais comme quelque chose qui doit être prévenu et combattu.

4. Interventions préventives efficaces : L'étude des facteurs socioculturels aide à déterminer les stratégies et programmes d'intervention

préventive les plus appropriés. Connaître quelles attitudes et normes soutiennent la violence sexiste nous permet de développer des interventions visant à changer ces attitudes et à créer un environnement plus sûr et plus égalitaire pour tous les genres.

Des interventions préventives efficaces jouent un rôle important dans la lutte contre la violence sexiste. L'étude des facteurs socioculturels permet de déterminer les stratégies et les programmes les plus appropriés pour prévenir la violence et créer un environnement sûr pour tous les genres.

Une stratégie clé consiste à changer les attitudes et les normes qui soutiennent la violence sexiste. Cela peut inclure des programmes éducatifs visant à remettre en question les stéréotypes sur les rôles de genre, ainsi qu'à sensibiliser et à condamner la violence sous toutes ses formes. Mener des campagnes et des événements publics pour promouvoir l'égalité des sexes et le respect des droits de chacun est également une méthode efficace pour changer les attitudes culturelles.

Un autre aspect important est de garantir l'accès à des programmes de soutien et de formation de qualité en matière de prévention de la violence. Ces programmes peuvent inclure une formation au comportement assertif, le développement de compétences de régulation émotionnelle et une formation à la résolution de conflits. Il est également important de fournir des informations sur les droits humains et un accès aux services de soutien aux victimes de violences basées sur le genre.

Cependant, il est important de rappeler qu'une intervention préventive efficace nécessite une approche intégrée et la coopération de divers secteurs de la société, notamment des organisations gouvernementales, des organisations non gouvernementales, des établissements d'enseignement, des établissements de soins de santé et des communautés. Seuls les efforts conjoints de toutes les parties prenantes peuvent conduire à la création de mesures efficaces pour prévenir la violence sexiste et protéger les droits de chaque personne à une vie sûre et égale.

Ainsi, l'étude des facteurs socioculturels de la violence sexiste fait partie intégrante d'un large éventail d'efforts visant à lutter contre ce phénomène. Comprendre ces facteurs permet non seulement d'identifier les racines du problème, mais également d'élaborer des stratégies pour le résoudre au niveau sociétal et culturel.

Les stéréotypes de genre sont des idées simplifiées et souvent déformées sur ce que devraient être les hommes et les femmes en fonction de leur sexe. Ils se forment dans la société et pénètrent souvent dans diverses sphères de la vie, notamment la culture, l'éducation, la famille, le travail, etc. Les stéréotypes de genre créent des modèles de comportement, des rôles attendus et des qualités associés à certains genres. Par exemple, un stéréotype peut être l'idée selon laquelle les hommes devraient être forts, ambitieux et dominants, et les femmes devraient être douces, attentionnées et passives.

L'influence des stéréotypes sur la perception de la violence sexiste est très significative. Premièrement, les stéréotypes peuvent façonner l'idée selon laquelle la violence basée sur le genre est normale, voire justifiable dans certaines situations. Par exemple, le stéréotype selon lequel « un vrai homme devrait contrôler sa femme » peut conduire à considérer la violence dans une relation comme un moyen acceptable de contrôler son partenaire.

Deuxièmement, les stéréotypes de genre peuvent influencer la manière dont les victimes et les témoins de violences basées sur le genre perçoivent et interprètent ce qui se passe. Par exemple, le stéréotype selon lequel « les vrais hommes ne pleurent pas » peut inciter les hommes victimes de violence à se sentir gênés de demander de l'aide ou même d'admettre qu'ils sont victimes de violence. Les stéréotypes peuvent également conduire à sous-estimer ou à rejeter la violence contre les hommes, car ils ne correspondent pas aux perceptions courantes des victimes.

Ainsi, les stéréotypes de genre peuvent créer un terrain fertile pour la violence sexiste et influencer la manière dont cette violence est perçue et discutée dans la société. Changer ces stéréotypes et sensibiliser à leur sujet joue un rôle important dans la prévention et la lutte contre la violence sexiste.

Pour mieux comprendre le sujet, considérons plusieurs exemples de stéréotypes de genre immoraux provenant de différentes cultures :

1. Le rôle de l'homme en tant que principal soutien de famille : Dans certaines cultures, on pense qu'un homme doit subvenir aux besoins financiers de sa famille et être le principal pourvoyeur de ressources matérielles. Ce stéréotype peut entraîner une pression sur un homme et un sentiment d'échec s'il ne peut pas subvenir aux besoins de sa famille.

2. Le rôle des femmes en tant que femme au foyer et mère : Dans de nombreuses cultures, les femmes se voient attribuer le rôle de femme au foyer et de mère, chargées de s'occuper du ménage et des enfants. Ce stéréotype peut conduire à des restrictions dans les choix de carrière et d'éducation, ainsi qu'à une sous-évaluation des femmes dans d'autres professions.

3. Féminité forcée : Dans certaines cultures, les femmes sont censées répondre à certaines normes de féminité, qui peuvent inclure un niveau élevé de soins, le port de certains vêtements ou comportements. Ce stéréotype peut limiter la liberté d'expression et créer des pressions sur les femmes qui ne respectent pas ces normes.

4. Le rôle de l'homme comme dominant et agressif : Dans certaines cultures, les hommes se voient attribuer le rôle d'un leader dominant et agressif qui doit contrôler sa famille et son environnement. Ce stéréotype peut conduire à la violence dans les relations et à la répression des femmes.

5. L'idéal d'une femme « faible » : Dans certaines cultures, les femmes sont censées être plus faibles et plus dépendantes des hommes. Ce stéréotype peut conduire à des situations dans lesquelles une femme ne se sent pas capable de se défendre ou de demander de l'aide en cas de violence.

6. Masculinité forcée : Certaines cultures attendent des hommes qu'ils fassent preuve de masculinité dans tous les domaines de la vie, y compris des démonstrations de force, d'indépendance et d'invulnérabilité. Ce stéréotype peut amener les hommes à réprimer leurs émotions et à limiter leur capacité à exprimer leur vulnérabilité.

7. Rôles de genre stricts dans la sphère professionnelle : De nombreuses cultures ont des stéréotypes de genre stricts concernant le choix des professions. Par exemple, certaines professions sont considérées comme « féminines » ou « masculines » et tout écart par rapport à cela peut se heurter à une stigmatisation sociale.

8. Hétérosexualité forcée : Dans de nombreuses cultures, l'hétérosexualité est considérée comme la norme, et les écarts par rapport à cette norme sont considérés comme inacceptables, voire immoraux. Ce stéréotype peut conduire les personnes LGBT+ à être confrontées à la discrimination et à la violence.

Chacun de ces stéréotypes de genre peut renforcer les inégalités, créer des pressions sur les individus et contribuer à la violence sexiste. Il est important de reconnaître que les stéréotypes peuvent être profondément ancrés dans la culture et la société et peuvent parfois être subtils, voire acceptés sans poser de questions.

Ces stéréotypes peuvent amener les victimes de violences basées sur le genre à garder le silence sur leurs expériences, de peur d'être jugées ou sous-estimées. Ils peuvent se sentir coupables de ne pas respecter les normes imposées par la société ou avoir peur de faire connaître leur situation, de peur d'être rejetés ou de nuire davantage à leur réputation.

Comprendre et être conscient de ces stéréotypes de genre est la première étape pour lutter contre la violence basée sur le genre. Les victimes et les témoins peuvent commencer à surmonter ces stéréotypes en recherchant le soutien d'une communauté où ils seront compris et soutenus. De plus, éduquer et éduquer les communautés sur les méfaits et les injustices des stéréotypes de genre peut conduire à des changements d'attitude à l'égard des rôles et des comportements de genre, ce qui peut, à terme, réduire l'incidence de la violence sexiste.

Les normes culturelles et les attentes sociales jouent un rôle important dans la perception de la violence sexiste et son acceptabilité dans la société. Ces normes définissent quels types de comportements sont considérés comme acceptables ou inacceptables selon le genre et constituent la base de la manière dont les gens interagissent les uns avec les autres.

1. Rôles de genre traditionnels : De nombreuses cultures ont des rôles de genre strictement définis, dans lesquels les hommes et les femmes sont censés remplir certaines fonctions et posséder certaines caractéristiques. Par exemple, les hommes se voient souvent attribuer le rôle de protecteur et de principal soutien de famille dans la famille, tandis que les femmes sont le plus souvent associées aux tâches ménagères et familiales. Ces rôles traditionnels peuvent contribuer à ce que certaines formes de violence basée sur le genre soient considérées comme normales, voire justifiables, dans le cadre de ces attentes culturelles.

2. Images dominantes de masculinité et de féminité : De nombreuses sociétés ont des idéaux de masculinité et de féminité qui influencent souvent la manière dont la force, le pouvoir et le contrôle sont exercés. Par exemple, dans certaines cultures, les hommes qui font preuve de vulnérabilité émotionnelle ou de force de faiblesse peuvent être jugés ou même maltraités par d'autres hommes. Cela crée un climat dans lequel certaines formes de violence basée sur le genre peuvent être considérées comme un moyen d'affirmer la masculinité ou de contrôler la situation.

3. Pratiques et coutumes habituelles : Certaines sociétés ont normalisé des pratiques et coutumes qui contribuent à la violence sexiste. Par exemple, faire pression sur les filles et les femmes pour qu'elles épousent leur violeur peut être une pratique courante dans certaines cultures, reflétant les attentes et les normes culturelles concernant le rôle des femmes dans la famille et dans la société.

4. Croyances religieuses et traditionnelles : L'influence des croyances religieuses et traditionnelles peut également jouer un rôle dans l'élaboration des normes culturelles qui influencent les perceptions de la violence sexiste. Certaines croyances religieuses et culturelles peuvent tolérer, voire encourager, certaines formes de violence sexiste, ce qui peut accroître son acceptabilité sociale.

Tous ces facteurs peuvent avoir un impact significatif sur la façon dont la violence sexiste est perçue et valorisée dans la société. Comprendre ces normes culturelles et attentes sociales constitue une étape importante vers la lutte contre la violence sexiste et la création d'un environnement plus égalitaire et plus sûr pour tous.

La relation entre les attentes sociales et la victimisation de la violence sexiste peut varier en fonction des contextes culturels et sociaux, mais plusieurs principes généraux aident à comprendre cette relation.

Dans les sociétés où il existe des inégalités dans la répartition du pouvoir et des ressources, les victimes de violences basées sur le genre peuvent se retrouver dans des situations vulnérables en raison de leur statut ou de leur position dans la société. Les attentes sociales peuvent façonner l'idée selon laquelle les victimes doivent se soumettre aux agresseurs ou garder le silence face à la violence afin de maintenir l'harmonie sociale ou d'éviter de nouveaux préjudices.

Les attentes sociales quant à la manière dont les hommes et les femmes devraient se comporter dans la société peuvent créer des inégalités et justifier la violence contre les victimes. Par exemple, les stéréotypes sur le contrôle « masculin » et la subordination « féminine » peuvent contribuer à la violence contre les femmes, surtout si elles ne se conforment pas aux rôles attendus.

Certaines normes et pratiques culturelles peuvent soutenir la violence sexiste ou créer un environnement dans lequel elle est acceptée comme normale. Par exemple, dans certaines sociétés, les mariages arrangés ou forcés peuvent être courants, affaiblissant la protection des victimes et renforçant la légitimation culturelle de la violence.

Les attentes sociales concernant les relations familiales et communautaires peuvent influencer la manière dont les victimes de violences basées sur le genre perçoivent leur situation. Par exemple, si une victime a grandi dans un environnement où la violence était courante ou normalisée, elle peut ne pas être consciente de son statut de victime ou ne pas voir d'autres moyens de réagir.

Dans l'ensemble, les attentes sociales façonnent le contexte dans lequel se produisent les violences basées sur le genre et peuvent avoir un impact significatif sur la perception qu'ont les victimes de leur propre situation. Comprendre ce lien aide à identifier et à surmonter les causes de la violence basée sur le genre et à créer une société où tous ses membres peuvent se sentir en sécurité.

Bien entendu, voici quelques exemples de normes culturelles qui peuvent soutenir la violence sexiste :

1. Pouvoir patriarcal : les normes culturelles qui affirment la supériorité des hommes sur les femmes dans la famille et dans la société peuvent encourager les hommes à recourir à la violence contre les femmes. Cela peut s'exprimer sous la forme d'un contrôle sur les décisions, les ressources financières et le ménage.

2. Des rôles de genre stricts : les attentes culturelles quant à ce que devraient être les hommes et les femmes peuvent justifier la violence contre ceux qui ne correspondent pas à ces rôles. Par exemple, on pense que les hommes doivent être forts et dominants, et que les femmes doivent être obéissantes et dépendantes.

3. Mariage forcé : Dans les sociétés où les pratiques de mariage arrangé ou forcé sont courantes, les femmes peuvent devenir victimes de violence de la part de leur partenaire en raison de la nature involontaire de la relation.

4. Tradition culturelle taboue : dans certaines cultures, parler de violence domestique ou d'ingérence dans les affaires familiales est considéré comme tabou, ce qui crée des obstacles pour les victimes qui souhaitent recevoir de l'aide et de la protection.

5. Statut des femmes dans la société : Dans les sociétés où les

femmes ont un statut inférieur et des opportunités limitées, la violence à leur encontre peut être justifiée comme un moyen de maintenir leur position subordonnée.

6. Croyances et tabous sexuels : Les croyances culturelles sur le sexe et la sexualité peuvent justifier la violence contre les femmes, surtout si elle se produit dans le contexte d'une menace à la moralité ou à la réputation sexuelle.

7. Accepter la violence comme normale : Dans les sociétés où la violence est considérée comme un élément normal des relations familiales ou comme un moyen de résoudre les conflits, les victimes peuvent se heurter à des obstacles en matière de soutien et de protection.

8. Normaliser une culture de l'humiliation : certaines cultures peuvent adopter une culture de l'humiliation, dans laquelle les insultes et l'humiliation sont acceptées comme faisant partie intégrante des relations interpersonnelles, ce qui peut dégénérer en violence physique ou émotionnelle.

9. Attitudes à l'égard de la violence domestique : dans les sociétés où la violence domestique n'est pas considérée comme un crime ou ne fait pas l'objet d'une attention juridique adéquate, les victimes peuvent avoir peur d'intenter une action en justice contre l'agresseur.

10. Normalisation de la parentalité forcée : dans certaines cultures, les châtiments corporels infligés aux enfants ou aux partenaires sont considérés comme une pratique courante, ce qui peut entraîner une augmentation des cas de violence dans les familles et les relations.

11. Croyances et traditions religieuses : les doctrines ou traditions religieuses peuvent contenir des éléments qui justifient la domination et le contrôle des hommes sur les femmes, ce qui peut contribuer à la prévalence de la violence sexiste.

12. Promotion des stéréotypes de genre dans les médias : Les images des médias et la publicité renforcent souvent les stéréotypes de genre en décrivant les hommes comme dominants et les femmes comme dépendantes ou sexualisées, ce qui peut favoriser des attitudes négatives envers certains genres et promouvoir la violence.

13. Politiques et législation : Dans certains pays, les lois et politiques peuvent ne pas protéger les victimes de violences basées sur le genre ou même justifier la violence dans le cadre de valeurs traditionnelles ou de pratiques culturelles.

14. Attitudes à l'égard de l'orientation sexuelle et de l'identité de genre : l'homophobie et la transphobie peuvent être ancrées dans les normes culturelles, ce qui peut conduire à la violence contre les groupes LGBTQ+ comme moyen de maintenir l'hétéronormativité et les rôles de genre traditionnels.

15. Culture de supériorité masculine : Dans certaines sociétés, il existe une attribution culturelle de supériorité aux hommes sur les femmes,

ce qui peut justifier la violence contre les femmes comme moyen de maintenir cette hiérarchie.

16. Traditions patriarcales dans le mariage et la famille : Les normes qui supposent la subordination des femmes dans la famille et le mariage peuvent contribuer à la violence des hommes contre leurs partenaires.

17. Pratiques culturelles de soumission et d'obéissance : Dans certaines cultures, les femmes sont censées être obéissantes et soumises aux hommes, ce qui peut les amener à ne pas lutter contre la violence en raison de la peur ou de la pression sociale.

18. Glorification du comportement masculin agressif : Dans les sociétés où l'agressivité et la domination sont considérées comme des signes de masculinité, les hommes peuvent justifier la violence comme un moyen d'affirmer leur statut.

Ces exemples démontrent comment les normes et attentes culturelles peuvent encourager ou justifier la violence sexiste, soulignant la nécessité de changer ces attitudes pour prévenir la violence et créer des environnements plus sûrs pour tous. Ces normes et attentes culturelles peuvent créer un terrain fertile pour la violence sexiste et en faire un élément normal de la vie sociale. L'existence de tels stéréotypes et normes souligne la nécessité de les combattre et de créer une culture de respect et d'égalité.

Dans cette discussion, nous avons examiné divers aspects de la violence basée sur le genre, allant de sa définition et l'importance de l'étude des facteurs socioculturels, jusqu'à des exemples de normes culturelles qui soutiennent la violence. Il est important de reconnaître que la violence sexiste n'est pas seulement motivée par des caractéristiques individuelles, mais également par des facteurs culturels et sociaux.

Les stéréotypes sur les rôles de genre, les normes liées au pouvoir et aux ressources, les attitudes religieuses, les images médiatiques et d'autres aspects de la culture peuvent avoir un impact significatif sur la propagation et le maintien de la violence sexiste. Comprendre ces facteurs est essentiel pour élaborer des stratégies efficaces pour lutter contre la violence et créer des environnements publics plus sûrs et plus équitables.

La lutte contre la violence sexiste nécessite une approche globale qui comprend l'éducation, la sensibilisation, le changement des normes culturelles, le soutien aux victimes et une intervention proactive lorsque des violences surviennent. Le travail dans le domaine de la prévention et de la lutte contre la violence sexiste devrait être une priorité tant au niveau de la politique gouvernementale qu'au niveau de la conscience publique.

Examinons quelques exemples de violence basée sur le genre pour mieux comprendre comment les facteurs socioculturels influencent ce type de violence dans différents environnements culturels. Examinons quelques scénarios qui nous aideront à analyser différents aspects de la violence basée sur le genre et ses manifestations dans différentes sociétés.

1. Dans certaines sociétés conservatrices, la maternité est considérée comme la principale priorité des femmes et leurs droits à prendre des décisions indépendantes concernant la naissance et l'éducation des enfants sont limités. Dans un tel environnement culturel, la violence sexiste peut se manifester sous la forme d'un contrôle des droits reproductifs des femmes, d'une contrainte à la maternité et d'un mépris de leurs choix en la matière.

2. Dans un environnement culturel patriarcal, une forte domination masculine peut conduire à des violences domestiques contre les femmes et les enfants. Les hommes d'une telle famille sont perçus comme les personnages principaux et disposent d'un pouvoir absolu, ce qui peut conduire à des violences physiques, émotionnelles et psychologiques contre les autres membres de la famille.

3. Dans les sociétés caractérisées par des rôles de genre rigides et des attitudes négatives à l'égard de la communauté LGBT, la violence basée sur le genre peut être dirigée contre les personnes gays, bisexuelles et transgenres. Cela peut inclure des agressions physiques, de la discrimination sur le lieu de travail ou à l'école, ainsi que d'autres formes de violence et d'abus.

4. Dans certaines cultures, le mariage forcé et les rituels matrimoniaux sont des pratiques courantes. Les filles et les jeunes femmes peuvent être contraintes à se marier contre leur gré ou soumises à d'autres formes de violence afin de se conformer aux attentes et aux normes sociales.

5. Dans des environnements marqués par de forts stéréotypes de genre, les femmes peuvent être victimes de violence dans le monde du travail, comme le harcèlement sexuel, la discrimination ou des opportunités limitées d'avancement professionnel.

6. Avec le développement des médias sociaux, la violence sexiste prend de nouvelles formes, telles que la cyberintimidation, le harcèlement en ligne et la propagation de stéréotypes négatifs sur le genre. Cela peut avoir de graves conséquences sur les victimes, conduisant à des problèmes psychologiques et à la dépression.

7. Dans certaines communautés religieuses, la violence sexiste peut être justifiée sur la base de traditions et de croyances religieuses concernant les rôles des hommes et des femmes. Cela peut conduire à des mariages forcés, à l'excision, à des violences domestiques et à d'autres formes de violence.

8. Dans certaines sociétés où s'applique la loi islamique, les droits des femmes peuvent être sérieusement limités. Cela peut inclure des interdictions d'éducation, des restrictions de mouvement et de travail, ainsi que d'autres formes de discrimination et de violence.

9. Même dans les sociétés progressistes, les victimes de violences basées sur le genre peuvent être confrontées à la peur du jugement et des perceptions erronées. Ils peuvent avoir du mal à sortir et à demander de

l'aide, de peur d'être incompris ou laissés sans soutien.

L'examen de ces différents exemples nous permet de mieux comprendre la diversité des formes et des manifestations de la violence basée sur le genre dans différents environnements culturels, ainsi que d'identifier les tendances communes et les facteurs qui la sous-tendent.

L'évaluation de l'influence des facteurs socioculturels sur la formation des attitudes à l'égard de la violence sexiste est un aspect clé de l'étude de ce problème. Les facteurs socioculturels jouent un rôle essentiel dans la manière dont les sociétés perçoivent, tolèrent ou combattent la violence sexiste. Voici quelques points clés pour évaluer cet impact :

1. Les facteurs socioculturels déterminent les normes et les valeurs qui sous-tendent l'opinion publique concernant la violence sexiste. Si une société a une culture de machisme et de domination masculine, la violence sexiste peut être perçue comme un comportement acceptable, voire souhaitable. Au contraire, dans les sociétés qui promeuvent l'égalité des sexes et le respect des droits individuels, la violence sexiste est condamnée et réprimée.

2. Les facteurs socioculturels déterminent également les rôles sociaux et le statut des hommes et des femmes dans la société. Si les femmes sont considérées comme des membres moins précieux ou moins importants de la société, leurs droits et leur sécurité peuvent être compromis, contribuant ainsi à la propagation de la violence sexiste.

3. Les coutumes traditionnelles et les attitudes religieuses peuvent avoir une influence significative sur les attitudes à l'égard de la violence sexiste. Dans certaines cultures, les traditions et les coutumes peuvent justifier, voire encourager, la violence sexiste, créant ainsi une base normative pour sa continuation.

4. L'éducation joue un rôle important dans la création d'une société consciente et tolérante. Dans les sociétés où les niveaux d'éducation et de sensibilisation aux questions de genre sont élevés, la tendance à se livrer à des violences basées sur le genre peut être nettement plus faible dans la mesure où les gens sont conscients de ses conséquences négatives et jouent un rôle actif dans leur lutte.

5. L'environnement politique et juridique d'un pays influence également la perception et la réponse à la violence sexiste. La législation visant à protéger les droits des femmes et à mettre un terme à la violence peut jouer un rôle important dans la réduction de sa prévalence et dans la promotion de la justice.

En général, les facteurs socioculturels jouent un rôle majeur dans l'évolution des attitudes à l'égard de la violence sexiste dans la société. Comprendre ces facteurs nous permet de développer des stratégies efficaces pour prévenir et combattre ce phénomène, ainsi que de créer les conditions nécessaires à la construction d'une société plus juste et plus sûre pour tous ses membres.

L'étude des facteurs socioculturels influençant la violence basée sur le genre conduit à plusieurs conclusions et recommandations importantes :
Conclusions :
1. Complexité du problème : La violence basée sur le genre est un phénomène complexe et multidimensionnel, qui est déterminé non seulement par les caractéristiques individuelles des agresseurs et des victimes, mais également par un large éventail de facteurs socioculturels.
2. L'importance des normes et stéréotypes culturels : Les normes et stéréotypes culturels jouent un rôle important dans la formation des attitudes à l'égard de la violence sexiste, déterminant son acceptabilité et son acceptabilité dans la société.
3. Inégalités et discrimination : Les inégalités dans la répartition du pouvoir et des ressources, ainsi que les visions stéréotypées des rôles des hommes et des femmes, peuvent contribuer à un environnement dans lequel la violence sexiste devient plus répandue.
4. Normalisation de la violence : Dans certaines cultures, la violence peut être normalisée ou justifiée sur la base de certaines attitudes liées au genre, ce qui la rend difficile à combattre.
Recommandations :
1. Programmes éducatifs proactifs : Développement de programmes éducatifs visant à lutter contre les stéréotypes de genre et à diffuser des informations sur les conséquences négatives de la violence sexiste.
2. Soutenir les initiatives communautaires : Soutenez les initiatives communautaires et les organisations qui travaillent à changer les normes culturelles et à créer un environnement sûr pour tous les genres.
3. Renforcer la législation : introduire et renforcer la législation pour protéger les droits des femmes et prévenir la violence sexiste, en tenant compte de la sensibilité culturelle et du contexte.
4. Mener des recherches : Mener des recherches supplémentaires pour mieux comprendre les facteurs socioculturels qui influencent la violence basée sur le genre et développer des stratégies efficaces pour prévenir ce phénomène.
5. Engagement du public : Engager le public dans un dialogue sur la violence sexiste afin de créer un large soutien en faveur du changement des attitudes socioculturelles et de la réalisation de l'égalité des sexes.
Ces recommandations doivent être basées sur la compréhension et le contexte locaux pour être aussi efficaces que possible dans la lutte contre la violence basée sur le genre et créer des sociétés plus justes et plus sûres pour tous.
Le résumé décrit très bien les points clés de l'influence des facteurs socioculturels sur les violences basées sur le genre. Voici un résumé plus détaillé de chacun de ces points :
1. Les normes et stéréotypes culturels jouent un rôle essentiel dans l'élaboration des idées sur les rôles et les comportements de genre. Lorsque

certains rôles des femmes et des hommes sont acceptés comme naturels et normaux, cela peut contribuer à l'émergence et au maintien de la violence sexiste.

2. Les inégalités d'accès aux ressources, aux opportunités et au pouvoir, ainsi que la discrimination fondée sur le sexe, créent une vulnérabilité à la violence sexiste. Cela peut inclure des abus économiques, l'exclusion sociale et d'autres formes de violations des droits.

3. Dans certaines cultures, la violence sexiste peut être normalisée, voire justifiée, sur la base d'idées sur la subordination des femmes, la domination des hommes et les rôles traditionnels. Cela crée des obstacles à sa prévention et à sa punition.

4. Les stéréotypes et les normes influencent la manière dont la société perçoit et réagit à la violence sexiste. Les attitudes culturelles peuvent stigmatiser les victimes, cautionner la violence ou empêcher qu'elle soit détectée et stoppée.

5. Comprendre le rôle des facteurs socioculturels met en évidence la nécessité de changements dans la culture, l'éducation et la législation pour vaincre la violence sexiste. Cela implique de changer les stéréotypes dépassés, de garantir l'égalité des droits et des chances pour tous les sexes et de créer un environnement favorable à l'expression de l'individualité et de la sécurité de chacun.

Dans l'ensemble, comprendre le rôle des facteurs socioculturels dans la violence sexiste aide à élaborer une approche globale pour y faire face, incluant l'éducation, l'activisme et les changements de politiques publiques.

Comprendre les aspects socioculturels joue un rôle clé dans la lutte contre la violence basée sur le genre, car cela permet d'identifier les racines du problème et de développer des stratégies efficaces d'intervention préventive et de soutien aux victimes. Voici quelques aspects significatifs :

1. Comprendre les aspects socioculturels permet d'identifier les facteurs qui contribuent à l'émergence et au maintien des violences basées sur le genre. Cela peut inclure les normes sociétales, les stéréotypes de genre, les inégalités d'accès aux ressources et au pouvoir, ainsi que les pratiques culturelles qui tolèrent ou normalisent la violence.

2. La connaissance des caractéristiques socioculturelles des différents groupes et communautés permet la création de programmes et d'interventions adaptés aux besoins et réalités spécifiques de la culture. Cela peut inclure des campagnes éducatives, la formation d'agents communautaires et d'avocats, des initiatives visant à modifier les normes et les stéréotypes, ainsi que le développement de mécanismes de soutien aux victimes.

3. Comprendre les aspects socioculturels permet d'éviter les conflits éthiques et les malentendus lors de l'assistance aux victimes de violences basées sur le genre. Une approche culturellement sensible prend en compte

la culture et les traditions d'une communauté, en fournissant des services de soutien et de défense des droits qui sont conformes à ses valeurs et à ses normes.

4. La connaissance des aspects socioculturels aide à construire efficacement des campagnes visant à changer l'opinion publique et à générer une volonté politique pour apporter des changements à la législation et aux politiques visant à prévenir et à punir la violence basée sur le genre.

5. Comprendre les aspects socioculturels contribue également à mobiliser l'intervention et le soutien publics pour lutter contre la violence basée sur le genre. Cela peut inclure la création de réseaux de soutien communautaire, l'organisation de manifestations et d'actions, ainsi que le débat public sur la question pour attirer l'attention sur celle-ci et générer une condamnation collective.

Dans l'ensemble, la compréhension des aspects socioculturels joue un rôle essentiel dans la conception et la mise en œuvre de mesures visant à prévenir et combattre la violence basée sur le genre, ainsi que dans la création d'un environnement favorable aux victimes et dans l'élaboration de voies permettant leur protection et leur rétablissement.

Chapitre 14.
Puissance et contrôle.

Les agresseurs cherchent à contrôler leurs victimes pour un certain nombre de raisons, qui peuvent être liées à la fois à leurs caractéristiques personnelles et à l'influence de facteurs socioculturels. Voici quelques-unes des principales raisons pour lesquelles les violeurs cherchent à contrôler leurs victimes :

1. Pouvoir et domination : Pour certains agresseurs, contrôler les autres est un moyen d'établir leur pouvoir et leur domination. Ils cherchent à manipuler le comportement et les décisions de leurs victimes pour renforcer leur sentiment de supériorité et de contrôle.

2. Évitement de la responsabilité : Le contrôle de la victime peut aider l'agresseur à éviter d'assumer la responsabilité de ses actes. Ils peuvent recourir à la manipulation et aux menaces pour forcer la victime à garder le silence sur ce qui s'est passé ou même la convaincre qu'elle est elle-même responsable de ce qui s'est passé.

3. Garder la victime proche : Certains agresseurs cherchent à contrôler leurs victimes afin de les garder proches et de les empêcher de tenter de s'échapper ou de demander de l'aide. Cela peut créer des conditions propices à davantage de violence et de manipulation.

4. Altération mentale : Contrôler une victime peut également servir à

modifier son esprit et à manipuler ses pensées et ses sentiments. Les agresseurs peuvent recourir à des méthodes psychologiques pour obtenir l'obéissance et la dépendance de la victime.

5. Affirmation de soi : Pour certains agresseurs, contrôler la victime devient un moyen de s'affirmer et de renforcer sa propre confiance en soi. Ils peuvent considérer le contrôle comme un moyen de prouver leur force et leur capacité à contrôler ceux qui les entourent.

Ces facteurs, ainsi que d'autres, peuvent influencer conjointement le comportement des agresseurs et leur désir de contrôler leurs victimes. Comprendre ces motivations joue un rôle important dans l'élaboration de stratégies efficaces pour prévenir et combattre la violence basée sur le genre, ainsi que pour apporter un soutien aux victimes.

La violence sexiste reste l'un des problèmes sociaux les plus graves et les plus répandus dans le monde moderne. Elle touche des personnes de tous âges, sexes et classes sociales, laissant des conséquences irréparables pour les victimes et leur environnement. La violence sexiste couvre un large éventail de formes, notamment la violence physique, émotionnelle, psychologique et économique, ainsi que le contrôle et la domination dans les relations.

Malgré les efforts déployés par de nombreuses organisations de défense des droits humains et institutions gouvernementales pour lutter contre ce problème, la violence sexiste reste répandue. Il est important de comprendre que la violence sexiste est motivée non seulement par les actes criminels des individus, mais également par des facteurs socioculturels complexes, notamment les motivations des auteurs et leur désir de contrôle.

Comprendre les motivations des auteurs et la notion de pouvoir est essentiel pour élaborer des stratégies efficaces de prévention et de lutte contre la violence sexiste. Sans une analyse et une compréhension approfondies des facteurs qui poussent les individus à commettre des violences, il est difficile de développer des mesures efficaces de protection et de soutien pour les victimes. L'analyse des motivations des violeurs nous permet d'identifier leurs modèles de comportement, leurs méthodes de manipulation et leurs stratégies de contrôle, ce qui contribue à élaborer des contre-mesures et des remèdes appropriés.

De plus, comprendre les concepts de pouvoir et de contrôle nous permet de découvrir les mécanismes qui sous-tendent la violence basée sur le genre. Cela permet non seulement d'identifier les racines du problème, mais également d'élaborer des stratégies et des programmes ciblés visant à changer les normes et attitudes socioculturelles qui contribuent à l'émergence et au maintien de la violence sexiste.

Ainsi, introduire le thème de la violence basée sur le genre et l'importance de comprendre les motivations des auteurs et la notion de pouvoir est une étape nécessaire pour élaborer des stratégies globales et efficaces pour lutter contre ce problème et assurer la protection des droits et de la sécurité des victimes.

La psychologie de la violence examine divers aspects du comportement des violeurs et leur impact sur les victimes. Y compris à la fois les motivations internes et les processus psychologiques, ainsi que les facteurs externes influençant le développement d'un comportement violent. Voici quelques aspects clés de la psychologie de la violence :

1. Motivation de l'agresseur : Les motivations psychologiques des agresseurs peuvent être variées, notamment le désir de pouvoir et de contrôle, le désir d'éliminer ses propres inhibitions, le besoin de dominer et d'humilier les autres et l'incapacité de faire preuve d'empathie et de comprendre les sentiments de l'agresseur. la victime.

2. Mécanismes psychologiques : Les agresseurs utilisent souvent des mécanismes psychologiques tels que la projection, le déni, la rationalisation et la manipulation pour justifier leurs actes et rejeter la faute sur les autres. Ils peuvent également utiliser des tactiques de manipulation et de gaslighting pour soumettre leurs victimes.

3. Cycle de violence : De nombreux cas de violence basée sur le genre se caractérisent par un schéma cyclique, l'auteur se montrant périodiquement agressif, suivi ensuite d'une période de « réconciliation » ou d'excuses. Ce cycle peut maintenir la victime dans une relation abusive et créer une dépendance psychologique.

4. Stress post-traumatique : les victimes de violences basées sur le genre développent souvent le syndrome de stress post-traumatique (SSPT), qui comprend des symptômes d'anxiété, de dépression, d'insomnie, des souvenirs traumatisants répétés et une faible estime de soi.

Le concept de pouvoir et de contrôle joue un rôle clé dans la compréhension de la violence sexiste et des motivations de ses auteurs. Voici quelques aspects de ce concept :

- Le pouvoir comme moyen de domination : Pour certains agresseurs, le contrôle et le pouvoir sur les autres sont un moyen de dominer et d'établir leur propre supériorité. Ils recourent à la violence et aux menaces pour forcer leurs victimes à obéir et à faire leur volonté.

- Le contrôle comme moyen d'éliminer la résistance : les agresseurs cherchent à contrôler leurs victimes afin d'éliminer toute possibilité de résistance et d'assurer leur domination. Cela peut inclure des restrictions à la liberté de mouvement, l'isolement du soutien des autres et la manipulation de l'esprit de la victime.

- La perte de contrôle comme catalyseur de la violence : Certains cas de violence basée sur le genre surviennent en raison de la perte de contrôle de la situation par l'auteur. Dans de tels cas, la violence peut être une réponse à un sentiment de perte de pouvoir et de contrôle sur la victime ou sur la situation.

Comprendre la psychologie de la violence et les concepts de pouvoir et de contrôle permet d'identifier les motivations des auteurs, de prévenir la violence et d'apporter un soutien efficace aux victimes de violences basées sur le genre.

Les aspects psychologiques de la violence sexiste couvrent un large éventail de facteurs, notamment la motivation de l'auteur, les conséquences psychologiques pour la victime et l'impact sur le psychisme des autres. Voici quelques aspects clés :

1. Motivation du violeur : Les motivations psychologiques des violeurs peuvent être variées. Certains d'entre eux ressentent le besoin de contrôler et de dominer les autres, en utilisant la violence comme moyen d'affirmer leur pouvoir. D'autres peuvent éprouver des complexes d'infériorité ou des insécurités, qu'ils compensent en dominant et en humiliant la victime.

2. Conséquences psychologiques pour la victime : Les victimes de violences basées sur le genre sont souvent confrontées à de graves conséquences psychologiques, telles que le syndrome de stress post-traumatique (SSPT), des troubles anxieux et dépressifs, une faible estime de soi et un fonctionnement psychosocial altéré. Les effets psychologiques négatifs peuvent affecter la qualité de vie de la victime et sa capacité à s'adapter à la vie quotidienne.

3. Impact sur les autres : La violence basée sur le genre a de graves conséquences non seulement sur la victime elle-même, mais aussi sur ses proches, ainsi que sur la société dans son ensemble. Les proches peuvent éprouver un sentiment d'impuissance et d'inquiétude à l'égard de la victime, et ils peuvent eux-mêmes devenir victimes de violence psychologique de la part de l'agresseur. Dans la société, la violence sexiste crée un climat de peur et d'incertitude, sape la confiance dans les institutions et établit des normes sociales négatives.

4. Cyclicité de la violence : De nombreux cas de violence basée sur le genre se caractérisent par un schéma cyclique, l'auteur faisant périodiquement preuve d'agressivité, suivi d'une période de « réconciliation » ou d'excuses. Ce cycle crée une dépendance psychologique de la victime à l'égard de l'agresseur et rend difficile la fin de la maltraitance.

Comprendre ces aspects psychologiques de la violence basée sur le genre nous permet de développer des stratégies efficaces pour soutenir les victimes, prévenir la violence et réhabiliter les victimes et les auteurs. Ceci est important pour garantir la sécurité et le bien-être de tous les membres de la société.

Les motivations des violeurs peuvent être variées et inclure des facteurs à la fois personnels et situationnels. Voici quelques-uns des motifs les plus courants des violeurs :

1. Désir de contrôler et de dominer : De nombreux agresseurs ont un fort désir de contrôler et de dominer les autres. Ils utilisent la violence sexiste pour affirmer leur pouvoir et contrôler le comportement et les

décisions de leurs victimes.

2. Éliminer les sentiments d'infériorité : Certains agresseurs peuvent éprouver des complexes d'infériorité ou un manque de confiance en eux. Ils utilisent la violence comme un moyen de compenser leurs peurs et leurs faiblesses internes, démontrant leur force et leur pouvoir en supprimant les autres.

3. Satisfaction des besoins sexuels : Dans certains cas, la violence sexiste est de nature sexuelle et les agresseurs peuvent recourir à la violence pour satisfaire leurs besoins sexuels sans le consentement de la victime.

4. Faire preuve d'agressivité et de contrôle : Pour certains agresseurs, l'agressivité et le contrôle deviennent un moyen d'exprimer leurs émotions et d'établir leur pouvoir sur les autres. Ils peuvent recourir à la violence pour gagner confiance en eux et affirmer leur « virilité ».

5. Troubles mentaux : Certains agresseurs peuvent recevoir un diagnostic de troubles mentaux, tels que la psychopathie ou les troubles de la personnalité, qui peuvent conduire à un comportement violent.

6. Adaptation sociale imparfaite : Certains agresseurs peuvent avoir des difficultés à s'adapter aux normes et valeurs sociales, ce qui peut conduire au recours à la violence comme moyen de résoudre les conflits et d'établir leur statut.

Comprendre les motivations des auteurs nous permet de développer des stratégies efficaces pour prévenir et combattre la violence basée sur le genre, ainsi que d'apporter un soutien à ses victimes. Cela contribue à bâtir une société sûre et saine où chacun peut se sentir protégé et respecté.

Les dynamiques de pouvoir dans les relations de genre reflètent la manière dont le pouvoir est distribué et exercé entre les partenaires en fonction de leur identité de genre. Ces dynamiques sont souvent déterminées par les normes culturelles et sociales, ainsi que par les croyances et expériences individuelles.

Le rôle du pouvoir dans les relations entre les sexes peut se manifester dans divers aspects de la vie : dans la sphère économique, dans les relations familiales, dans la prise de décision et dans la sphère sexuelle. Dans les stéréotypes de genre traditionnels, l'homme est souvent perçu comme détenant du pouvoir et de l'autorité, tandis que la femme se voit attribuer un rôle subordonné et dépendant. Cela crée un rapport de force inégal qui peut contribuer à l'émergence et au maintien de la violence basée sur le genre.

Dans les relations entre les sexes, le pouvoir peut s'exprimer à la fois physiquement et émotionnellement. Le pouvoir physique peut s'exprimer par des menaces, de la violence ou le contrôle de ressources physiques telles que l'argent ou le logement. Le pouvoir émotionnel implique la manipulation, les menaces, la domination et le contrôle des sentiments d'un partenaire.

Comprendre le rôle du pouvoir dans les relations entre les sexes est important pour identifier la dynamique de la violence et élaborer des stratégies efficaces de prévention et de soutien aux victimes. L'égalité de pouvoir et le respect de l'autonomie individuelle de chaque partenaire constituent le fondement de relations de genre saines.

Dans les relations entre les sexes, les formes de contrôle peuvent être variées et peuvent impliquer des manières à la fois manifestes et secrètes de manipuler et de dominer une partie sur l'autre. Voici quelques-unes des principales formes de contrôle dans les relations :

1. Contrôle physique : cela inclut les menaces, la violence et la restriction de la liberté de mouvement et d'action du partenaire. Le contrôle physique peut être ouvert ou secret, comme des menaces ou le recours à la violence en l'absence d'observateurs.

2. Contrôle émotionnel : Il s'agit d'une forme de contrôle dans laquelle un partenaire exerce une influence sur l'état émotionnel de l'autre, en utilisant des menaces, en manipulant, en dominant ou en ignorant. Le contrôle émotionnel peut se manifester par l'humiliation, les menaces de suicide, l'isolement des réseaux sociaux ou la manipulation des sentiments.

3. Contrôle économique : Il s'agit d'une forme de contrôle dans laquelle un partenaire contrôle les finances ou l'accès aux ressources de l'autre. Le contrôle économique peut inclure la limitation de l'accès à son propre argent, le fait de forcer un partenaire à rester au chômage ou le contrôle des décisions financières.

4. Contrôle social : Il s'agit d'une forme de contrôle dans laquelle un partenaire tente de contrôler les liens sociaux et les contacts de l'autre. Cela peut inclure de vous isoler de vos amis et de votre famille, de ne pas communiquer avec certaines personnes ou de vous torturer avec des appels et des messages.

5. Contrôle sexuel : Il s'agit d'une forme de contrôle dans laquelle un partenaire utilise des menaces sexuelles, la coercition ou la domination pour contrôler le comportement de l'autre. Cela peut inclure de la violence, des menaces sexuelles, le non-respect du consentement ou des exigences sexuelles.

Ces formes de contrôle peuvent se chevaucher et se produire simultanément dans les relations. Ils peuvent créer des déséquilibres de pouvoir et menacer la sécurité et le bien-être de la victime. Comprendre ces formes de contrôle permet d'identifier les signes de relations potentiellement dangereuses et d'apporter soutien et protection aux victimes de violences basées sur le genre.

Les mécanismes de contrôle psychologique utilisés par les agresseurs contre les victimes peuvent être variés et sont souvent utilisés pour établir et maintenir un pouvoir sur un partenaire. En voici quelques uns:

1. Manipulation : Les agresseurs peuvent recourir à la manipulation

pour amener la victime à faire ce qu'elle veut. Cela peut inclure des promesses, des menaces, du chantage, de la tromperie ou une utilisation manipulatrice des émotions de la victime.

2. Isolement : Les agresseurs peuvent chercher à isoler la victime de sa famille, de ses amis et de son soutien afin de la rendre plus vulnérable et dépendante d'eux. Cela peut se produire en limitant les contacts, en ne communiquant pas avec les autres ou même en déménageant dans des endroits éloignés où la victime perd le soutien de l'environnement.

3. Menaces et peur constantes : Les agresseurs peuvent garder le contrôle en créant une peur constante chez la victime. Cela peut inclure des menaces de violence physique, des menaces de suicide, des menaces de destruction de la famille ou d'autres relations importantes.

4. Utilisation de la sexualité : Les agresseurs peuvent utiliser la sexualité pour prendre le contrôle de la victime. Cela peut inclure des violences ou des menaces sexuelles, le défaut de consentement ou la contrainte à avoir des relations sexuelles en échange de quelque chose.

5. Baisse de l'estime de soi : Les agresseurs peuvent délibérément détruire l'estime de soi et la confiance en soi de la victime afin de la rendre plus souple et plus dépendante. Cela peut se faire par des critiques, des humiliations, des insultes ou même par une déclaration directe selon laquelle la victime ne vaut rien.

Ces mécanismes de contrôle psychologique sont souvent utilisés conjointement par les agresseurs pour établir et maintenir leur pouvoir sur la victime. Ils créent un climat de peur, de dépendance et de vulnérabilité qui rend difficile pour la victime de se libérer et de résister à la violence.

Les stratégies de contrôle manipulateur sont un outil couramment utilisé par les agresseurs pour établir leur pouvoir sur la victime. Ils sont utilisés pour manipuler les émotions et le comportement de la victime afin de contrôler ses actions et ses décisions. Voici quelques-unes des stratégies de manipulation typiques :

1. Promesses et menaces : Les agresseurs peuvent utiliser des promesses et des menaces pour manipuler la victime. Il peut s'agir d'une promesse d'« améliorer » son comportement ou d'une menace de préjudice si la victime ne respecte pas ses souhaits.

2. Gaslighting : Il s'agit d'une forme de violence psychologique dans laquelle l'agresseur convainc la victime que sa perception de la réalité est défectueuse ou déformée. Cela rend la victime plus vulnérable et moins capable de résister seule.

3. Comportement variable : les agresseurs peuvent présenter un comportement imprévisible, alternant entre l'agréabilité et l'agressivité. Cela crée chez la victime un sentiment d'instabilité et de dépendance à l'égard de l'agresseur.

La violence émotionnelle et psychologique est utilisée par les agresseurs pour contrôler et humilier la victime. Cela peut inclure des critiques constantes, des humiliations, des menaces et même l'ignorance de la victime. La violence psychologique mine l'estime de soi et l'estime de soi de la victime, la rendant plus vulnérable et susceptible d'être contrôlée.

La violence physique est la forme de contrôle la plus évidente utilisée par les agresseurs. Cela inclut le fait de causer des contusions, des fractures, des coups et d'autres blessures à la victime. La violence physique peut être utilisée pour menacer et punir, ainsi que pour démontrer son pouvoir et son contrôle sur la victime.

Ces modèles de comportement des agresseurs peuvent être utilisés en combinaison ou individuellement pour atteindre l'objectif de contrôler la victime. Ils créent une atmosphère de peur, d'oppression et de dépendance, rendant difficile pour la victime de se libérer de l'influence de l'agresseur.

Les stéréotypes culturels jouent un rôle important dans la formation des perceptions de pouvoir et de contrôle dans la société. Ils déterminent la manière dont le pouvoir et le contrôle sont interprétés et valorisés dans différentes cultures. Certains stéréotypes culturels peuvent glorifier la force, la domination et le contrôle comme des qualités souhaitables, en particulier chez les hommes, tandis que d'autres normes culturelles peuvent mettre davantage l'accent sur la coopération, la compréhension mutuelle et l'égalité. Ces stéréotypes façonnent les attentes comportementales et les rôles sociaux dans la société, qui influencent la façon dont le pouvoir et le contrôle dans les relations sont perçus.

La société a certaines normes et attentes concernant la répartition du pouvoir et du contrôle entre les individus. La normalisation du pouvoir et du contrôle peut conduire à ce que certaines formes de domination et de manipulation soient perçues comme courantes, voire justifiées. Lorsque les normes culturelles et les institutions sociales soutiennent et tolèrent les inégalités et les comportements abusifs, cela peut renforcer le cycle de la violence sexiste et aggraver son impact sur les victimes. Il est important de reconnaître comment les stéréotypes et les normes culturelles influencent les croyances sur le pouvoir et le contrôle afin de lutter contre les pratiques négatives et de promouvoir un changement culturel vers des relations plus saines et plus égalitaires.

Les victimes du contrôle font face à de graves conséquences psychologiques en raison de la suppression prolongée et de la restriction de leur autonomie. Ils peuvent éprouver des sentiments d'impuissance, d'inquiétude et d'anxiété parce que le comportement dominateur de l'agresseur leur donne l'impression de perdre le contrôle de leur vie. Cela peut conduire au développement de dépression, de troubles anxieux et de troubles de stress post-traumatique (SSPT). Les victimes peuvent également éprouver des sentiments de culpabilité, de honte et d'isolement, exacerbés par la stigmatisation sociale et l'incompréhension des autres.

Les traumatismes émotionnels et psychologiques sont des conséquences courantes de la violence et du contrôle basés sur le genre.

Les victimes peuvent ressentir un stress, une anxiété, une panique et une agitation constantes. Ils peuvent également développer des symptômes de dépression, des pensées et tentatives suicidaires ainsi que des problèmes de sommeil et d'appétit. Le traumatisme psychologique peut avoir des conséquences à long terme sur la santé de la victime et nécessiter un soutien et un traitement psychologiques professionnels.

Les conséquences physiques de la violence et du contrôle basés sur le genre peuvent être graves et inclure des blessures, des contusions, des fractures et d'autres types de dommages. Les victimes peuvent souffrir de douleurs chroniques, de troubles du sommeil et de l'alimentation, ainsi que de problèmes sexuels et reproductifs. Les blessures physiques peuvent nécessiter des soins médicaux et une réadaptation, et peuvent également avoir des effets durables sur le bien-être psychologique et émotionnel de la victime.

Reconnaître les signes de contrôle et d'abus est une étape clé pour les victimes qui cherchent à se libérer d'une relation toxique. Il est important de reconnaître que le contrôle et la violence peuvent prendre de nombreuses formes et être subtils et cachés.

1. Isolement : les agresseurs cherchent souvent à isoler leurs victimes de leurs réseaux proches et de soutien. Cela peut se produire en contrôlant l'accès aux contacts sociaux, en limitant les possibilités de quitter la maison ou de participer à des événements sociaux. Les victimes peuvent se sentir coupées du monde extérieur et dépendantes de l'agresseur.

2. Contrôle financier : Les agresseurs peuvent contrôler les ressources financières de la victime soit en limitant l'accès à l'argent, soit en imposant leurs décisions financières. Cela rend la victime dépendante de l'agresseur et il lui est difficile de devenir financièrement indépendante.

3. Violence émotionnelle : Elle peut prendre la forme de menaces, d'humiliations, d'insultes et de manipulation psychologique. Les agresseurs peuvent recourir à la violence psychologique pour contrôler l'état émotionnel de la victime, la rendant ainsi plus souple et plus dépendante d'elle.

4. Violence physique : Il s'agit de la forme de contrôle la plus évidente et comprend le recours à la force physique, aux menaces, aux agressions et à la violence. Cela peut prendre la forme de coups, de coups, de harcèlement et d'agressions sexuelles.

Reconnaître ces signes aide les victimes à comprendre qu'elles sont soumises à un comportement préjudiciable et inacceptable de la part de leur agresseur. Cela leur permet de décider de rechercher du soutien et de la protection, et d'entamer le processus de libération du contrôle et de la violence.

Les stratégies de libération et les voies permettant d'échapper à la violence sexiste dépendent de la situation spécifique et des ressources dont dispose la victime. Voici quelques stratégies clés qui peuvent aider les victimes à se libérer :

1. Rechercher du soutien et des informations : les victimes peuvent commencer le processus de libération en demandant l'aide de personnes de confiance telles que des amis proches, des membres de leur famille, du personnel médical, des services d'aide aux victimes, des avocats ou des organisations de défense des droits de l'homme. Rester informé des ressources, des lois et des procédures disponibles est également important pour prendre des décisions éclairées.

2. Élaborer un plan de sécurité : cela comprend l'identification des endroits sûrs et des personnes vers qui se tourner en cas d'urgence, la conservation des documents et des coordonnées dans un endroit sûr et l'élaboration d'une stratégie pour sortir d'une situation dangereuse.

3. Contacter les forces de l'ordre : les victimes peuvent contacter la police ou d'autres organismes chargés de l'application de la loi pour demander protection, déposer une plainte pour crime et engager des poursuites contre l'agresseur.

4. Obtention d'une assistance juridique : les avocats et avocats professionnels peuvent aider à protéger les droits de la victime, aider à obtenir des ordonnances de protection temporaire, une restriction des contacts avec l'agresseur ou une protection.

5. Soutien psychologique et thérapie : les psychologues et conseillers professionnels peuvent aider les victimes à faire face aux conséquences émotionnelles de la maltraitance, à développer des stratégies d'autoprotection et à trouver des voies de rétablissement psychologique et émotionnel.

6. Soutien économique : Il est important que les victimes qui ont perdu leur indépendance financière en raison de la violence aient accès à une aide financière, à un soutien à l'emploi et à d'autres programmes sociaux qui peuvent leur assurer stabilité et indépendance financières.

7. Réseautage et soutien : Participer à des groupes de soutien pour victimes de violence, partager des expériences avec d'autres victimes et parler à des personnes qui ont vécu des situations similaires peuvent être une source précieuse de soutien et d'inspiration.

Il est important de se rappeler que chaque situation est unique et qu'il n'existe pas de solution universelle. Sortir d'une situation de violence basée sur le genre peut être difficile et nécessiter du temps, du soutien et de la détermination de la part de la victime.

Le soutien psychologique joue un rôle clé dans le processus de libération de la violence sexiste. Voici quelques aspects de ce soutien :

1. Conseil psychologique : des psychologues et thérapeutes professionnels offrent aux victimes de violences basées sur le genre la possibilité de discuter de leurs expériences émotionnelles, de leurs préoccupations et de leurs peurs dans un environnement sûr et confiant.

Cela les aide à reconnaître et à traiter leurs émotions, ce qui favorise la guérison psychologique.

2. Thérapie traumatique : Les victimes de violences basées sur le genre peuvent ressentir des effets traumatisants tels que le trouble de stress post-traumatique (SSPT) ou la dépression. La thérapie traumatologique, qui comprend des techniques permettant de gérer le traumatisme et ses effets, aide les victimes à faire face à ces conditions et à entamer le processus de guérison.

3. Auto-assistance et estime de soi : Le soutien psychologique comprend le développement de compétences d'auto-assistance et d'estime de soi. Les victimes reçoivent des outils pour renforcer leur résilience, leur confiance en elles et leur capacité à fixer des limites dans leurs relations.

Le soutien juridique garantit que les victimes de violences basées sur le genre sont protégées et que leurs droits sont protégés. Voici quelques mesures qui peuvent être incluses dans ce soutien :

1. Consultation avec des avocats et des avocats : des avocats et des avocats professionnels fournissent aux victimes des conseils juridiques et une assistance dans les procédures devant les forces de l'ordre et les tribunaux. Ils aident les victimes à comprendre leurs droits et leurs options et assurent la protection de leurs intérêts dans le système juridique.

2. Représentation devant le tribunal : L'assistance juridique comprend la représentation des intérêts de la victime devant le tribunal en cas de poursuite pénale contre le violeur. Cela comprend la préparation des déclarations, la plaidoirie au procès et la garantie d'un procès équitable.

3. Ordonnances de protection et garanties : les avocats aident les victimes à obtenir des ordonnances judiciaires leur accordant une protection temporaire, des contacts limités avec l'agresseur et d'autres mesures de protection pour assurer leur sécurité physique et psychologique.

4. Informations sur les lois et les procédures : le soutien juridique comprend la fourniture d'informations sur les lois et les procédures liées à la violence sexiste, ainsi qu'une assistance pour résoudre des questions juridiques complexes et prendre des décisions éclairées.

Les programmes de prévention visent à prévenir la violence sexiste par l'éducation et la formation. Ils comprennent:

1. Activités éducatives : Les programmes scolaires et universitaires, y compris l'éducation sur la violence sexuelle et les relations consciencieuses, aident les jeunes à développer des relations saines et respectueuses avec leurs pairs.

2. Éducation du public : les programmes d'éducation et les campagnes de sensibilisation sur la violence sexiste sensibilisent le public au problème, développent l'empathie et favorisent le changement culturel.

3. Formation à la résolution des conflits : La formation à la résolution constructive des conflits et aux compétences en communication

aide à prévenir la violence relationnelle en apprenant aux gens à reconnaître et à réagir aux signes avant-coureurs.

L'éducation sur la psychologie du pouvoir et du contrôle aide les gens à comprendre la nature de la violence sexiste et à la prévenir. Il comprend:

1. Cours de formation et conférences : Les programmes de formation sur la psychologie du pouvoir et du contrôle comprennent des cours de formation et des conférences dans des établissements d'enseignement, ainsi que par le biais d'événements éducatifs destinés au public.

2. Échange d'expériences et de pratiques : Des séminaires et des formations sur l'échange d'expériences et de bonnes pratiques dans le domaine de la prévention des violences basées sur le genre permettent aux professionnels et aux militants d'échanger leurs connaissances et leurs compétences.

3. Éducation aux médias : L'éducation aux médias et à la pensée critique aide les gens à analyser et à critiquer les messages médiatiques, y compris ceux qui peuvent normaliser ou justifier la violence sexiste.

Développer la pensée critique et la conscience de soi aide à prévenir la violence sexiste en prenant conscience des attitudes personnelles et des modèles de comportement. Il comprend:

1. Formation à la conscience de soi : les programmes d'auto-assistance et de formation aident les participants à développer leur conscience de soi, à reconnaître leurs émotions et leurs besoins et à fixer des limites saines dans leurs relations.

2. Campagne sociale : les campagnes de sensibilisation et de participation active de la société à la lutte contre la violence basée sur le genre promeuvent une culture de respect et d'égalité.

3. Sensibilisation des jeunes et de la communauté : Les programmes de sensibilisation des jeunes et de la communauté se concentrent sur le développement de la pensée critique et de la conscience relationnelle, y compris une formation sur la sensibilisation et le respect mutuel.

L'analyse nous permet de tirer les conclusions suivantes :

1. La violence sexiste est un phénomène à plusieurs niveaux et à multiples facettes qui est déterminé non seulement par des facteurs individuels, mais également par un large éventail d'aspects socioculturels, psychologiques et structurels.

La violence basée sur le genre est certainement un phénomène qui va au-delà des simples impacts physiques ou psychologiques. Elle est profondément ancrée dans les aspects socioculturels, psychologiques et structurels de notre société. Pour comprendre toute l'ampleur du problème de la violence basée sur le genre, il est nécessaire de comprendre ces multiples facteurs.

Les aspects socioculturels comprennent un large éventail de normes, de stéréotypes, de traditions et d'attentes formés et soutenus par la société dans son ensemble. Par exemple, les stéréotypes de genre, les attentes à l'égard des hommes et des femmes, ainsi que les normes familiales et communautaires influencent tous la manière dont la violence sexiste est perçue et tolérée. Les victimes de violences basées sur le genre peuvent ressentir de la peur ou de la honte en raison de la pression sociale et de la stigmatisation qui accompagnent souvent de telles situations.

Les aspects psychologiques de la violence sexiste jouent également un rôle important. Par exemple, les agresseurs peuvent recourir à des tactiques de pression psychologique, de menaces et de manipulation pour contrôler la victime. L'impact émotionnel sur les victimes peut aller de l'anxiété et de la dépression au trouble de stress post-traumatique (SSPT). Il est important de comprendre que ces réactions émotionnelles sont tout à fait normales et ne constituent pas un signe de faiblesse.

Au niveau structurel, la violence sexiste est associée à une répartition inégale du pouvoir et des ressources dans la société. Par exemple, les agresseurs peuvent utiliser leur situation économique ou sociale pour établir et maintenir un contrôle sur la victime. Cela crée des obstacles pour les victimes, rendant difficile pour elles de se libérer de la violence.

Pour aider les victimes de violences basées sur le genre, tous ces aspects doivent être pris en compte. Le processus de sortie d'une relation abusive nécessite non seulement une sécurité physique, mais aussi un soutien psychologique, ainsi que des changements au niveau de la société et de la législation. Il est important de se rappeler que les victimes ne sont pas seules et qu'il existe de nombreuses ressources et organisations disponibles pour les aider et les soutenir dans leur lutte pour la liberté et le rétablissement.

2. Comprendre les motivations des agresseurs et la psychologie du pouvoir et du contrôle joue un rôle important dans la prévention et la lutte contre la violence sexiste, car cela nous permet d'identifier les facteurs qui contribuent à l'émergence et au maintien de relations violentes.

Comprendre les motivations des auteurs et la psychologie du pouvoir et du contrôle est essentiel pour lutter contre la violence sexiste, car cela permet d'identifier et de comprendre les racines du problème, ce qui contribue à prévenir et à réduire sa prévalence. Il est important de comprendre que les agresseurs cherchent souvent à contrôler leurs victimes non seulement physiquement, mais aussi émotionnellement et psychologiquement.

L'examen des motivations des violeurs révèle souvent les profondes racines psychologiques de leur comportement. Certains agresseurs peuvent éprouver des sentiments d'infériorité ou d'impuissance et utiliser leur contrôle sur les autres pour compenser leurs propres défauts. D'autres peuvent être des menteurs manipulateurs ou pathologiques, recherchant le pouvoir et le contrôle sur les autres. Comprendre ces motivations nous permet de mieux prédire et comprendre le comportement des agresseurs et de développer des stratégies d'intervention préventive plus efficaces.

L'un des aspects clés de la psychologie du pouvoir et du contrôle est le désir des agresseurs d'établir leur domination sur les autres. Cela peut se manifester à la fois dans les partenariats et dans d'autres domaines de la vie. Les agresseurs utilisent souvent des tactiques de pression psychologique, de menaces, de manipulation et d'isolement pour subjuguer et maintenir le contrôle sur leurs victimes. Comprendre ces dynamiques de pouvoir et de contrôle permet d'identifier et de prévenir ces comportements.

Pour les victimes de violences basées sur le genre, en particulier celles qui sont sensibles et peu sûres d'elles, comprendre les motivations de leurs agresseurs peut être libérateur et les aider à réaliser que la violence n'est pas le résultat de leurs propres actions ou de leurs défauts. Cela leur donne également des raisons de demander de l'aide et du soutien. De plus, la connaissance de la psychologie du pouvoir et du contrôle peut aider les victimes à comprendre les tactiques de leurs agresseurs et à développer des stratégies pour se défendre et se sortir de situations dangereuses.

3. Le pouvoir et le contrôle, notamment dans le contexte des relations entre les sexes, sont des facteurs clés qui déterminent la dynamique de la violence et ses conséquences pour les victimes.

Le pouvoir et le contrôle dans les relations entre les sexes constituent un aspect complexe et souvent caché qui constitue la base de nombreuses formes de violence sexiste. Ils déterminent la dynamique des relations entre partenaires et peuvent se manifester à la fois par l'établissement et le maintien de la domination d'une partie sur l'autre, ainsi que par le contrôle des ressources, la prise de décision et la restriction de la liberté de la victime.

Dans le contexte de la violence sexiste, le pouvoir et le contrôle peuvent se manifester sous diverses formes, notamment la violence physique, la violence émotionnelle et psychologique, l'oppression économique et l'exclusion sociale. Les agresseurs utilisent ces tactiques pour affirmer leur pouvoir sur leurs victimes et réprimer leur volonté et leur autodétermination. Ils peuvent proférer des menaces, faire en sorte que la victime se sente effrayée et impuissante, contrôler ses finances et son accès aux ressources, et l'isoler du soutien et de l'aide des autres.

Pour les victimes de violences basées sur le genre, en particulier celles qui dépendent de leur agresseur ou qui le craignent, la conscience du rôle du pouvoir et du contrôle peut être libératrice. Cela leur permet de comprendre que la violence n'est pas le résultat de leurs propres actions ou caractéristiques, mais un outil de contrôle de la part de l'agresseur. Cette prise de conscience peut être le premier pas vers la libération et la recherche de soutien et d'aide.

L'un des aspects clés du pouvoir et du contrôle dans les relations entre les sexes est leur normalisation dans la société et la culture. Souvent, le pouvoir et le contrôle au sein des familles ou des partenariats sont considérés comme « normaux », voire « souhaitables », en particulier dans le cas des rôles traditionnels de genre. Cela crée des obstacles à l'identification et à la lutte contre la violence sexiste, car les victimes peuvent avoir peur de demander de l'aide ou percevoir leur situation comme insignifiante ou injustifiée.

Dans l'ensemble, la conscience du pouvoir et du contrôle dans les relations entre les sexes permet aux victimes de violences basées sur le genre de comprendre que ce qui se passe n'est pas de leur faute et de rechercher de l'aide et du soutien. Il aide également le public et les professionnels de la lutte contre la violence à développer des stratégies de prévention et de soutien aux victimes plus efficaces.

Sur la base de l'analyse, les recommandations suivantes sont proposées :

1. Élaboration et mise en œuvre de programmes de prévention complets comprenant des éléments éducatifs et psychologiques visant à changer les attitudes et les normes culturelles, à soutenir les victimes et à prévenir la violence.

Il est important d'élaborer et de mettre en œuvre des programmes de prévention complets pour prévenir la violence sexiste et créer un environnement plus sûr pour tous. Ces programmes comprennent généralement diverses composantes telles que des activités éducatives, un soutien psychologique, des initiatives législatives et sociales visant à changer les attitudes culturelles et les normes qui soutiennent la violence sexiste.

L'un des aspects clés de ces programmes est la composante éducative. L'éducation joue un rôle important dans le changement des mentalités et la création de nouvelles valeurs dans la société. Dans le cadre des programmes de prévention, des formations, séminaires, conférences et campagnes sont organisés pour sensibiliser à la violence basée sur le genre, à ses conséquences et aux méthodes de prévention. Le but de ces événements n'est pas seulement d'éduquer, mais aussi de faire comprendre aux gens l'importance de l'égalité, du respect et de la sécurité dans les relations.

Le soutien psychologique joue également un rôle important dans les programmes de prévention. De nombreuses victimes de violences basées sur le genre subissent des conséquences traumatisantes à la suite de leurs expériences. Leur fournir des soins de santé mentale de qualité peut les aider à faire face à un traumatisme, à accroître leur estime de soi et leur confiance en soi, et à apprendre à exprimer leurs émotions et à fixer des limites dans leurs relations.

Pour rassurer les victimes d'intimidation, en particulier celles qui sont très sensibles et qui ont peur de demander de l'aide, il est important de démontrer leur soutien et leur compréhension inconditionnelle. Les programmes de prévention doivent être adaptés à leurs besoins et viser à créer une atmosphère de confiance et de soutien. Il est important d'attirer des consultants professionnels et des psychologues capables de fournir l'aide et le soutien nécessaires dans un format individuel.

De plus, pour que les programmes soient efficaces, les caractéristiques culturelles et sociales de chaque communauté doivent être prises en compte. L'adaptation des approches aux conditions et valeurs locales augmente leur efficacité et leur acceptation sociale. Il est également important de suivre et d'évaluer systématiquement les résultats du programme afin d'ajuster les approches et d'obtenir un impact maximal.

Ainsi, l'élaboration et la mise en œuvre de programmes de prévention complets constituent une étape importante dans la lutte contre la violence sexiste. Ils contribuent non seulement à changer les attitudes et les normes culturelles, mais fournissent également aux victimes le soutien et l'assistance dont elles ont besoin pour se libérer de la violence et retrouver leur estime de soi et leur bien-être.

2. Sensibiliser et former les professionnels travaillant auprès des victimes de violences basées sur le genre à la psychologie du pouvoir et du contrôle afin de garantir une fourniture plus efficace d'aide et de soutien.

La sensibilisation et la formation des professionnels travaillant avec les victimes de violences basées sur le genre à la psychologie du pouvoir et du contrôle sont un aspect clé pour fournir des soins et un soutien efficaces. Ces professionnels, qu'ils soient psychologues, travailleurs sociaux, avocats ou médecins, jouent un rôle essentiel dans l'aide aux victimes de violence. Comprendre les motivations des agresseurs et la psychologie du pouvoir et du contrôle les aide à interagir plus efficacement avec les victimes et à leur fournir le soutien dont elles ont besoin.

Former des professionnels en psychologie du pouvoir et du contrôle leur permet de mieux comprendre la dynamique de l'influence de l'agresseur sur la victime, ainsi que les méthodes de manipulation et de contrôle qui peuvent être utilisées dans les relations. Cela permet aux professionnels de reconnaître plus efficacement les signes d'abus et de contrôle, même s'ils ne sont pas manifestes ou physiques, et de fournir aux victimes un soutien approprié.

La sensibilisation joue également un rôle important dans l'éducation des professionnels sur les normes et stéréotypes de genre qui peuvent influencer les interactions avec les victimes. Ils apprennent à reconnaître les signes de violence sexiste et à réagir de manière appropriée, créant ainsi un environnement sûr et favorable pour les victimes.

Il est important que les victimes de harcèlement, en particulier celles qui sont très sensibles et manquent de confiance en elles, comprennent que les professionnels avec lesquels elles interagissent ont été éduqués et formés pour les aider. Ces professionnels possèdent non seulement les connaissances et les compétences, mais aussi l'empathie et la compréhension qui rendent le processus de recherche d'aide plus solidaire et plus confiant. Sensibiliser les professionnels contribue également à créer une société plus accueillante et inclusive où soutenir et protéger les victimes de violences basées sur le genre est une priorité.

3. Développement de mécanismes permettant d'apporter un soutien médical, psychologique, juridique et social aux victimes de violences basées sur le genre, ainsi que d'assurer la disponibilité de ces services pour toutes les couches de la population.

Le développement de mécanismes visant à fournir un soutien médical, psychologique, juridique et social aux victimes de violences basées sur le genre joue un rôle clé pour garantir la sécurité, le rétablissement et le bien-être des victimes. Ces mécanismes constituent une infrastructure importante d'assistance en cas de violence et permettent aux victimes de demander de l'aide et du soutien à tout moment.

Le soutien médical comprend les premiers soins en cas de blessure, l'examen et le traitement médicaux, ainsi que la réadaptation pour rétablir la santé physique de la victime. Il s'agit d'un aspect important des soins, surtout si la violence a entraîné des blessures graves ou des conditions traumatisantes.

Le soutien psychologique vise à aider les victimes à faire face aux conséquences émotionnelles et psychologiques de la violence. Après avoir subi des violences basées sur le genre, de nombreuses victimes peuvent souffrir de troubles de stress post-traumatique, de dépression, d'anxiété et d'autres difficultés psychologiques. Les psychologues et les spécialistes du soutien psychosocial aident les victimes à comprendre leurs émotions, à faire face aux expériences traumatisantes et à reprendre une vie normale.

L'assistance juridique comprend des conseils juridiques, une aide à la préparation de déclarations concernant un crime, un soutien au tribunal et la protection des droits de la victime. Cela permet aux victimes de bénéficier d'une protection juridique, d'un accès adéquat à la justice et d'une satisfaction morale du processus judiciaire.

Le soutien social est assuré par le biais de divers programmes sociaux qui aident les victimes à retrouver leur estime d'elles-mêmes, à reprendre une vie normale et à retrouver leur autonomie. Cela peut inclure une aide au logement, une aide à l'emploi, des conseils familiaux et d'autres types d'aide.

Il est important que les victimes de violences basées sur le genre, en particulier celles qui sont sensibles et qui manquent de confiance en elles, comprennent qu'il existe un vaste réseau d'organisations et de professionnels disponibles pour les aider si nécessaire. Quels que soient leur statut, leur race, leur âge ou leur sexe, ces mécanismes de soutien sont accessibles à toute personne ayant besoin d'aide et de protection. Les professionnels sont formés pour travailler avec les victimes de violences basées sur le genre avec sensibilité et empathie, créant ainsi un environnement sûr et favorable dans lequel les victimes peuvent recevoir l'aide et le soutien dont elles ont besoin.

Comprendre le pouvoir et le contrôle est essentiel pour lutter contre la violence sexiste, car cela permet d'identifier, d'analyser et de prévenir les facteurs qui contribuent à la violence. La connaissance du pouvoir et du contrôle permet d'élaborer des stratégies efficaces de prévention et d'intervention visant à créer un environnement sûr et équitable pour tous.

❖ ❖ ❖ ❖ ❖ ❖ ❖ ❖ ❖ ❖ ❖ ❖ ❖ ❖ ❖

Chapitre 15.
Facteurs personnels et psychologiques.

La violence sexiste est l'une des formes de violations des droits humains les plus graves et les plus répandues, touchant des millions de personnes dans le monde. Cependant, comprendre la violence basée sur le genre inclut non seulement ses aspects physiques et socioculturels, mais également les facteurs personnels et psychologiques qui influencent son apparition, son maintien et ses conséquences pour toutes les personnes impliquées.

Dans cette introduction, nous nous concentrerons sur l'exploration des aspects personnels et psychologiques de la violence basée sur le genre. Nous nous intéressons à la manière dont les traits de personnalité des auteurs et des victimes, ainsi que les processus psychologiques, influencent la dynamique de la violence dans les relations interpersonnelles. Il est important de comprendre quels facteurs contribuent à la violence, comment la prévenir et comment aider les victimes à faire face à ses conséquences.

Dans ce chapitre, nous examinerons divers aspects de la psychologie de la violence, notamment sa définition, ses mécanismes d'apparition et de maintien, ainsi que l'influence des facteurs personnels et psychologiques sur la dynamique de la violence basée sur le genre. Nous discuterons également du rôle des stéréotypes de genre et des normes culturelles dans la formation de la psychologie de la violence, ainsi que des conséquences psychologiques pour les victimes.

Comprendre les facteurs personnels et psychologiques à l'origine de la violence sexiste nous aidera non seulement à mieux comprendre le problème, mais constituera également la base pour élaborer des stratégies efficaces pour la prévenir et la combattre, et pour soutenir les victimes et les aider à surmonter leurs traumatismes.

La raison pour laquelle il est important d'étudier les aspects psychologiques de la violence dans les relations interpersonnelles est que la compréhension de ces aspects nous permet d'approfondir les racines du problème de la violence sexiste et de développer des stratégies plus efficaces pour la prévenir et la surmonter. Voici quelques arguments clés qui soutiennent l'importance d'étudier les aspects psychologiques de la violence dans les relations interpersonnelles :

1. Comprendre les motifs et la dynamique de la violence : L'étude des aspects psychologiques de la violence nous permet d'identifier les motifs et la dynamique des comportements violents. Ceci est important pour identifier les facteurs qui contribuent à l'apparition et au maintien de la violence dans les relations, ainsi que pour élaborer des programmes de prévention de la violence.

2. Développer des stratégies d'aide efficaces : Comprendre les aspects psychologiques de la violence nous permet de développer des stratégies plus efficaces pour aider les victimes et les agresseurs. Cela comprend l'élaboration de programmes de soutien et de réadaptation qui tiennent compte des besoins psychologiques et des caractéristiques de chaque personne.

3. Surmonter la stigmatisation et apporter un soutien : Apprendre les aspects psychologiques de la violence aide à surmonter la stigmatisation qui accompagne les victimes et les auteurs. Comprendre les mécanismes psychologiques qui sous-tendent les comportements violents contribue à créer un environnement plus empathique et plus solidaire pour toutes les personnes impliquées.

4. Prévention des rechutes : L'étude des aspects psychologiques de la violence permet d'identifier les facteurs de risque et de prévenir la rechute dans un comportement violent. Ceci est important pour la sécurité des victimes et de la société dans son ensemble.

5. Développer la compétence émotionnelle personnelle : Comprendre les aspects psychologiques de la violence aide les gens à développer leurs compétences émotionnelles personnelles et leurs compétences interpersonnelles. Cela favorise des relations saines et respectueuses dans la société.

Ainsi, l'étude des aspects psychologiques de la violence dans les relations interpersonnelles joue un rôle clé dans l'élaboration de stratégies efficaces pour prévenir, aider et faire face à la violence basée sur le genre.

La violence psychologique est une forme d'agression qui ne laisse pas toujours de traces physiques, mais qui a un impact négatif profond sur l'état mental de la victime. Il s'agit d'un type de violence basée sur la manipulation psychologique, les menaces, l'humiliation et le contrôle, qui peut conduire à la destruction de l'estime de soi, à la perte de l'identité personnelle et à la dépression chez la victime.

1. Définition de la maltraitance psychologique : La maltraitance psychologique couvre un large éventail d'actions et de comportements préjudiciables visant à contrôler, humilier, menacer et manipuler la victime. Cela peut inclure des menaces constantes, des insultes, l'isolement des amis et de la famille, la manipulation, l'humiliation, les menaces de violence et

d'autres formes de violence psychologique.

2. Classification de la violence psychologique :

- Violence émotionnelle : comprend les insultes, l'humiliation, les menaces, le chantage, l'isolement, les menaces de suicide ou de meurtre, les critiques constantes et le dénigrement.

- Manipulation psychologique : il s'agit du recours à la tromperie, aux mensonges, aux menaces, à la coercition ou à d'autres tactiques pour contrôler le comportement, les pensées ou les émotions d'une victime.

- Isolement social : L'agresseur peut isoler la victime de son réseau social, la rendant dépendante uniquement de lui, ce qui rend difficile la conviction de la victime de demander de l'aide.

- Contrôle financier : L'agresseur peut contrôler les ressources financières de la victime, la privant d'indépendance financière et augmentant sa dépendance.

La maltraitance psychologique est souvent cachée et difficile à percevoir, mais ses conséquences peuvent être dévastatrices pour la santé mentale de la victime. Comprendre et classifier ces aspects permet d'identifier et de prévenir diverses formes de violence psychologique, ainsi que d'apporter un soutien et une assistance efficaces aux victimes.

Le rôle de la dépendance émotionnelle dans un contexte de violence est très important et constitue souvent un facteur clé dans le maintien et la poursuite de relations abusives.

1. Une victime émotionnellement dépendante peut être plus disposée à se soumettre au contrôle de l'agresseur. Elle peut éprouver la peur de perdre son partenaire, ce qui la rend plus sensible à ses exigences et à sa violence, et moins susceptible de mettre fin à la relation.

2. Un agresseur peut délibérément manipuler une victime émotionnellement dépendante, en utilisant ses sentiments et ses peurs pour prendre le contrôle. Cela peut inclure des menaces de la quitter, des menaces de violence ou même des menaces de suicide pour la forcer à rester dans la relation ou à se soumettre à ses exigences.

3. La victime émotionnellement dépendante peut nier ou ignorer l'abus, même lorsqu'il se produit, dans le but de maintenir une image idéalisée de son partenaire ou d'éviter d'affronter une réalité désagréable.

4. Une victime souffrant de dépendance émotionnelle peut avoir une faible estime d'elle-même et un sentiment d'inutilité, ce qui la rend plus vulnérable à la manipulation et au contrôle de l'agresseur.

5. Une victime émotionnellement dépendante peut considérer sa relation avec son agresseur comme la seule source de bonheur et de satisfaction, la rendant incapable ou réticente à mettre fin à la relation, même si elle est nocive et dangereuse.

Tous ces facteurs créent une atmosphère de dépendance et de contrôle, qui rend la victime émotionnellement dépendante plus vulnérable et moins capable de résister et de mettre fin à une relation abusive.

Reconnaître ce rôle de la dépendance émotionnelle dans la violence aide à comprendre la dynamique relationnelle et à développer des stratégies efficaces pour aider et soutenir les victimes.

Les mécanismes psychologiques de contrôle et de manipulation dans les relations sont des outils clés que les agresseurs utilisent pour maintenir leur pouvoir sur leurs victimes. Voici quelques-uns des mécanismes les plus courants :

1. Isolement : L'agresseur peut délibérément isoler la victime de son réseau social, de ses amis et de sa famille. Cela la rend plus vulnérable et dépendante de son agresseur car elle n'a aucun soutien extérieur et se sent plus isolée.

2. Gaslighting : Il s'agit d'une technique de manipulation psychologique dans laquelle l'agresseur convainc la victime que sa perception de la réalité et ses propres sentiments sont incorrects. L'agresseur peut convaincre la victime qu'elle est folle, qu'elle se souvient mal des événements ou qu'elle exagère ce qui s'est passé.

3. Menaces : Un agresseur peut recourir à des menaces de violence physique et émotionnelle pour forcer la victime à se conformer à ses exigences. Cela peut inclure des menaces de blessures physiques, des menaces d'abandonner la victime, des menaces contre des proches ou des menaces de suicide.

4. Atteinte à l'estime de soi : L'agresseur peut constamment critiquer, insulter et humilier la victime afin de miner son estime de soi et sa confiance en soi. Cela rend la victime plus souple et moins susceptible de résister.

5. Promesses et pots-de-vin : Un agresseur peut utiliser des promesses d'affection et des cadeaux comme moyen de contrôler la victime. Il peut promettre de changer, de devenir une meilleure personne ou de cesser de maltraiter sa victime afin de maintenir la victime dans la relation.

6. Manipulation des sentiments : L'agresseur peut manipuler les sentiments de la victime en jouant sur ses émotions et en testant son amour, sa peur ou sa culpabilité. Cela rend la victime plus vulnérable et plus susceptible de coopérer avec l'agresseur.

Tous ces mécanismes créent une atmosphère de contrôle et de subordination, qui rend la victime moins capable de résister et de s'échapper d'une situation dangereuse. Reconnaître ces mécanismes aide les victimes à comprendre ce qui se passe et à identifier des stratégies pour mettre fin à une relation abusive.

L'étude des traits de personnalité de l'agresseur est un aspect important pour comprendre la violence sexiste. Certains traits clés qui caractérisent les violeurs comprennent :

1. Déficit d'empathie : Les agresseurs ont souvent un déficit d'empathie, ce qui signifie qu'ils sont incapables de ressentir les émotions

ou les expériences des autres. Cela leur permet d'être plus enclins à la violence puisqu'ils ne ressentent pas d'empathie pour les victimes potentielles.

2. Faible autorégulation : Les agresseurs peuvent avoir de faibles niveaux d'autorégulation, ce qui signifie qu'ils ont des difficultés à contrôler leurs émotions et leur comportement. Cela peut conduire à leur tendance à agir de manière impulsive et à se comporter de manière agressive.

3. Narcissisme : Certains agresseurs présentent des signes de narcissisme, c'est-à-dire une surestimation de leur propre importance et un désir de contrôler les autres. Ils peuvent recourir à la violence pour affirmer leur pouvoir et dominer les autres.

4. Manipulateur : Les agresseurs sont souvent manipulateurs et utilisent diverses tactiques pour contrôler les autres. Cela peut impliquer de la tromperie, des menaces ou de la coercition.

5. Agressivité accrue : Certains agresseurs peuvent avoir des niveaux d'agressivité accrus, qu'ils peuvent exprimer sous la forme de violence physique ou émotionnelle.

L'enfance et l'environnement familial jouent un rôle important dans la formation des comportements violents chez les adultes. Certains facteurs pouvant contribuer au développement d'un comportement violent comprennent :

1. Violence domestique : les enfants qui ont été témoins ou victimes de violence domestique peuvent répéter ce comportement à l'avenir, le considérant comme normal ou comme un moyen de résoudre des conflits.

2. Relations négatives : Les relations avec les parents ou d'autres membres de la famille basées sur le stress, les conflits et l'insatisfaction peuvent contribuer à la formation de comportements agressifs chez les enfants.

3. Manque de soutien : Les enfants qui grandissent dans des familles avec de faibles niveaux de soutien et de liens émotionnels peuvent avoir du mal à nouer des relations saines et à résoudre les conflits.

Certains troubles psychologiques peuvent augmenter le risque de comportements violents. Certains d'entre eux incluent :

1. Psychopathie : Les personnes présentant des traits psychopathiques peuvent faire preuve d'indifférence à l'égard des sentiments des autres et être sujettes à un comportement violent sans sentiments de culpabilité ni de remords.

2. Troubles de la personnalité : Les personnes souffrant de troubles de la personnalité, tels qu'un trouble antisocial ou narcissique, peuvent avoir des difficultés à établir des relations saines et émotionnellement stables, ce qui peut conduire à un comportement violent.

3. Troubles mentaux : Les personnes souffrant de troubles mentaux tels que la schizophrénie ou le trouble bipolaire peuvent éprouver des

problèmes de maîtrise de soi et de réalité, ce qui peut conduire à un comportement violent.

Identifier et comprendre les facteurs personnels et psychologiques qui contribuent à la violence basée sur le genre aident à développer des stratégies efficaces de prévention et d'assistance pour les victimes potentielles et les auteurs afin de prévenir de nouvelles violences et d'assurer la sécurité et le bien-être des communautés.

Les rôles de genre, qui définissent les attentes et le comportement des hommes et des femmes dans la société, jouent un rôle important dans l'élaboration des comportements violents. Certains aspects de ce rôle peuvent inclure :

1. Masculinité et domination : De nombreuses cultures attribuent des traits masculins aux hommes, tels que la force, l'agressivité et la domination. Ces traits peuvent être considérés comme désirables et applaudis, créant une attente sociale selon laquelle un comportement agressif doit être affiché comme étant cohérent avec une image masculine.

2. Stéréotypes sur la vulnérabilité féminine : Alors que la masculinité est associée à la force, la féminité est souvent associée à la vulnérabilité et à la soumission. Ces stéréotypes peuvent conduire à penser que les femmes sont moins capables de se protéger et plus vulnérables à la violence.

3. Attrait et sexualité : Il existe souvent dans la société une croyance selon laquelle les femmes attirantes et sexy peuvent être des objets de désir et de pouvoir pour les hommes. Cela peut conduire à des situations dans lesquelles les agresseurs utilisent leur position de pouvoir pour dominer la victime et justifier leurs actes.

Les normes culturelles et l'approbation sociale peuvent également avoir une influence significative sur la psychologie de la violence. Certains aspects de ceci incluent :

1. Normalisation de la violence : dans certaines cultures, les normes et les valeurs peuvent soutenir et justifier la violence, en particulier dans les environnements familiaux ou entre les sexes. Cela peut créer une atmosphère dans laquelle la violence est considérée comme un moyen acceptable, voire inévitable, de résoudre les conflits.

2. Négligence des droits des femmes : Dans les sociétés où les femmes ont un statut inférieur et des droits limités, la violence à leur encontre peut être considérée comme un moyen acceptable de contrôle et de discipline.

3. Approbation sociale des actes de violence : L'attitude de la société à l'égard de la violence peut être un facteur déterminant. Si la violence est acceptée ou non punie dans la société, les agresseurs peuvent se sentir plus confiants dans leurs actes et moins susceptibles de s'autoréguler.

Il existe de nombreux mythes et idées fausses qui perpétuent la violence sexiste et la rendent plus difficile à reconnaître et à mettre fin.

Certains d'entre eux incluent :

1. Le mythe du « droit à la propriété » : Ce mythe affirme qu'un homme a le droit de contrôler et de dominer une femme dans une relation, y compris par la violence.

2. Le mythe du « blâme de la victime » : Selon ce mythe, la victime de violence porte une partie de la responsabilité de ce qui se passe en raison de son comportement, de ses vêtements ou de ses paroles.

3. Le mythe de la « violence normale » : Certaines personnes croient que la violence mineure ou occasionnelle dans les relations est normale et ne constitue pas un problème.

L'étude de ces aspects permet de mieux comprendre les mécanismes psychologiques de la violence, ce qui contribue à l'élaboration de stratégies plus efficaces pour prévenir et combattre la violence basée sur le genre.

Les victimes de violences basées sur le genre sont souvent confrontées à de graves conséquences émotionnelles et psychologiques qui peuvent avoir un impact profond sur leur vie. Certains d'entre eux incluent :

1. Stress traumatique : Les survivants peuvent ressentir des émotions intenses telles que la peur, l'anxiété, le désespoir et l'impuissance. Ils peuvent également subir des crises de panique, des cauchemars et une tension constante.

2. Perte d'estime de soi : La violence basée sur le genre entraîne souvent une perte de confiance en soi et un sentiment d'inadéquation. Les victimes peuvent commencer à douter d'elles-mêmes et de leurs capacités, ce qui affecte leur estime de soi et leur confiance en elles.

3. Dépression : De nombreuses victimes de violences basées sur le genre souffrent de dépression en raison d'un stress prolongé et d'événements traumatisants. Ils peuvent ressentir une perte d'intérêt pour la vie, une perte d'énergie et de motivation, ainsi qu'un sentiment de désespoir.

Le syndrome de stress post-traumatique (SSPT) est un trouble psychologique grave qui peut survenir chez les victimes de violences basées sur le genre à la suite d'événements violents vécus ou témoins. Ses principales manifestations comprennent :

1. Explosions d'anxiété et de peur : les victimes peuvent éprouver des crises répétées d'anxiété et de peur intenses résultant de déclencheurs rappelant des événements traumatisants passés.

2. Évitement des déclencheurs : Ils peuvent essayer d'éviter les situations, les objets ou les lieux qui leur rappellent des abus passés pour éviter des accès d'anxiété et de douleur.

3. Comportement introventif : Certaines victimes peuvent ressentir des symptômes de dépression et d'isolement, préférant éviter les événements sociaux et les contacts avec d'autres personnes.

Pour aider les victimes de violences basées sur le genre, il existe diverses méthodes de réadaptation psychologique et de psychothérapie qui les aident à faire face aux conséquences émotionnelles et psychologiques de la violence. Certains d'entre eux incluent :

1. Thérapie cognitivo-comportementale : Cette forme de thérapie aide les victimes à identifier et à modifier les schémas de pensée négatifs et les réponses comportementales associées à l'expérience d'abus.

2. Thérapie traumatique : Cette forme de thérapie se concentre sur le traitement des événements traumatisants et des symptômes du SSPT, aidant ainsi les victimes à clarifier et à gérer leurs émotions.

3. Soutien de groupe : La participation à des séances de groupe ou à une thérapie de groupe peut apporter aux victimes le soutien et la compréhension de la part d'autres personnes ayant vécu des situations similaires.

Ces techniques psychologiques peuvent aider les victimes de violences basées sur le genre à faire face aux conséquences de la violence et à entamer le processus de guérison.

Les programmes de prévention et les activités éducatives jouent un rôle clé dans la prévention de la violence sexiste. Ils visent à changer les normes culturelles, à renforcer la connaissance des droits de l'homme et à attirer l'attention sur le problème de la violence dans la société. Les mesures efficaces comprennent :

1. Campagnes éducatives : Mener des campagnes et des événements visant à éduquer la société sur la violence basée sur le genre, ses conséquences et les moyens de la prévenir.

2. Programmes scolaires : mettre en œuvre des programmes éducatifs dans les écoles qui enseignent aux enfants et aux adolescents le respect des autres, développent les compétences interpersonnelles et la violence, et développent des idées sur les relations de genre saines.

3. Formations pour les professionnels : Formation des enseignants, du personnel médical, des forces de l'ordre et d'autres spécialistes aux méthodes de prévention et de réponse à la violence basée sur le genre.

Le soutien et les conseils destinés aux victimes de violences basées sur le genre jouent un rôle important dans leur capacité d'adaptation et de rétablissement. Il comprend:

1. Centres de crise : Créer et soutenir des centres de crise qui fournissent aux femmes et aux enfants touchés un abri temporaire, un soutien psychologique, une assistance juridique et d'autres ressources nécessaires.

2. Soutien psychologique : Garantir l'accès à des services psychologiques et psychothérapeutiques qualifiés pour les victimes de violences basées sur le genre afin de les aider à faire face aux traumatismes et aux conséquences émotionnelles.

3. Soutien de groupe : Organisez des séances de groupe et des thérapies de groupe pour les victimes de violences basées sur le genre afin

qu'elles puissent se connecter et trouver le soutien d'autres personnes ayant vécu des situations similaires.

Développer des compétences interpersonnelles et de résolution de conflits est important à la fois pour prévenir la violence et y faire face. Ceci comprend:

1. Formation à la communication : Formation aux compétences de communication efficaces, au respect d'autrui et à la capacité d'exprimer ses sentiments et ses besoins sans violence.

2. Formation à la résolution des conflits : Aide au développement de la capacité à résoudre les conflits de manière constructive et à trouver des moyens alternatifs de résoudre les problèmes.

3. Soutien aux intimidateurs : Fournir des programmes et des ressources aux intimidateurs pour qu'ils modifient leurs comportements et préviennent de nouvelles violences.

En conclusion, on peut souligner que les aspects psychologiques jouent un rôle important dans la violence sexiste, tant au stade de son apparition qu'au stade de son dépassement. Comprendre les mécanismes psychologiques de la violence permet de lutter plus efficacement contre ce phénomène et d'apporter une assistance adéquate aux victimes. De plus, compte tenu de la complexité du problème, il est important d'adopter une approche globale, incluant une assistance psychologique, sociale et juridique.

L'une des principales recommandations consiste à accroître la sensibilisation aux modèles de relations saines et sécuritaires. Cet objectif peut être atteint grâce à des programmes éducatifs, des campagnes médiatiques et à travers l'éducation scolaire et extrascolaire. Il est également important de se concentrer sur le développement des compétences interpersonnelles, du respect et des relations.

En conclusion, il convient de souligner l'importance de comprendre les facteurs personnels et psychologiques en tant qu'élément clé d'une lutte efficace contre la violence sexiste. Le développement de programmes et d'activités doit prendre en compte ces facteurs et se concentrer sur leur identification et leur résolution. Ce n'est que grâce à une approche intégrée prenant en compte les caractéristiques individuelles de chaque cas que l'on pourra obtenir des résultats efficaces et à long terme dans la lutte contre ce phénomène négatif dans la société.

❖ · ❖ · ❖ · ❖ · ❖ · ❖ · ❖ · ❖ · ❖ · ❖ · ❖ · ❖ · ❖ · ❖ · ❖

Partie 4 :
Soutien aux victimes de violences basées sur le genre

Chapitre 16.
Soins primaires et sécurité.

Le soutien aux victimes de violences basées sur le genre est important car il leur permet non seulement de se rétablir physiquement et émotionnellement, mais les aide également à retrouver un sentiment de sécurité et de dignité. Sans soutien, les victimes peuvent se sentir isolées, impuissantes et invisibles, ce qui peut aggraver leur traumatisme et rendre leur rétablissement plus difficile. Le soutien aide également les victimes à réaliser que ce qui se passe n'est pas de leur faute et que des ressources et des services sont à leur disposition pour les aider. Cela contribue à créer une société plus bienveillante et plus solidaire, dans laquelle les victimes de violences basées sur le genre peuvent se sentir protégées et soutenues dans leurs efforts pour surmonter les difficultés.

Lors de la fourniture de soins primaires et de sécurité aux victimes de violences basées sur le genre, leur état physique, émotionnel et psychologique doit être pris en compte. Voici quelques points clés à considérer :

1. Sécurité physique : La priorité est d'assurer la sécurité physique de la victime. Cela peut inclure la fourniture d'un endroit protégé où la victime peut se sentir en sécurité et un accès sécurisé aux services et ressources nécessaires.

Assurer la sécurité physique d'une victime de violence sexiste est une priorité absolue, car sans cela, le soutien émotionnel et psychologique de base pourrait s'avérer insuffisant. La sécurité physique implique la création d'un environnement dans lequel la victime peut se sentir protégée et libre de la menace d'influence de l'agresseur.

Il est important de donner à la victime l'accès à un refuge sûr où elle peut rester temporairement ou définitivement pour échapper au danger. Il peut s'agir d'un refuge pour victimes de violences, d'un centre de crise ou d'un lieu de confiance. La clé ici est de s'assurer que l'emplacement est sécurisé et inaccessible à un agresseur.

En outre, la victime doit également avoir un accès sûr à des services et ressources importants, tels qu'une assistance juridique, une assistance médicale, des conseils et un soutien financier. Cela comprend la mise en place de mécanismes de protection, tels que des agents de sécurité et un accès limité aux informations personnelles, pour empêcher d'éventuelles tentatives d'un agresseur de causer du tort.

Assurer la sécurité physique doit s'accompagner d'un système efficace de protection et de surveillance pour garantir la sécurité de la victime. En outre, il est important de veiller à ce que la victime soit informée de la manière dont elle peut assurer sa propre sécurité et de la manière de demander de l'aide si elle est menacée.

2. Soins médicaux : Les victimes de violences basées sur le genre peuvent avoir besoin de soins médicaux en raison de leurs blessures. Cela peut inclure les premiers soins, l'évaluation médicale et le traitement des blessures, ainsi qu'un soutien psychologique pour faire face aux effets de l'expérience traumatisante.

Les soins de santé destinés aux victimes de violences basées sur le genre jouent un rôle clé dans leur rétablissement et leur retour à une vie normale après des expériences traumatisantes. Lorsque les victimes subissent des blessures physiques telles que des contusions, des fractures, des écorchures ou même des blessures graves causées par des violences sexuelles ou domestiques, elles ont besoin de soins médicaux immédiats.

Les premiers secours sont la première étape dans la fourniture de soins médicaux. Cela comprend la fourniture de soins d'urgence en cas de blessure, comme l'arrêt du saignement, l'application de bandages ou l'apport d'un soutien si quelqu'un perd connaissance. Cela permet non seulement d'éviter que l'état de la victime ne s'aggrave, mais peut également lui sauver la vie.

Ceci est suivi d'un examen médical et d'un traitement des blessures. Il est important que les victimes subissent un examen médical complet pour identifier les blessures ou dommages qu'elles ont subis. Après cela, ils peuvent avoir besoin d'un traitement, notamment d'un traitement pour blessures, de médicaments prescrits et de procédures de rééducation.

Une attention particulière devrait également être accordée au soutien psychologique des victimes. La violence sexiste laisse de profondes blessures psychologiques qui peuvent se manifester par du stress, de l'anxiété, de la dépression et du trouble de stress post-traumatique (SSPT). Le soutien psychologique aide les victimes à faire face à ces conséquences, à comprendre leurs émotions et leurs expériences et à trouver un chemin vers le rétablissement.

Les soins médicaux prodigués aux victimes de violences basées sur le genre les aident non seulement à se rétablir physiquement, mais démontrent également l'importance des soins et du soutien de la société. Cela permet aux victimes de se sentir protégées et soutenues dans les moments difficiles, ce qui constitue un élément clé de leur parcours de rétablissement.

3. Soutien psychologique : les victimes de violences basées sur le genre peuvent subir un choc, de l'anxiété, une dépression et d'autres conséquences psychologiques. Fournir un soutien psychologique et des conseils peut les aider à faire face aux difficultés émotionnelles et à entamer le processus de guérison.

Le soutien psychologique aux victimes de violences basées sur le genre joue un rôle essentiel dans leur processus de rétablissement et d'adaptation aux événements traumatisants qu'elles ont vécus. La violence sexiste laisse de profondes blessures psychologiques qui peuvent se manifester par du stress, de l'anxiété, de la dépression, du syndrome de stress post-traumatique et d'autres problèmes psychologiques. Il est donc important que les victimes reçoivent une aide et un soutien psychologiques appropriés.

Les principaux objectifs du soutien psychologique sont d'aider les victimes à reconnaître et à accepter leurs émotions, à comprendre les conséquences de ce qui se passe et à développer des stratégies pour y faire face. Le conseil psychologique est fourni par des professionnels spécialement formés, tels que des psychologues ou des psychothérapeutes, qui possèdent les compétences et l'expérience nécessaires pour travailler avec des victimes traumatisées.

Un élément important du soutien psychologique est la création d'un espace sûr et de confiance où la victime peut exprimer librement ses émotions, ses peurs et ses expériences. Les professionnels travaillent avec les victimes pour développer des stratégies d'adaptation et des moyens de faire face à l'expérience traumatisante, ce qui les aide à se rétablir progressivement et à reprendre une vie normale.

Pour ceux qui ont peur d'un intimidateur ou qui se sentent vulnérables, il est important qu'ils comprennent que le soutien psychologique est fourni de manière confidentielle et sécuritaire. Les professionnels veillent à ce que la victime se sente protégée et soutenue pendant qu'elle fait face à ses émotions et à ses problèmes.

En outre, le soutien psychologique peut être un outil important pour prévenir la récidive de la violence et développer des stratégies comportementales saines à l'avenir. Traiter et reconnaître les expériences traumatisantes permet aux victimes de briser le cycle de la violence et de créer un environnement sûr pour elles-mêmes et leurs proches.

4. Assistance juridique : Les victimes de violences basées sur le genre doivent connaître leurs droits et avoir accès à une assistance juridique. Cela peut inclure des consultations juridiques, un accompagnement auprès des forces de l'ordre pour déposer une plainte pour crime et la protection des droits de la victime devant le tribunal.

Le soutien juridique aux victimes de violences basées sur le genre est un élément nécessaire dans le processus de protection et de garantie de leurs droits. Les victimes doivent savoir qu'elles ont le droit d'être protégées contre la violence et d'avoir accès à une assistance juridique pour exercer leurs droits et demander des comptes aux auteurs de violences.

Les aspects clés du soutien juridique sont les conseils et l'assistance juridiques pour toutes les questions juridiques liées à la violence sexiste.

Cela implique d'expliquer les droits et les responsabilités de la victime, ainsi que de fournir des informations sur les protections juridiques disponibles et les moyens juridiques de répondre aux crimes.

Les victimes de violences basées sur le genre sont accompagnées auprès des forces de l'ordre pour déposer une plainte et participer ensuite au processus d'enquête. Ceci est important pour garantir que les crimes fassent l'objet d'enquêtes équitables et que les contrevenants soient tenus responsables devant la loi.

En outre, le soutien juridique comprend la protection des droits de la victime devant le tribunal. Les avocats représentent les victimes dans les procédures judiciaires, garantissant que leur voix soit entendue et que leurs droits soient protégés à toutes les étapes du processus judiciaire.

Il est important de noter que le soutien juridique peut également aider les victimes à obtenir une compensation pour leurs préjudices et leurs pertes, qui peut inclure une compensation financière, des services médicaux et psychologiques et une aide financière au rétablissement.

Dans l'ensemble, l'aide juridique joue un rôle clé pour garantir la justice et protéger les droits des victimes de violences basées sur le genre. Cela leur permet de bénéficier d'une réparation équitable pour les préjudices subis, d'une protection contre de nouvelles violences et de poursuites contre les auteurs, facilitant ainsi leur rétablissement et leur réintégration dans la société.

5. Assistance économique : Les victimes de violences basées sur le genre sont souvent confrontées à des difficultés financières en raison de la perte de leur emploi, de la perturbation du budget familial ou d'autres circonstances liées à la violence. Le soutien peut inclure une aide financière, un soutien à l'emploi et l'accès à des programmes de soutien social.

Le soutien économique est un aspect important de l'assistance aux victimes de violences basées sur le genre, car les difficultés financières peuvent aggraver la situation déjà difficile à laquelle elles sont confrontées. Cette aide repose sur la compréhension que les victimes peuvent subir des pertes financières en raison de la perte de leur emploi, de la perturbation des finances familiales, de la perte de biens ou d'autres circonstances associées à la violence.

Les principales formes de soutien économique sont la fourniture d'une aide financière, d'une aide à l'emploi et l'accès à des programmes de soutien social.

- Aide financière : les victimes de violences basées sur le genre peuvent avoir besoin d'une aide financière pour répondre à leurs besoins vitaux de base tels que la nourriture, le logement et les frais médicaux. Cela peut inclure des fonds temporaires pour payer le loyer, acheter de la nourriture ou payer des soins médicaux.

- Aide à l'emploi : les survivants de violences basées sur le genre peuvent avoir des difficultés à trouver du travail en raison de leurs expériences ou des traumatismes liés à la violence. Le soutien à l'emploi peut inclure une aide à la rédaction d'un curriculum vitae, à la préparation d'un entretien, à une formation professionnelle ou à la recherche du bon emploi.

- Accès aux programmes de soutien social : les victimes de violences basées sur le genre peuvent avoir le droit d'accéder à divers programmes de soutien social, tels que les allocations de chômage, la sécurité sociale, les programmes d'assistance en cas de violence et autres. Fournir des informations et une assistance pour accéder à de tels programmes peut grandement améliorer la situation financière d'une victime et l'aider à se remettre d'un abus.

Le soutien économique joue un rôle clé pour garantir que les victimes de violences basées sur le genre puissent accéder à l'indépendance, à la sécurité et à des conditions de vie décentes. L'offre d'une aide financière, d'une aide à l'emploi et d'un accès à des programmes de soutien social aide les victimes à surmonter leurs difficultés financières, à retrouver leur estime de soi et à commencer une nouvelle vie sans violence.

6. Soutien social : Le rôle des amis, de la famille et de la communauté dans le soutien aux victimes de violence basée sur le genre. (Recherche sur l'accompagnement social et le rôle des proches et de la société dans l'accompagnement des victimes)

Le soutien social fourni par les amis, la famille et la communauté joue un rôle essentiel pour aider les victimes de violences basées sur le genre dans leur processus de guérison et de rétablissement. La recherche montre que le soutien des proches et de la communauté peut avoir un effet positif important sur le bien-être physique et psychologique des victimes.

- Soutien émotionnel : les amis, la famille et la communauté peuvent apporter un soutien émotionnel aux victimes de violences basées sur le genre en les écoutant, en faisant preuve d'empathie et en les soutenant dans les moments difficiles. Cela aide la victime à sentir qu'elle n'est pas seule dans sa souffrance et favorise son rétablissement émotionnel.

- Aide pratique : les amis et la famille peuvent fournir une aide pratique, comme un abri temporaire, une aide pour la garde des enfants ou les tâches ménagères, ainsi qu'un soutien financier. Cela allège le fardeau de la victime et l'aide à faire face aux difficultés quotidiennes.

- Accompagnement pour obtenir une aide professionnelle : les proches et la communauté peuvent aider une victime de violence sexiste à accéder à une aide professionnelle, comme une aide médicale, des conseils juridiques ou une thérapie psychologique. Ils peuvent soutenir la victime dans la recherche des ressources appropriées et l'accompagner aux rendez-vous avec des spécialistes.

- Créer un environnement sûr : La famille et les proches peuvent contribuer à créer un environnement sûr pour la victime, où elle se sent protégée et soutenue. Cela peut inclure la fourniture d'un logement sûr, l'installation de mesures de sécurité et la limitation des contacts avec l'agresseur.

- Soutien communautaire : Le soutien communautaire joue également un rôle important pour aider les victimes de violences basées sur le genre. Cela peut s'exprimer à travers la participation à des campagnes anti-violence, le soutien aux organisations de défense des droits humains et en créant une pression publique sur les autorités pour qu'elles améliorent la législation et apportent un soutien aux victimes.

En général, le soutien social fait partie intégrante du processus de réadaptation et de rétablissement des victimes de violences basées sur le genre. Cela les aide à se sentir valorisés et soutenus, augmentant ainsi leur estime de soi et leur confiance en soi, ce qui favorise leur rétablissement et leur rétablissement après des expériences traumatisantes.

Comprendre les besoins des victimes de violences basées sur le genre implique d'être sensible et empathique à leurs besoins et préoccupations individuels. Cela signifie écouter leurs histoires sans jugement, leur fournir des informations sur les ressources et services disponibles et les aider à prendre des décisions sur les prochaines étapes.

◇·◇·◇·◇·◇·◇·◇·◇·◇·◇·◇·◇·◇·◇·◇

Chapitre 17.
Soutien aux victimes de violences basées sur le genre

Le soutien aux victimes de violences basées sur le genre joue un rôle essentiel en les aidant à surmonter leurs traumatismes et à se remettre d'expériences négatives. Voici quelques-unes des ressources et services disponibles pour aider les victimes :

1. Centres de crise et refuges : Ces institutions offrent un abri temporaire aux victimes de violences basées sur le genre où elles peuvent trouver sécurité, abri et nourriture. Les centres de crise peuvent également fournir des soins médicaux, un soutien juridique et des conseils.

2. Lignes d'assistance téléphonique : les lignes d'assistance téléphonique fournissent un soutien anonyme et confidentiel aux victimes de violences basées sur le genre par le biais d'appels téléphoniques. Des professionnels et des bénévoles expérimentés peuvent fournir un soutien émotionnel, des conseils de sécurité et orienter la victime vers des ressources supplémentaires.

3. Assistance en ligne : les plateformes et sites Web en ligne offrent la possibilité de recevoir une assistance via des chats en ligne, des e-mails ou des forums. Cela peut être utile pour ceux qui préfèrent l'anonymat ou n'ont pas accès à un téléphone.

4. Groupes de soutien : Les groupes de soutien offrent aux victimes la possibilité de se connecter avec d'autres personnes qui ont vécu des expériences similaires. Le partage d'expériences et le soutien des autres peuvent contribuer au processus de guérison et de renforcement.

5. Programmes thérapeutiques : La thérapie peut être un moyen efficace d'aider les victimes de violences basées sur le genre à faire face à un traumatisme émotionnel et psychologique. Cela peut inclure une thérapie individuelle, une thérapie de groupe ou même des techniques d'art-thérapie.

6. Assistance juridique : L'assistance d'avocats et d'organisations juridiques peut être importante pour les victimes de violences basées sur le genre pour obtenir une protection juridique, obtenir des ordonnances de protection temporaire ou mener une procédure judiciaire.

Ces ressources et services existent pour aider les survivantes de violences basées sur le genre à surmonter leurs difficultés, à trouver du soutien et à entamer le processus de guérison. Il est important que les victimes connaissent ces ressources et y aient accès afin de pouvoir obtenir l'aide dont elles ont besoin à tout moment.

Une approche culturellement sensible du soutien aux victimes de violences basées sur le genre est essentielle pour garantir des soins efficaces et appropriés. Voici quelques aspects de cette approche :

1. Adaptation culturelle des services de soutien : Cet aspect implique d'adapter les programmes et services de soutien pour répondre aux attentes, valeurs et perceptions culturelles des victimes de violence basée sur le genre. Cela peut inclure la fourniture de services dans la langue de la victime, la prise en compte des pratiques religieuses et culturelles et la mise à disposition d'informations et de ressources accessibles aux différents groupes culturels.

L'adaptation culturelle des services de soutien est essentielle pour fournir un soutien efficace et empathique aux victimes de violences basées sur le genre. Lorsque les services sont fournis d'une manière qui tient compte des attentes, valeurs et croyances culturelles, ils sont plus accessibles, pertinents et efficaces pour les victimes. Voici quelques aspects de la personnalisation des services d'assistance :

- Adaptation linguistique : L'un des aspects les plus importants de l'adaptation est la fourniture de services dans la langue parlée par les victimes. L'incapacité de communiquer dans sa langue maternelle peut créer des obstacles à l'obtention d'aide et à la compréhension de ses droits et opportunités. Les services de soutien doivent donc être disponibles dans une variété de langues parlées dans la communauté.

- Prise en compte des pratiques religieuses et culturelles : les origines culturelles et religieuses peuvent influencer considérablement la façon dont les victimes se perçoivent elles-mêmes et leur situation, ainsi que leurs attentes à l'égard des services de soutien. Les professionnels doivent prendre en compte ces facteurs et adapter leurs pratiques de travail pour s'assurer qu'elles sont conformes aux normes et valeurs culturelles.

- Disponibilité des informations et des ressources : Il est important que les informations sur les ressources et services disponibles soient disponibles dans une variété de langues et de formats, en tenant compte du contexte culturel et des préférences des victimes. Cela peut inclure des brochures d'information, des sites Web, des vidéos et d'autres formes de communication.

L'adaptation culturelle des services de soutien contribue à créer un environnement sûr et favorable dans lequel les victimes de violences basées sur le genre peuvent se sentir comprises et protégées. Cela contribue également à renforcer la confiance dans les services de soutien et à améliorer les résultats pour les victimes.

2. Formation et conseils pour les professionnels sur la compétence culturelle : il s'agit d'un aspect important pour garantir que les professionnels travaillant avec des survivantes de violences basées sur le genre soient préparés à travailler avec divers groupes culturels. La formation comprend un enseignement sur des normes, croyances et valeurs culturelles spécifiques, ainsi que des compétences en matière de communication et d'interaction efficaces avec les membres de différents groupes culturels. Le conseil aide les professionnels à mettre en pratique ce qu'ils ont appris et à adapter leur travail aux besoins et attentes culturels des victimes de violences basées sur le genre.

La formation et le conseil en compétences culturelles jouent un rôle essentiel dans la fourniture d'un soutien efficace et empathique aux victimes de violences basées sur le genre. Voici quelques aspects clés de ce processus :

- Compréhension des normes et valeurs culturelles : les professionnels doivent être formés aux aspects fondamentaux de la culture, de la religion, des traditions et des valeurs des différents groupes culturels. Cela implique de savoir quels types de comportements et d'attitudes sont acceptables dans différentes cultures et ce qui peut être perçu comme offensant ou inapproprié.

- Compétences de communication efficaces : les professionnels doivent être formés à des compétences de communication empathiques et sensibles à la culture. Cela implique d'écouter et de comprendre les points de vue des victimes, de démontrer du respect pour leurs croyances et valeurs culturelles et de s'exprimer de manière à éviter les malentendus ou les offenses interculturelles.

- Adaptation des pratiques : Les professionnels doivent être capables d'adapter leurs pratiques et approches aux besoins et préférences individuels des victimes. Cela peut inclure la modification des approches thérapeutiques utilisées dans le conseil, ainsi que la fourniture d'informations et d'un soutien dans un langage et un format que les victimes peuvent comprendre et comprendre.

- Application des connaissances dans la pratique : La formation doit être pratique et inclure la possibilité d'appliquer les connaissances et compétences acquises dans la pratique. Les praticiens doivent être capables de discuter de situations et de cas spécifiques en utilisant des approches et des stratégies culturellement sensibles.

La formation et le conseil destinés aux professionnels des compétences culturelles contribuent à établir des relations de confiance et d'empathie entre les professionnels et les survivants de violences basées sur le genre. Cela contribue également à améliorer les résultats en matière de soins et de soutien pour les victimes, qui peuvent se sentir plus à l'aise et mieux comprises dans un environnement où leur origine culturelle est respectée et acceptée.

Une approche culturellement sensible contribue à rendre les services de soutien plus accessibles, efficaces et pertinents pour divers groupes culturels, ce qui à son tour améliore les résultats en matière de soins et de soutien pour les victimes de violences basées sur le genre.

La prévention de la nouvelle violence joue un rôle clé pour garantir la sécurité et le bien-être des victimes de violences basées sur le genre. Voici une description plus détaillée des stratégies :

1. Élaborer des plans de sécurité individuels : Il s'agit d'un outil important qui aide les victimes de violence basée sur le genre à évaluer leur situation, à identifier les menaces potentielles et à élaborer des stratégies pour prévenir la violence. Les plans de sécurité individuels peuvent inclure des instructions sur ce qu'il faut faire en cas de menace, des coordonnées d'urgence, des précautions de sécurité à la maison et au travail et des plans d'évacuation si nécessaire.

L'élaboration de plans de sécurité individuels est un outil d'assistance important pour les victimes de violence basée sur le genre, leur permettant d'évaluer leur situation, d'identifier les menaces potentielles et de créer des stratégies de prévention de la violence. Pour de nombreuses victimes de violences basées sur le genre, ce processus peut être difficile en raison du traumatisme émotionnel et psychologique, ainsi que de la peur des conséquences possibles.

Des plans de sécurité individuels sont élaborés en tenant compte des circonstances et des besoins spécifiques de chaque victime. Ils peuvent inclure les éléments suivants :

- Évaluation de la situation : Il s'agit de la première étape au cours de laquelle la victime prend conscience de sa situation et envisage les menaces potentielles pour sa sécurité. Cela peut inclure l'analyse des formes de violence qu'elle subit, ainsi que l'identification des facteurs susceptibles d'aggraver la situation.

- Élaborer des stratégies de sécurité : Sur la base d'une évaluation de la situation, la victime, en collaboration avec un professionnel qualifié, élabore un plan d'action. Ce plan comprend diverses mesures et démarches qui peuvent être prises pour protéger la victime et son environnement. Cela peut inclure des instructions sur la manière de se comporter en toute sécurité en cas de menace, des plans d'évacuation ou la recherche d'un endroit sûr où séjourner.

- Coordonnées d'urgence : un élément important d'un plan de sécurité individuel est une liste de contacts d'urgence tels que la police, les services médicaux et de santé mentale. Cela vous permet d'obtenir rapidement de l'aide si nécessaire.

- Mesures de sécurité à la maison et au travail : La victime peut envisager diverses mesures de sécurité pouvant être appliquées tant à la maison que sur le lieu de travail. Cela peut inclure l'installation d'un système de sécurité à domicile, la demande de sécurité au travail ou le changement de lieu de travail pour réduire les contacts avec l'agresseur.

- Plans d'évacuation : Si la victime se trouve dans une situation dangereuse, il est important de préparer un plan d'évacuation. Ce plan comprend des itinéraires et des endroits où se réfugier.

Pour les victimes de violences basées sur le genre, en particulier celles qui sont très sensibles et craignent leur agresseur, l'élaboration d'un plan de sécurité personnalisé peut être un outil fiable et efficace pour les aider à se sentir plus protégées et plus confiantes en leur sécurité. Ce plan aide non seulement la victime à prévenir la violence, mais lui donne également le contrôle de sa propre vie et de sa situation.

2. Soutien psychosocial pour prévenir les rechutes : cela comprend la fourniture d'un soutien psychologique et émotionnel aux victimes visant à renforcer leurs ressources, à améliorer leur estime de soi et à gérer leur stress. Le soutien psychosocial peut également inclure des séances de thérapie, des séances de groupe et des conseils visant à prévenir la récidive de la violence et à créer des relations saines.

Le soutien psychosocial visant à prévenir les rechutes est un aspect important de la prise en charge des victimes de violences basées sur le genre. Ce type de soutien vise à apporter un soutien psychologique et émotionnel pour renforcer les ressources des victimes, améliorer leur estime de soi et gérer leur stress, ce qui les aide à éviter de retomber dans des relations néfastes ou des situations abusives.

Il est important de comprendre que de nombreuses victimes de violences basées sur le genre subissent souvent divers types de traumatismes, à la fois physiques et psychologiques. Ils peuvent ressentir de la peur, de l'impuissance, une faible estime de soi et des difficultés à se réaliser en raison de l'impact de l'intimidateur sur leur vie. L'accompagnement psychosocial vise à les aider à surmonter ces difficultés et à retrouver leur bien-être psychologique.

Les principaux aspects du soutien psychosocial pour la prévention des rechutes comprennent :

- Conseil psychologique et thérapie : des psychologues et des thérapeutes professionnels aident les victimes de violences basées sur le genre à comprendre leurs émotions et à développer des stratégies pour gérer efficacement le stress et l'anxiété. La thérapie peut également aider les victimes à retrouver leur estime de soi et leur confiance en elles après une expérience traumatisante.

- Soutien de groupe : Participer à des activités de groupe ou à une thérapie de groupe permet aux victimes de se sentir soutenues par d'autres personnes ayant vécu des difficultés similaires. Le partage d'expériences et de soutien émotionnel dans un environnement de groupe peut être particulièrement utile pour les victimes qui se sentent isolées ou incomprises dans leur souffrance.

- Formation aux compétences d'autogestion et de résolution de conflits : Cela permet aux victimes d'apprendre à gérer efficacement leurs émotions et à réagir aux situations conflictuelles, ce qui les aide à éviter des situations potentiellement dangereuses à l'avenir et à construire des relations interpersonnelles saines.

- Programmes psychoéducatifs : les victimes reçoivent des informations sur les différents aspects de la violence basée sur le genre, ses conséquences et les ressources disponibles pour les aider. Cela les aide à mieux comprendre leur situation et à comprendre leurs droits.

Le soutien psychosocial joue un rôle clé en aidant les victimes de violences basées sur le genre à surmonter leurs expériences traumatisantes, à se rétablir et à commencer une nouvelle vie sans violence. De plus, cela les aide à renforcer leurs ressources psychologiques et à apprendre à construire des relations saines à l'avenir.

3. Formation à l'autodéfense et à la gestion du stress : il s'agit d'une partie importante des efforts de prévention et aide les victimes de violences basées sur le genre à devenir plus indépendantes et plus sûres d'elles. L'entraînement à l'autodéfense peut inclure un entraînement à l'autodéfense physique, des stratégies d'évasion et la capacité de prendre des décisions rapides dans des situations critiques. La formation aux compétences en gestion du stress aide les victimes à faire face efficacement aux conséquences émotionnelles et psychologiques de la violence et à prévenir d'éventuelles rechutes.

La formation aux compétences d'autodéfense et de gestion du stress est un aspect important de la prévention de la violence sexiste et de l'aide à ses victimes. Ces compétences aident les victimes à devenir plus indépendantes, plus confiantes et capables de faire face efficacement aux défis qui surviennent dans le contexte de la violence.

L'apprentissage des compétences d'autodéfense comprend non seulement la préparation physique à d'éventuelles situations de violence, mais également des stratégies de défense psychologiques et émotionnelles.

Les victimes apprennent à reconnaître les situations potentiellement dangereuses, à élaborer des plans pour faire face aux menaces, à utiliser les ressources environnementales pour se protéger et à agir dans le cadre de leurs propres limites et besoins. Cela les aide non seulement à éviter les situations dangereuses, mais aussi à se sentir plus en confiance et en contrôle dans la vie de tous les jours.

La gestion du stress est un autre élément important de ce domaine d'étude. Les victimes de violences basées sur le genre peuvent ressentir un stress et une anxiété importants associés au danger et aux expériences traumatisantes. L'apprentissage de compétences en gestion du stress les aide à faire face efficacement à ces émotions, à trouver des moyens de se détendre et de se calmer et à développer des stratégies pour faire face à l'anxiété. Cela permet non seulement aux victimes de mieux contrôler leurs émotions, mais réduit également le risque de se retrouver dans des situations où elles deviennent plus vulnérables à la violence.

Pour les victimes qui se sentent vulnérables et dépourvues de capacités, l'apprentissage de compétences d'autodéfense et de gestion du stress peut s'avérer particulièrement stimulant. Ces compétences les aident à se sentir plus en sécurité et en contrôle de leur situation, ce qui constitue une étape importante vers la guérison après la violence et le rétablissement de leur bien-être psychologique. Par conséquent, l'apprentissage de ces compétences peut être non seulement bénéfique, mais aussi libérateur pour les victimes, en les aidant à commencer une nouvelle vie libre de la peur et du contrôle de l'agresseur.

La prévention de la nouvelle violence fait partie intégrante d'une approche globale de lutte contre la violence sexiste. Ces stratégies aident les victimes à se sentir plus en sécurité et plus confiantes dans leur propre sécurité, et réduisent le risque d'être réexposées à la violence.

Le rétablissement et la réadaptation jouent un rôle important dans le processus de rétablissement des victimes de violences basées sur le genre et les aident à reprendre une vie normale après avoir subi un traumatisme. Ce processus comprend divers aspects tels que le soutien psychologique, la réadaptation sociale et professionnelle, ainsi que le rétablissement des relations et le soutien des proches et de la société.

1. Thérapie et soutien psychologiques :

La thérapie psychologique est un outil de rétablissement important pour les victimes de violence sexiste. Cela les aide à gérer le traumatisme qu'ils ont vécu, à faire face aux conséquences émotionnelles et psychologiques de la maltraitance et à reprendre une vie normale. La thérapie peut inclure diverses modalités, telles que la thérapie cognitivo-comportementale, la thérapie tenant compte des traumatismes, la thérapie familiale et autres, axées sur le traitement des événements traumatisants, l'amélioration de l'estime de soi, le développement de stratégies d'adaptation et l'amélioration de la qualité de vie.

La thérapie et le soutien psychologiques sont des éléments essentiels du processus de rétablissement des victimes de violence sexiste. Ce type de soins se concentre sur le traitement des événements traumatisants, la gestion des conséquences émotionnelles et psychologiques de la maltraitance et le rétablissement d'un fonctionnement normal.

L'un des aspects clés de la thérapie psychologique est la possibilité pour la victime d'exprimer ses sentiments et ses expériences dans un environnement sûr et favorable. Le thérapeute travaillant avec la victime apporte compréhension, soutien et soutien émotionnel pendant le processus de rétablissement. La thérapie fournit à la victime des outils et des stratégies pour gérer efficacement le stress, l'anxiété et d'autres émotions négatives résultant de la violence.

Une approche largement utilisée en psychothérapie pour les victimes de violences basées sur le genre est la thérapie cognitivo-comportementale (TCC). Cette approche se concentre sur le changement des pensées et des comportements négatifs associés à l'expérience de la violence. En identifiant et en réévaluant les pensées et attitudes destructrices, la victime peut progressivement se libérer de l'influence du traumatisme et développer des stratégies d'adaptation adaptatives.

Un autre aspect important est la thérapie traumatique, spécialisée dans le traitement des souvenirs et des événements traumatisants. Cette forme de thérapie aide les victimes à intégrer les expériences traumatisantes dans leur histoire de vie, facilitant ainsi leur acceptation et réduisant l'intensité des symptômes associés.

Une thérapie familiale peut également être nécessaire dans les cas où la violence affecte les relations au sein de la famille. Dans ce contexte, un thérapeute familial travaille avec les membres de la famille pour les aider à discuter et à résoudre les conflits violents et à rétablir des relations saines.

Il est important de noter que la thérapie et le soutien psychologiques sont accessibles aux victimes de violences basées sur le genre, quels que soient leur âge, leur sexe, leur race ou leur statut social. Les psychothérapeutes et les conseillers se spécialisent dans le travail avec divers groupes culturels et sociaux, en fournissant un soutien culturellement sensible et empathique.

Pour les victimes sensibles et qui ont peur de demander de l'aide, il est important de comprendre que la thérapie psychologique est un espace sans jugement où leurs sentiments et leurs expériences sont importants et respectés. Obtenir le soutien et l'aide d'un thérapeute professionnel peut être la première étape vers la guérison et le retour à une vie saine et heureuse.

2. Réinsertion sociale et professionnelle :

La réinsertion sociale et professionnelle consiste à aider les victimes à reprendre leurs activités sociales et professionnelles après avoir subi un traumatisme. Cela peut inclure des conseils en matière d'emploi, une formation professionnelle, l'élaboration de plans de réadaptation individuels et une aide à la recherche d'un logement. Le but de cette démarche est d'aider les victimes à retrouver autonomie, confiance en elles et stabilité dans leur vie.

La réadaptation sociale et professionnelle joue un rôle important dans le processus de rétablissement des victimes de violences basées sur le genre, en les aidant à reprendre une vie normale après avoir vécu des traumatismes et des crises. Ce processus comprend un certain nombre d'activités visant à rétablir l'intégration sociale, à stabiliser la situation de vie et à assurer l'indépendance financière.

Une partie importante de la réadaptation sociale consiste en des conseils et un soutien dans la recherche d'un logement. Les victimes de violences basées sur le genre peuvent se retrouver sans abri ou sans abri en raison de la violence d'un partenaire ou d'un proche. L'aide au logement leur permet de trouver un logement sûr et stable à partir duquel ils peuvent entamer le processus de guérison.

Un autre aspect important est l'orientation professionnelle et la formation professionnelle. De nombreuses victimes de violences basées sur le genre peuvent être confrontées à des difficultés financières en raison de la perte de leur emploi ou de l'incapacité d'en trouver un en raison d'événements traumatisants. Un soutien à l'emploi et à la formation professionnelle les aide à acquérir une indépendance financière et une confiance en leurs capacités.

L'élaboration de plans de réadaptation individualisés est une étape clé du processus de rétablissement. Ces plans sont élaborés en tenant compte des besoins et des objectifs individuels de chaque victime, y compris leurs aspects sociaux, professionnels et financiers. Les plans de rétablissement individuels peuvent inclure des mesures visant à améliorer l'éducation, les compétences nécessaires pour trouver un emploi et l'accès à d'autres ressources et services nécessaires au rétablissement.

L'objectif de la réinsertion sociale et professionnelle est d'aider les victimes à retrouver une vie indépendante et stable, basée sur leur propre choix et contrôle. Ce processus les aide non seulement à surmonter les effets traumatisants de la violence, mais également à acquérir de nouvelles opportunités et perspectives pour l'avenir.

3. Soutien à la reconstruction des relations et des réseaux de soutien :

La reconstruction des relations et des réseaux de soutien joue un rôle important dans le processus de réadaptation. Cela implique de travailler avec la famille, les amis et d'autres proches pour rétablir la confiance, le soutien et la compréhension. En outre, les victimes de violences basées sur le genre peuvent également avoir besoin du soutien de séances de groupe ou de programmes communautaires pour les aider à se sentir acceptées et soutenues dans leur communauté.

Soutenir la restauration des relations et des réseaux de soutien est un élément clé du processus de rétablissement des victimes de violence basée sur le genre. Cet aspect les aide à rétablir la confiance, le soutien et les liens avec les personnes qui les entourent après avoir vécu des traumatismes et des crises.

Rétablir les relations avec la famille, les amis et les autres proches est une étape fondamentale de ce processus. Souvent, la violence peut briser la confiance et les liens au sein de la famille ou de l'environnement social de la victime. Il est donc important de s'efforcer de rétablir ces relations. Cela peut inclure une thérapie familiale, une consultation avec un psychologue ou d'autres professionnels pour résoudre les conflits, développer les compétences en communication et rétablir la compréhension mutuelle.

De plus, pour certaines survivantes de violences basées sur le genre, le soutien apporté par des séances de groupe ou des programmes communautaires peut être un aspect important du rétablissement de la relation. Les séances de groupe offrent l'occasion de rencontrer d'autres personnes ayant vécu des traumatismes similaires et de partager leurs expériences. Dans de tels groupes, les victimes peuvent se sentir plus soutenues, acceptées et comprises, ce qui contribue à leur rétablissement émotionnel.

La création de réseaux de soutien est également importante. Il peut s'agir d'organismes spécialisés, de centres de crise, de groupes communautaires ou même d'amis et de membres de la famille prêts à apporter leur aide dans les moments difficiles. Il est important que les victimes de violences basées sur le genre sachent qu'elles peuvent compter sur des personnes et vers qui se tourner si nécessaire.

Dans l'ensemble, soutenir la restauration des relations et des réseaux de soutien aide les victimes de violences basées sur le genre à se sentir moins isolées, plus soutenues et en sécurité. Ce processus est une étape importante vers leur rétablissement et vers la force de vivre une vie sans violence.

Dans l'ensemble, le processus de rétablissement et de réadaptation des victimes de violences basées sur le genre doit être global et individualisé, en tenant compte des besoins et des situations uniques de chaque victime. Leur apporter un soutien dans tous les aspects de leur vie – psychologique, social et professionnel – est une étape importante vers leur rétablissement et leur retour à une vie saine et heureuse.

La communauté et le soutien communautaire jouent un rôle important dans la lutte contre la violence sexiste et dans la création d'un environnement sûr et favorable aux victimes. Cet aspect comprend plusieurs éléments clés visant à changer l'opinion publique, à créer de la solidarité et à attirer l'attention sur le problème de la violence.

1. Programmes et campagnes éducatifs pour lutter contre la violence sexiste : des programmes et campagnes éducatifs efficaces jouent un rôle important pour vaincre l'ignorance et sensibiliser à la violence sexiste. Ils contribuent à faire connaître les formes de violence, leurs conséquences, les ressources disponibles pour les victimes et les moyens de la combattre. Cela peut inclure la prestation de conférences, de séminaires, de classes de maître, la création de brochures d'information, de campagnes publicitaires et de vidéos éducatives. Ces programmes visent à sensibiliser le public à la violence sexiste, à renforcer l'empathie et le soutien aux victimes et à créer un cadre pour changer les attitudes et les normes culturelles qui favorisent la violence.

Les programmes éducatifs et les campagnes visant à lutter contre la violence sexiste sont la pierre angulaire de la création d'une société consciente et solidaire, exempte de violence. Ces initiatives jouent un rôle important dans la lutte contre l'ignorance, les stéréotypes et les mythes associés à la violence sexiste, et dans la sensibilisation à ce problème.

Le premier et principal objectif des programmes et campagnes éducatifs est de diffuser des informations sur les diverses formes de violence sexiste. Cela comprend l'éducation sur la violence physique, émotionnelle, psychologique et économique, ainsi que sur la violence à la maison, sur le lieu de travail, dans la communauté et dans les espaces numériques. Plus les gens sont conscients de la diversité des formes de violence et de leurs conséquences, plus ils sont susceptibles d'en reconnaître les signes et de porter assistance aux victimes.

Ces programmes visent également à renforcer l'empathie et le soutien aux victimes de violences basées sur le genre. Le partage d'histoires personnelles, d'exemples de survie et de rétablissement après la violence aide les gens à comprendre la complexité des situations des victimes et leurs besoins de soutien. Le soutien communautaire joue un rôle important dans le processus de rétablissement et de guérison.

En outre, les programmes et campagnes éducatifs visent à créer un cadre permettant de changer les attitudes et les normes culturelles qui favorisent la violence. Ils visent à détruire les stéréotypes de genre qui soutiennent l'inégalité et la domination d'un sexe sur l'autre. Plus les gens comprendront les méfaits et l'injustice de la violence sexiste, plus ils pourront contribuer à la création d'une société juste et égalitaire.

C'est grâce à l'éducation et à la sensibilisation du public que des changements significatifs peuvent être apportés aux attitudes à l'égard de la violence basée sur le genre et créer un environnement qui soutient et protège chaque membre de sa communauté.

2. Créer des réseaux communautaires de soutien et de solidarité : Un aspect important de la lutte contre la violence sexiste est la création de réseaux de soutien communautaire où les victimes peuvent recevoir de

l'aide, du soutien et de la compréhension de la part d'autres membres de la société. Cela pourrait inclure l'organisation de groupes de soutien, la création de communautés en ligne, l'organisation de réunions et d'événements visant à instaurer la confiance et la solidarité. Il est extrêmement important que les victimes se sentent soutenues et comprises dans leur communauté, et la création de réseaux de soutien communautaires y contribue.

La création de réseaux communautaires de soutien et de solidarité fait partie intégrante de la lutte contre la violence sexiste et a un impact considérable sur le processus de rétablissement des victimes. Ces réseaux créent un environnement sûr et solidaire dans lequel les victimes peuvent obtenir l'aide, le soutien et la compréhension dont elles ont besoin de la part de leurs associés.

L'organisation de groupes de soutien est l'un des moyens les plus courants de créer des réseaux de soutien communautaire. Dans de tels groupes, les victimes peuvent partager leurs histoires, leurs expériences et leurs émotions avec des personnes ayant vécu des expériences similaires, ce qui favorise un sentiment de compréhension mutuelle et de solidarité. Cela aide les victimes à réaliser qu'elles ne sont pas seules dans leur expérience et qu'elles peuvent trouver le soutien d'autres personnes qui ont vécu une aventure similaire.

En outre, les communautés de soutien en ligne sont désormais très répandues, où les victimes de violences basées sur le genre peuvent recevoir de l'aide et des conseils en ligne. Ceci est particulièrement important pour ceux qui, en raison de diverses circonstances, ne peuvent pas assister à des événements ou à des groupes de soutien hors ligne. Dans les communautés en ligne, les victimes peuvent communiquer de manière anonyme, ce qui les rend plus à l'aise et protégées.

L'organisation de réunions et d'événements visant à renforcer la confiance et la solidarité joue également un rôle important dans la création de réseaux de soutien communautaire. Il peut s'agir d'événements communs, de conférences, de séminaires, de master classes et d'autres événements visant à échanger des expériences, à acquérir des compétences et à nouer des liens sociaux.

L'objectif principal de la création de réseaux communautaires de soutien et de solidarité est d'aider les victimes de violences basées sur le genre à se sentir soutenues et comprises, et de créer les conditions de leur rétablissement et de leur retour à une vie normale. Ces réseaux constituent une source fiable de soutien et aident les victimes à surmonter les difficultés auxquelles elles sont confrontées et à entamer une nouvelle étape de leur vie.

3. Attirer l'attention du public sur le problème et former une condamnation collective : L'une des étapes importantes dans la lutte contre la violence basée sur le genre consiste à attirer l'attention du public sur ce

problème et à former une condamnation claire de la violence. Cet objectif peut être atteint grâce à des actions publiques, des marches de protestation, des pétitions, des appels aux législateurs, la création de lois et de politiques pertinentes et une participation active aux réseaux sociaux et aux médias. Le but de ces événements est de créer une opinion publique qui non seulement condamne la violence, mais soutient également les victimes et appelle au changement des systèmes qui permettent la violence.

Attirer l'attention du public sur le problème de la violence sexiste et former une condamnation collective de la violence sont les pierres angulaires des efforts visant à la surmonter. Ces mesures contribuent non seulement à identifier et à condamner les cas de violence, mais contribuent également à changer la conscience du public et à créer les conditions nécessaires à des mesures efficaces visant à prévenir la violence et à soutenir ses victimes.

Les manifestations publiques, les marches de protestation et les pétitions sont de puissants outils pour attirer l'attention sur la question de la violence sexiste. Ces événements rassemblent des personnes partageant un objectif commun : mettre fin à la violence et soutenir ses victimes. Ils créent l'apparence d'un problème et attirent l'attention de la société et des autorités sur celui-ci.

Il est essentiel de contacter les législateurs et de créer des lois et des politiques appropriées pour lutter contre la violence sexiste. Cela implique de renforcer les sanctions en cas de violence, de protéger les droits des victimes et de garantir l'accès à la justice et à l'assistance. Les réformes juridiques et la mise en œuvre de politiques efficaces contribuent à créer une société sûre et juste pour tous ses membres.

La participation active aux réseaux sociaux et aux médias joue également un rôle important pour façonner l'opinion publique et condamner la violence. Il permet aux gens d'exprimer leurs opinions, de partager des informations sur des incidents de violence et de recevoir le soutien et la solidarité des autres utilisateurs. Les réseaux sociaux et les médias peuvent servir de plateforme pour discuter du problème et mobiliser la pression du public sur les autorités et les institutions afin qu'elles prennent les mesures nécessaires.

Le but de toutes ces activités est de créer une opinion publique qui non seulement condamne explicitement la violence, mais soutient également les victimes et s'efforce de changer les systèmes qui permettent la violence. Ils contribuent à créer une culture de non-violence et d'égalité où chaque personne se sent protégée et respectée.

Toutes ces actions contribuent à créer une communauté saine, sûre et solidaire, où la violence basée sur le genre ne se produit pas et où les victimes peuvent recevoir l'aide, le soutien et la protection dont elles ont besoin.

La promotion de la coopération et de la coordination internationales est essentielle pour lutter contre la violence sexiste, car le problème de la violence traverse les frontières et nécessite des efforts concertés de la part de différents pays et organisations. Dans ce contexte, il est important de développer l'échange d'expériences et de bonnes pratiques, de mettre en œuvre des projets et initiatives communs, ainsi que de soutenir les normes et législations internationales visant à protéger les droits des victimes de violences basées sur le genre.

1. Échange d'expériences et de bonnes pratiques : L'un des moyens d'accroître l'efficacité de la lutte contre la violence basée sur le genre est l'échange d'expériences et le transfert de meilleures pratiques entre pays et organisations. Cela vous permet d'apprendre des expériences des autres, d'adapter des stratégies efficaces à des contextes spécifiques et d'améliorer vos propres approches pour prévenir et répondre à la violence.

Le partage d'expériences et le transfert de bonnes pratiques sont des éléments essentiels de la lutte contre la violence basée sur le genre, en particulier pour celles qui sont victimes d'agression, de peur et d'incertitude. Ce processus permet à la société d'apprendre des expériences des autres et d'utiliser ces expériences pour développer des méthodes plus efficaces de prévention et de réponse à la violence.

Lorsque les survivantes constatent qu'il existe des stratégies efficaces pour lutter contre la violence sexiste, cela peut leur donner de l'espoir et les inciter à agir. Savoir que d'autres personnes ont vécu des expériences similaires et les ont surmontées peut être une source importante de soutien pour ceux qui souffrent de maltraitance. Voir des exemples de communautés et d'organisations aidant les victimes peut les aider à se sentir moins isolées et plus habilitées à agir.

De plus, le partage d'expériences permet d'adapter les stratégies efficaces aux conditions et aux besoins spécifiques d'une culture ou d'une communauté particulière. Cela signifie que les approches de prévention et de réponse à la violence peuvent être adaptées pour répondre au mieux aux besoins et aux réalités locales.

Pour ceux qui sont sensibles et peu sûrs de eux, savoir qu'il existe des méthodes éprouvées pour faire face aux abus peut être inestimable. Cela leur donne l'occasion de constater qu'une aide est disponible et qu'ils ne sont pas seuls dans leur souffrance. La confiance qu'il existe un chemin vers le changement et le soutien peut être la clé pour reconsidérer votre situation et décider d'agir.

Ainsi, le partage d'expériences et le transfert de bonnes pratiques jouent un rôle essentiel non seulement pour améliorer l'efficacité de la lutte contre la violence basée sur le genre, mais aussi pour apporter espoir, soutien et inspiration à ceux qui souffrent de ce type de violence.

2. Projets et initiatives conjoints : Les projets et initiatives internationaux mis en œuvre conjointement par plusieurs pays ou

organisations ont un plus grand potentiel dans la lutte contre la violence basée sur le genre. Ces projets peuvent inclure la formation du personnel, le développement de mécanismes de soutien aux victimes, la création de campagnes de sensibilisation, etc. Les efforts conjoints permettent d'utiliser les ressources plus efficacement et d'obtenir des résultats plus significatifs.

Les projets et initiatives collaboratifs constituent un outil puissant dans la lutte contre la violence basée sur le genre, en particulier pour celles qui sont confrontées à l'agression, à la peur et à l'incertitude. Ces projets visent à créer des efforts conjoints de plusieurs pays ou organisations afin de résoudre efficacement un problème au niveau international.

L'un des principaux avantages des projets communs réside dans la mise en commun des ressources et de l'expertise des différentes parties. Lorsque plusieurs pays ou organisations travaillent ensemble, ils peuvent partager leurs connaissances, leurs expériences et leurs ressources, ce qui leur permet d'élaborer et de mettre en œuvre plus efficacement des stratégies visant à prévenir et combattre la violence sexiste. Par exemple, un pays peut avoir une vaste expérience en matière de soutien social aux victimes, tandis qu'un autre dispose d'une technologie avancée pour mener des campagnes d'information. La combinaison de ces efforts nous permet de créer une approche globale pour résoudre le problème de la violence.

De plus, les projets communs contribuent à l'établissement de partenariats et d'une coopération à long terme entre différents pays et organisations. Cela facilite l'échange d'expériences et de bonnes pratiques non seulement au niveau du projet, mais également à une plus grande échelle, ce qui peut conduire à une amélioration du travail dans le domaine de la prévention et de la lutte contre la violence sexiste en général.

Pour les victimes de harcèlement, en particulier celles qui sont sensibles et qui manquent de confiance en elles, savoir qu'il existe des projets et des initiatives internationales dédiées à la lutte contre les abus peut être une source d'espoir et de soutien. Cela démontre que le problème de la violence sexiste est reconnu au niveau international et que des efforts importants ont été mobilisés pour y remédier. Connaître de telles initiatives peut aider les victimes à sentir qu'elles ne sont pas seules dans leur souffrance et qu'il existe des personnes et des organisations prêtes à les aider dans leur lutte.

Ainsi, les projets et initiatives communs jouent un rôle important dans la lutte contre la violence basée sur le genre, en assurant la mise en commun des ressources, l'échange d'expériences et le soutien au niveau international.

3. Soutenir les normes et la législation internationales : la violence basée sur le genre est une violation des droits humains et sa lutte nécessite une action concertée au niveau international. Le soutien aux normes internationales, telles que la Convention des Nations Unies sur l'élimination de toutes les formes de discrimination à l'égard des femmes

(CEDAW), et d'autres instruments régionaux et internationaux, ainsi que le soutien à la législation internationale visant à protéger les droits des victimes de violence sexiste, jouent un rôle important. rôle important dans le renforcement de la protection des victimes et la lutte contre l'impunité.

Soutenir les normes et la législation internationales pour lutter contre la violence sexiste est essentiel pour garantir que les droits des victimes soient protégés et que les auteurs soient tenus pour responsables. La violence sexiste est une violation des droits humains et pour y remédier, il faut des efforts non seulement nationaux mais aussi internationaux pour créer des mécanismes de protection efficaces.

Un aspect important du soutien aux normes internationales est la ratification et l'application des conventions et traités pertinents, tels que la Convention des Nations Unies sur l'élimination de toutes les formes de discrimination à l'égard des femmes (CEDAW), la Convention du Conseil de l'Europe sur la prévention et la lutte contre la violence à l'égard des femmes et la violence domestique, ainsi qu'un certain nombre d'autres instruments internationaux. Ces documents contiennent des normes et principes importants visant à protéger les droits des victimes et à prévenir la violence sexiste. Le soutien à ces normes garantit la création d'une approche internationale commune de lutte contre la violence et renforce la base du développement de politiques et de législations nationales.

En outre, le respect de la législation internationale joue également un rôle important pour garantir la justice et traduire les auteurs en justice. Les lois et accords internationaux établissent des normes et des principes que les États sont tenus de respecter, ainsi que des mécanismes pour enquêter sur les violations et punir les responsables. Le soutien à ces normes et mécanismes internationaux contribue à réduire l'impunité et à renforcer la confiance du public dans le système judiciaire.

Pour les victimes de violences basées sur le genre, en particulier celles qui sont sensibles et craignent l'agresseur, savoir qu'il existe des normes et des lois internationales pour protéger leurs droits peut être une source d'espoir et de soutien. Cela démontre que le problème de la violence sexiste est reconnu à l'échelle mondiale et qu'il existe une communauté internationale prête à les soutenir dans la lutte pour la justice et la protection.

Une coopération et une coordination internationales efficaces rassemblent les efforts de différents pays et organisations dans la lutte contre la violence sexiste, garantissant une réponse plus efficace et coordonnée à ce problème.

✧·✧·✧·✧·✧·✧·✧·✧·✧·✧·✧·✧·✧·✧·✧

Partie 5 :
Prévenir et combattre les violences basées sur le genre

Chapitre 18.

**Comment cesser d'être une victime. Il ne s'agit pas d'une auto-
réinvention traditionnelle.**

Nous avons déjà examiné le sujet et décidé que les humains, en tant qu'espèce, ont le potentiel de commettre les actes les plus terribles, les plus impitoyables et les plus cruels de cette planète. Cette déclaration peut provoquer différentes réactions, mais elle devrait provoquer la nécessité de repenser notre attitude envers l'humanité.

Qu'est-ce qui nous fait considérer une personne comme une créature si cruelle et impitoyable ? C'est peut-être son histoire, remplie de guerres, de conflits et de violence. C'est peut-être sa capacité à détruire l'environnement et d'autres êtres vivants. Ou peut-être s'agit-il d'une capacité et d'un désir génétiquement attribués dans le subconscient d'une personne d'infliger des souffrances à ses semblables, pour lesquels il y a toujours une raison, que ce soit en raison de différences de foi, de race, de politique ou d'autres facteurs. Afin de trouver des raisons d'en voir suffisamment et d'essayer de détruire quelqu'un comme lui, une personne ne cherche parfois même pas de raisons, mais choisit une victime dans son environnement. Mais ici, ce choix revient toujours à celui qui est physiquement ou mentalement le plus faible.

On peut dire qu'en chaque personne il y a aussi un potentiel de compassion, de gentillesse et d'état de justice. L'humanité a créé de nombreux organismes de bienfaisance, programmes d'aide et avancées scientifiques et médicales qui contribuent à améliorer la vie de millions de personnes.

Mais dites-moi, toutes ces associations orientent leurs efforts vers quoi ? Je vous répondrai : pour la protection de ceux qui ont souffert des autres, de ceux qui sont devenus victimes. Qu'il s'agisse d'une population économiquement précaire, où les riches aspirent la richesse des pauvres, détruisent des emplois ou font monter les prix. Qui fait tout ça ? C'est vrai, une autre personne qui est un agresseur direct. Mais ici, la plupart d'entre nous dépendent directement d'eux et, dans la plupart des cas, nous ne pouvons rien faire en réponse. Ces agresseurs dirigent le monde et ont créé des lois pour les protéger.

Mais n'oubliez pas non plus qu'il existe d'autres victimes qui ont été directement blessées physiquement par d'autres personnes. Et ici il faut noter que des centres d'aide aux victimes ont été créés, parfois au niveau de l'État. Mais ici, nous devons faire attention à savoir si ces organisations peuvent pleinement aider les victimes ? Dans de nombreux cas, oui, ces organisations aident à faire face à l'agresseur et peuvent même recevoir une compensation. Mais je vous assure que celui qui a été victime redeviendra victime s'il ne bat pas seul l'agresseur. Dans 60 % des cas, les anciennes victimes sont à nouveau victimes d'agressions de la part d'autres agresseurs, et dans la moitié des cas même de la part du même agresseur. Mais cette fois, l'agression peut déjà avoir des résultats mortels, puisque dans de nombreux cas, l'agresseur ne permet pas à la victime de demander de l'aide, tuant dans ce cas sa victime.

Il est également très important de comprendre que vos agresseurs sont des personnes comme vous. Les habitants de la planète partagent les mêmes traits fondamentaux de la nature humaine, et les différences entre eux, bien que significatives à certains égards, sont finalement mineures. Les caractéristiques physiologiques et psychologiques peuvent déterminer le comportement d'une personne, mais elles ne la rendent pas plus précieuse ou inférieure que les autres.

Il est important de réaliser que toutes les différences entre nous sont créées par la société et la culture et qu'elles ne doivent pas définir notre estime de soi ou nos relations avec les autres. Reconsidérer vos propres attitudes envers vous-même et envers les autres peut vous aider à amorcer le processus de changement de votre perception mentale de la situation et de votre personnalité dans son ensemble.

Autrement dit, vous êtes aussi une personne comme eux. Comprenez-vous cela? Vous comprenez que tous les habitants de la planète sont identiques et ne se différencient que par un petit ensemble de facteurs qui incluent des différences physiologiques et psychologiques. Et en même temps, ils ne sont pas gros du tout. Ces différences affectent naturellement le comportement d'une personne et la façon dont elle passera toute sa vie.

Comprendre que vous et votre agresseur êtes égaux dans tous les facteurs sauf deux est une source d'inspiration importante pour vous. Pensez-y : vous avez toutes les mêmes qualités humaines que votre agresseur. Vous avez droit à vos propres pensées, sentiments et désirs, tout comme lui. Cette compréhension peut être la clé pour vous libérer du statut de victime.

Et si vous lisez ceci maintenant, cela signifie que quelque chose bouge en vous, quelque chose change. C'est peut-être une volonté de ne pas rester dans le rôle d'une victime. C'est une excellente première étape. Mais ne vous arrêtez pas là. Plus profondément, quelque part en vous, dans votre subconscient, peut-être même inconsciemment, vous ressentez cette envie de changement. C'est une envie de changer votre monde intérieur, de reconsidérer votre attitude envers vous-même et le monde qui vous entoure.

Imaginez maintenant que vous puissiez changer votre rôle psychologique, votre estime de soi, votre façon de penser. Imaginez l'impact de ce changement sur tous les aspects de votre vie. Vous pouvez devenir plus confiant, plus fort et plus décisif. Vous commencerez peut-être à voir le monde sous un angle différent et plus positif. Vous pouvez vous libérer des chaînes de la peur et de la négativité qui vous maintiennent depuis longtemps dans un cercle vicieux.

Ce facteur psychologique est votre clé du changement. C'est votre trésor intérieur qui peut changer votre monde. N'ayez pas peur de lui, accueillez-le. Permettez-vous de l'accepter et de le mettre en œuvre dans votre vie. Ce n'est pas difficile, c'est simple. Mais c'est extrêmement important. C'est votre chance. Ton temps. Ne le manquez pas.

Approfondissons ce deuxième facteur. Pensez à votre condition physique. Peut-être que vous vous sentez vulnérable, pas assez fort pour vous protéger. C'est souvent le cas après avoir été victime de violence sexiste, qui peut vous laisser des cicatrices non seulement émotionnelles mais aussi physiques. Vous pourriez avoir l'impression que votre corps n'est pas prêt à résister, à se protéger d'un agresseur.

Mais si vous lisez ce livre, cela signifie que vous avez envie de changer cela. Vous voulez que votre apparence physique reflète votre force intérieure et votre confiance. C'est possible. Ce n'est pas aussi difficile qu'il y paraît. Mais cela demandera néanmoins des efforts et prendra du temps. Oui, je comprends que vous souhaitiez obtenir des résultats tout de suite, mais ce n'est pas possible. Vous avez passé des années à apprendre à être une victime, et il vous faudra du temps pour cesser de l'être. Mais j'ai une bonne nouvelle, vous n'aurez pas à y consacrer des années, je peux même vous donner un délai dans lequel si vous suivez mes instructions vous cesserez d'être une victime, c'est de trois mois à un an. Tout dépend de votre état, et aussi de votre degré d'abandon au processus de reconstruction de vous-même, de votre conscience et de votre corps, vers une personnalité différente.

Appelons le deuxième facteur physiologique. C'est votre corps, votre forme physique, que vous pouvez changer pour devenir plus fort, plus prêt à défendre. Cela peut être du sport, du fitness, des arts martiaux, quelque chose qui vous aidera à renforcer votre corps et à augmenter votre niveau de confiance en vous. Cela peut être du sport, du fitness, des arts martiaux, quelque chose qui vous aidera à renforcer votre corps et à augmenter votre niveau de confiance en vous. Examinons cela plus en détail afin de comprendre par où commencer et ce qui convient à qui.

Mais rappelez-vous qu'il s'agit d'un processus. Ce n'est pas une solution instantanée au problème. Mais chaque pas, chaque exercice, chaque entraînement vous rapproche de votre objectif : être fort et confiant. Vous ne devriez pas avoir peur d'y consacrer du temps et des efforts. En fin de compte, c'est votre santé, votre force, votre vie qui est en jeu. Vous décidez de ne plus jamais être une victime.

Jetons un coup d'œil aux résultats de la modification de ces deux facteurs. Imaginez comment votre nouvel état mental et physique va changer votre situation. Vous ne serez plus jamais une victime. Vous ne serez pas seulement une personne normale ordinaire, mais aussi une personne dotée de force, de confiance et de détermination. Cela vous libérera des entraves de la violence sexiste et de la violence à votre encontre, et vous permettra d'atteindre votre potentiel.

Et pas seulement cela. Peut-être, si vous le souhaitez, pouvez-vous même devenir un défenseur des autres contre la violence sexiste. Vous pourrez utiliser votre expérience et votre force pour soutenir ceux qui se trouvent dans une situation similaire. Votre désir de protéger les autres sera le signe de votre transformation intérieure, de votre croissance et de votre force. Mais rappelez-vous que c'est votre choix. Votre désir de changer vous-même et votre monde. Personne ne peut faire ça à votre place. C'est votre chemin vers la liberté contre la violence sexiste et vers une vie nouvelle, plus forte et plus confiante. Naturellement, après avoir été victime pendant tant d'années, le chemin pour y parvenir n'est peut-être pas facile. Cela vous demandera des efforts, de la détermination et du temps. Mais chaque pas, chaque effort vous rapprochera de votre objectif.

Parlons du premier facteur, qui est peut-être le moins difficile à modifier, mais qui joue en même temps un rôle important dans le processus de lutte contre la violence sexiste. C'est une prise de conscience de votre propre dignité humaine et de votre égalité avec vos délinquants.

Oui, vous êtes un être humain, tout comme votre agresseur. Les mêmes organes, os, cerveau, peau vous appartiennent. Quelle que soit votre taille physique ou votre apparence, vous êtes toujours absolument égal à votre agresseur dans presque tous les domaines. La chose importante à comprendre ici est que votre moi intérieur n'est pas moins précieux et puissant que celui des autres.

Peut-être que dans le passé, votre éducation ou votre situation vous ont fait vous sentir moins important ou vulnérable. Ou tout simplement ne pas vous préparer à la vraie vie, qui est remplie de cruauté dont vous ne connaissiez même pas l'existence. Mais cela ne doit pas nécessairement déterminer votre avenir. Briser cette illusion d'un monde « juste et égal » dans votre esprit, créée au fil des années de votre vie, est une étape importante vers la libération du rôle de victime. Croyez en vous. Croyez que vous êtes fort et capable de changer votre vie. Faites ce premier pas vers la compréhension et le respect de soi. Parce que lorsque vous croyez en vous, lorsque vous réalisez votre valeur, vous ouvrez la porte à de nouvelles opportunités et à la liberté de la peur et de l'humiliation.

Pour que tout fonctionne selon notre plan, les deux facteurs doivent fonctionner et changer simultanément. Lorsque nous examinerons des conseils pratiques, nous reviendrons constamment et reconsidérerons les deux facteurs comme un tout qui ne peut exister séparément.

❖·❖·❖·❖·❖·❖·❖·❖·❖·❖·❖·❖·❖·❖·❖

Chapitre 19.
Harmonie de deux facteurs. Que choisir pour vous-même.

Se préparer à résister à une agression nécessite non seulement de renforcer le corps physique, mais aussi de repenser son état mental. Ce n'est pas un chemin facile, mais c'est une étape importante vers la libération du rôle de victime.

Le choix de l'activité sportive joue un rôle clé dans ce processus. Il existe de nombreux sports, chacun pouvant être un outil pour développer la force physique, la coordination et la confiance. Cependant, tous les sports ne conviennent pas à l'enseignement de l'autodéfense et de la réaction rapide dans des situations critiques.

L'entraînement aux arts martiaux, par exemple, peut non seulement améliorer votre condition physique, mais également vous apprendre des techniques de défense efficaces. Ils développent non seulement le corps, mais aussi l'esprit, en tenant compte de la tactique et de la stratégie. Il est important de choisir un sport qui vous aidera non seulement à devenir plus fort, mais aussi à apprendre à prendre des décisions dans des situations stressantes.

Par ailleurs, la préparation à la résistance à l'agression doit inclure un travail sur les aspects psychologiques. Les victimes de violences basées sur le genre éprouvent souvent des sentiments d'impuissance, de peur et un manque d'estime de soi. En plus de la formation, il est important de se faire accompagner par un psychologue ou un formateur spécialisé dans l'accompagnement des victimes de violences. Cela vous aidera non seulement à surmonter un traumatisme, mais également à recadrer votre situation, à gagner en confiance et à apprendre à réagir efficacement à une agression.

Il est important de rappeler que se préparer à résister à une agression est un processus qui demande du temps, de la patience et le développement constant des habiletés physiques et psychologiques. Vous devez être préparé au fait que le changement peut prendre du temps, mais chaque étape du chemin vous rapproche de votre libération du statut de victime et de la prise de contrôle de votre propre vie.

Dans cette section, nous plongerons dans le monde du sport, qui peut devenir votre allié fiable dans la lutte contre les agressions. Nous explorons plusieurs chemins uniques qui vous ouvriront la voie vers la force physique et mentale, vous rendant capable de défier votre agresseur.

Imaginez que chaque mouvement que vous faites puisse être rempli de grâce et de force, que vous ayez une confiance qui se propage de l'intérieur vers l'extérieur. Et ce ne sont pas des rêves, mais une réalité qui peut être réalisée grâce au sport. C'est pourquoi je vous propose de suivre la voie du perfectionnement personnel à travers des activités sportives.

Choisir le bon sport est essentiel. Je n'ai sélectionné que quelques types de sports et vous les ai proposés pour attirer votre attention sur ceux qui sont facilement maîtrisés et disponibles partout dans le monde. Après tout, notre objectif est de vous donner les outils nécessaires pour résister efficacement à l'agresseur dans les plus brefs délais.

De plus, ces types de formation sont très efficaces car ils offrent des capacités de formation en ligne étendues et de nombreux didacticiels vidéo sur YouTube. Aujourd'hui, de nombreux didacticiels vidéo et ressources sont disponibles en ligne, vous permettant de commencer votre parcours de transformation dès aujourd'hui, directement chez vous. C'est l'occasion non seulement de renforcer votre corps, mais aussi de changer d'avis, de prendre confiance et de vous changer.

La principale chose à retenir est que chaque pas que vous faites dans cette direction vous rapproche de votre objectif. Et même si vous n'avez pas la possibilité d'étudier avec un entraîneur dans un club de sport, et que l'on comprend naturellement que l'autoformation ne remplace pas la formation professionnelle, mais dans certaines situations elle peut être une alternative tout à fait valable et devenir votre salut. Vous avez toute l'opportunité de prendre le contrôle de votre vie à partir d'aujourd'hui, et dans quelques mois, vous serez en mesure d'être pleinement préparé à repousser dignement l'agresseur et à tous les défis que la vie vous lance.

Examinons plusieurs sports populaires disponibles à l'entraînement dans presque toutes les régions du monde et qui peuvent être appris relativement rapidement afin d'aider une victime de violence sexiste :

1. Boxe : La boxe est un sport qui permet de développer la force, l'endurance, la coordination et la maîtrise de soi. Maîtriser les techniques de base de la boxe peut aider une victime à apprendre à se défendre et à lutter contre un agresseur.

La boxe n'est pas seulement un sport, c'est un outil qui peut changer non seulement votre apparence physique, mais aussi votre état mental. Ce n'est pas un hasard s'il est considéré comme l'un des moyens les plus efficaces d'aider les victimes de violences basées sur le genre.

Le facteur positif est que la boxe exige que vous soyez complètement concentré et en contrôle. Au cours de la formation, vous apprenez à gérer vos émotions, à développer votre autodiscipline et à renforcer la maîtrise de soi. Ces compétences sont extrêmement importantes pour les victimes de violences basées sur le genre, car elles les aident non seulement à contrôler leurs émotions dans les situations de conflit, mais aussi à prendre des décisions éclairées dans les moments critiques.

De plus, la boxe développe la force physique, l'endurance et la coordination. Cela améliore non seulement votre forme physique, mais vous donne également confiance en vos capacités. Les victimes de violences basées sur le genre, ayant appris les techniques de base de la boxe, peuvent se sentir plus en sécurité et préparées à affronter l'agresseur.

L'un des points clés de la boxe est le développement des compétences d'auto-défense. Vous apprenez non seulement les frappes et les blocages, mais aussi les stratégies pour échapper aux attaques. Cela vous rend plus compétent et préparé aux situations réelles de la rue ou à l'école où des conflits peuvent survenir.

Ainsi, la boxe n'est pas seulement une discipline sportive, mais tout un ensemble d'outils qui peuvent changer votre mode de vie et vous aider à ne plus être une victime. Il entraîne non seulement votre corps, mais aussi votre esprit, faisant de vous une personne forte et confiante, capable de lutter contre un agresseur et de se défendre.

De plus, il faut tenir compte du fait que la boxe, en plus de l'entraînement physique, favorise également le développement des compétences psychologiques nécessaires pour contrer efficacement les agressions.

Premièrement, un entraînement régulier de boxe contribue à améliorer l'estime de soi et la confiance en soi d'une victime de violence sexiste. Le sentiment de force et de confiance en ses capacités acquis en surmontant les barrières physiques et psychologiques de la boxe aide la victime à prendre conscience de sa valeur et de son importance.

Deuxièmement, l'entraînement de boxe apprend à la victime à contrôler ses réactions face aux situations stressantes. En boxe, on apprend non seulement à faire face aux défis physiques, mais aussi à contrôler ses émotions, en gardant la tête froide dans les situations critiques. Ceci est particulièrement important pour les personnes victimes de violences basées sur le genre, car la capacité à rester calme peut aider à éviter les conflits et l'escalade de la violence.

La boxe aide également la victime de violence sexiste à développer une réflexion et une planification stratégiques. Au cours du processus de formation, vous apprenez à analyser les situations, à prédire les actions de votre adversaire et à développer des contre-stratégies efficaces. Ces compétences peuvent être appliquées non seulement sur le ring, mais aussi dans la vie de tous les jours, aidant la victime à prendre des décisions judicieuses et à agir dans son meilleur intérêt.

Ainsi, la boxe renforce non seulement le corps physique, mais développe également les compétences psychologiques nécessaires pour se défendre efficacement contre les violences basées sur le genre. Compte tenu de l'approche holistique du sport, il s'agit de l'un des moyens les plus efficaces d'aider les victimes de violence sexiste dans leur cheminement vers l'autonomisation et la protection.

La boxe est un type d'art martial dans lequel les armes principales sont uniquement les mains. Les compétitions de boxe se déroulent dans un ring spécial où deux boxeurs s'affrontent en utilisant uniquement des coups de poing. Le but de la boxe est de donner le plus de coups possible à votre adversaire tout en évitant le contact avec ses coups.

En boxe, une grande attention est portée à la technique des coups de poing : droits, crochets, uppercut et autres. La défense et l'esquive des coups de l'adversaire sont également des éléments importants de la boxe. L'entraînement de boxe aide à développer la vitesse, la force, l'endurance et le temps de réaction, ainsi qu'à améliorer la forme physique et la coordination.

2. Kickboxing : Le kickboxing combine des éléments de boxe et diverses techniques de coups de pied. Il permet de développer la force, la coordination et la confiance en soi.

Le kickboxing n'est pas seulement un sport, c'est un mode de vie qui peut être un outil puissant pour les victimes de violence sexiste dans leur cheminement vers l'auto-amélioration et la protection. Voyons comment ce sport peut vous aider à cesser d'être une victime et à lutter contre l'agresseur.

Premièrement, le kickboxing propose un entraînement complet qui comprend à la fois des éléments de boxe et diverses techniques de coups de pied. Cela signifie que vous avez la possibilité de développer non seulement la force et la coordination de vos bras, mais également de vos jambes, ce qui vous rend plus polyvalent et prêt à affronter une variété de situations. Cette diversité de formations permet aux victimes de violences basées sur le genre d'acquérir des compétences qui les aideront à faire face efficacement à divers types d'agressions.

Deuxièmement, le kickboxing permet de développer la confiance en soi. Un entraînement constant, une amélioration progressive de la technique et l'atteinte de nouveaux objectifs créent un sentiment de progrès et d'estime de soi. Ceci est particulièrement important pour les victimes de violences basées sur le genre, qui souffrent souvent d'une faible estime d'elles-mêmes et d'une faible confiance en elles. La confiance en soi les aidera à se sentir plus en sécurité et prêts à se défendre contre un agresseur.

De plus, le kickboxing enseigne des stratégies d'autodéfense aux victimes de violences basées sur le genre. Pendant l'entraînement, vous apprenez non seulement à attaquer efficacement, mais aussi à battre en retraite et à vous défendre contre les attaques. Cela aide la victime de violence basée sur le genre à acquérir des compétences qui peuvent être utiles dans des situations réelles de la rue ou à l'école où des conflits peuvent survenir.

Ainsi, le kickboxing n'est pas qu'un sport, c'est tout un ensemble d'outils qui peuvent changer la vie d'une victime de violences basées sur le genre. Il enseigne non seulement la force physique, mais aussi la confiance en soi, la réflexion stratégique et les compétences d'autodéfense, les rendant ainsi plus forts et plus capables de lutter contre un agresseur.

Outre ces bienfaits, le kickboxing favorise également le bien-être émotionnel et la gestion du stress chez les victimes de violences basées sur le genre. Pendant l'entraînement, des endorphines sont libérées - des hormones du bonheur, qui contribuent à améliorer l'humeur et à réduire le stress et l'anxiété. Ceci est particulièrement important pour ceux qui souffrent des effets psychologiques de la violence sexiste, tels que la dépression, l'anxiété ou le trouble de stress post-traumatique.

De plus, l'entraînement au kickboxing peut devenir une sorte de canal d'expression d'émotions négatives et d'agressivité. Au lieu de refouler leurs émotions, les victimes de violences basées sur le genre peuvent utiliser l'exercice pour se libérer de leurs sentiments et de leur énergie négatifs. Cela les aide non seulement à faire face à l'inconfort émotionnel, mais également à développer des façons plus saines de réagir aux situations stressantes.

De plus, le kickboxing peut être un outil puissant pour établir des liens sociaux et du soutien. Participer à une formation de groupe crée une opportunité de rencontrer des personnes ayant des expériences ou des intérêts similaires et de se soutenir mutuellement dans la réalisation d'objectifs communs. Cela aide les victimes de violences basées sur le genre à se sentir partie intégrante d'une communauté et à recevoir un soutien supplémentaire dans leur cheminement vers l'auto-amélioration.

Ainsi, le kickboxing n'est pas seulement un moyen d'entraînement physique, mais aussi un outil puissant pour améliorer le bien-être psychologique et l'adaptation sociale des victimes de violences basées sur le genre. Cela les aide non seulement à devenir plus forts et plus confiants, mais aussi à apprendre à faire face efficacement aux émotions négatives et au stress, créant ainsi la base d'une vie saine et heureuse.

Le Kickboxin combine des éléments de techniques de boxe et de coups de pied. En plus des coups de poing, le kickboxing utilise également des coups de pied, ce qui rend ce sport plus diversifié et dynamique. Le kickboxing permet différents types de coups de poing : faibles, moyens et élevés, ce qui permet aux combattants d'attaquer différentes zones du corps de l'adversaire.

L'entraînement au kickboxing comprend également un travail sur la technique de frappe, la défense, l'esquive et la forme physique. De plus, le kickboxing permet de développer la souplesse, la force des jambes et l'endurance. Contrairement à la boxe, le kickboxing vous permet d'utiliser non seulement vos bras, mais aussi vos jambes au combat, ce qui le rend plus polyvalent et efficace dans diverses situations.

3. Karaté : Le karaté est un art martial qui enseigne des techniques de blocage, de frappe et de défense. Cela aide également à développer la concentration et l'autodiscipline.

Le karaté n'est pas seulement une méthode de défense, mais aussi une philosophie de vie qui peut aider les victimes de violences basées sur le genre à changer tant physiquement que mentalement. Voyons comment ce sport peut vous aider à cesser d'être une victime et à acquérir les compétences nécessaires pour lutter contre un agresseur.

Premièrement, le karaté enseigne des techniques d'autodéfense, notamment des techniques de blocage, de frappe et de défense. Ces compétences permettent aux victimes de violences basées sur le genre de se défendre efficacement lorsqu'elles sont attaquées, augmentant ainsi leur confiance en elles et leur capacité à riposter contre l'agresseur. Un entraînement régulier au karaté permet de renforcer ces compétences et d'inculquer des réflexes, ce qui est important pour des réactions rapides et adéquates dans des situations stressantes.

Deuxièmement, le karaté aide à développer la concentration et l'autodiscipline. Grâce à la formation, les étudiants apprennent à contrôler leurs pensées et leurs émotions, ce qui les aide à se concentrer sur une tâche et à prendre des décisions réfléchies. Ces compétences sont particulièrement importantes pour les victimes de violences basées sur le genre, car elles les aident à rester calmes et à réagir rationnellement aux pressions et aux menaces.

De plus, le karaté enseigne le respect de soi et des autres, ce qui contribue à la formation d'une attitude positive envers soi-même et à une estime de soi accrue. Ceci est particulièrement important pour les victimes de violences basées sur le genre, qui peuvent souffrir de sentiments d'infériorité et d'une image d'elles-mêmes négative. La confiance en soi et le respect de leurs propres limites les aident à devenir moins vulnérables face aux agresseurs et à riposter si nécessaire.

Ainsi, le karaté constitue un outil puissant pour aider les victimes de violences basées sur le genre dans leur cheminement vers l'auto-amélioration et la protection. Il enseigne non seulement des techniques d'autodéfense, mais favorise également la concentration, l'autodiscipline et le respect de soi, ce qui en fait un outil efficace pour lutter contre l'agressivité et développer une personnalité positive.

De plus, il faut tenir compte du fait que le karaté, en plus de l'entraînement physique, contribue également à développer la force intérieure et la confiance en soi des victimes de violences basées sur le genre. Un entraînement constant dans ce sport contribue à renforcer les aspects spirituels et psychologiques de l'individu, ce qui n'est pas moins important pour une résistance efficace à l'agresseur.

Le karaté apprend aux victimes de violences basées sur le genre non seulement à se défendre physiquement, mais aussi à trouver la force intérieure et la paix en elles-mêmes. Au cours de la formation, ils apprennent à contrôler leurs émotions, à trouver l'harmonie intérieure et à équilibrer leur monde intérieur. Cela les aide non seulement à faire face aux conséquences négatives de la violence sexiste, mais également à développer un caractère fort et résilient qui ne succombe pas à l'influence des agresseurs.

De plus, le karaté enseigne aux victimes de violences basées sur le genre des principes de moralité et d'éthique, ce qui les aide à prendre les bonnes décisions dans des situations difficiles. Ils apprennent à respecter leurs rivaux, même agressifs, et à trouver des solutions pacifiques aux conflits. Ces compétences les aident non seulement à se protéger contre la violence sexiste, mais aussi à éviter les conflits et à trouver des solutions pacifiques aux problèmes.

Ainsi, le karaté n'est pas seulement une discipline physique, mais aussi une philosophie de vie capable de changer le monde intérieur et extérieur des victimes de violences basées sur le genre. Cela leur apprend non seulement à se défendre contre les agressions, mais aussi à développer leur force intérieure, leur confiance et leur sagesse, ce qui les rend inébranlables et prêts à surmonter tous les défis que la vie leur lance.

Le Karaté et le Taekwondo sont aussi des arts martiaux, mais ils ont des racines et des méthodes différentes. Le karaté, originaire du Japon, se concentre souvent sur les techniques de frappe et de blocage, tandis que le Taekwondo, originaire de Corée, se spécialise dans les techniques de coups de pied.

Le Karaté et le Taekwondo sont tous deux d'anciens arts martiaux orientaux qui se sont développés dans des contextes culturels et historiques différents, leur conférant leurs caractéristiques uniques.

Le karaté est un art martial japonais développé sur l'île d'Okinawa. La base du karaté repose sur les techniques de coups de poing, de coups de pied et de blocage. En karaté, l'attention est portée non seulement à la technique de frappe, mais aussi au développement interne du combattant, à sa force mentale et à ses aspects spirituels. Le karaté est un système efficace d'autodéfense qui apprend au combattant à contrôler la force et à l'utiliser à des fins défensives.

Le Taekwondo est un art martial coréen axé sur les techniques de coups de pied. Ce sport est célèbre pour ses coups de pied hauts et puissants, qui peuvent être exécutés avec des mouvements puissants et rapides. Le taekwondo comprend également divers éléments de frappe, de blocage et de défense. Cependant, ce qui le rend unique est qu'il se concentre spécifiquement sur les techniques de coups de pied, ce qui en fait un excellent choix pour ceux qui cherchent à développer la force et la flexibilité des membres inférieurs.

Ainsi, bien que le Karaté et le Taekwondo soient des formes efficaces d'autodéfense, ils ont leurs propres caractéristiques qui peuvent plaire à différentes personnes en fonction de leurs préférences et de leurs objectifs. Le karaté, axé sur les coups de poing et le développement interne, peut convenir à ceux qui souhaitent développer la coordination et les aspects spirituels des arts martiaux. Le Taekwondo, qui met l'accent sur les coups de pied et l'endurance, peut être préférable pour ceux qui cherchent à améliorer leur flexibilité et leurs compétences en matière de coups de pied.

4. Taekwondo : Le Taekwondo est un art martial coréen qui comprend des techniques de coups de pied et de coups de poing. Il aide à améliorer la coordination, la flexibilité et l'endurance.

Le Karaté et le Taekwondo sont tous deux d'anciens arts martiaux orientaux qui se sont développés dans des contextes culturels et historiques différents, leur conférant leurs caractéristiques uniques.

Le karaté est un art martial japonais développé sur l'île d'Okinawa. La base du karaté repose sur les techniques de coups de poing, de coups de pied et de blocage. En karaté, l'attention est portée non seulement à la technique de frappe, mais aussi au développement interne du combattant, à sa force mentale et à ses aspects spirituels. Le karaté est un système efficace d'autodéfense qui apprend au combattant à contrôler la force et à l'utiliser à des fins défensives.

Le Taekwondo est un art martial coréen axé sur les techniques de coups de pied. Ce sport est célèbre pour ses coups de pied hauts et puissants, qui peuvent être exécutés avec des mouvements puissants et rapides. Le taekwondo comprend également divers éléments de frappe, de blocage et de défense. Cependant, ce qui le rend unique est qu'il se concentre spécifiquement sur les techniques de coups de pied, ce qui en fait un excellent choix pour ceux qui cherchent à développer la force et la flexibilité des membres inférieurs.

Ainsi, bien que le Karaté et le Taekwondo soient des formes efficaces d'autodéfense, ils ont leurs propres caractéristiques qui peuvent plaire à différentes personnes en fonction de leurs préférences et de leurs objectifs. Le karaté, axé sur les coups de poing et le développement interne, peut convenir à ceux qui souhaitent développer la coordination et les aspects spirituels des arts martiaux. Le Taekwondo, qui met l'accent sur les coups de pied et l'endurance, peut être préférable pour ceux qui cherchent à améliorer leur flexibilité et leurs compétences en matière de coups de pied.

Le taekwondo n'est pas seulement un art martial, mais aussi une voie de développement personnel qui peut rendre une victime de violence sexiste plus forte et plus confiante. Voyons comment ce sport peut aider une victime de violence sexiste à cesser d'être une victime et à lutter contre l'agresseur.

Premièrement, le Taekwondo enseigne des techniques efficaces d'autodéfense, notamment les coups de pied et les coups de poing. Ces techniques permettent aux victimes de violences basées sur le genre de réagir rapidement et efficacement aux attaques, leur permettant ainsi de se protéger elles-mêmes et de protéger leurs limites. Un entraînement régulier au taekwondo améliore la coordination et développe les réflexes, nécessaires à une autodéfense efficace dans des situations réelles.

Deuxièmement, le taekwondo contribue à développer la force mentale et la confiance en soi des victimes de violences basées sur le genre. Au cours du processus de formation, ils apprennent à surmonter leurs peurs et leurs doutes, ainsi qu'à développer une pensée positive et une confiance en eux. Cela les aide à croire en eux-mêmes et en leurs capacités, ce qui les rend moins vulnérables aux intimidateurs et les aide à développer une image positive d'eux-mêmes.

Le taekwondo enseigne également aux victimes de violences basées sur le genre la discipline et la maîtrise de soi. Grâce à la formation, ils apprennent à contrôler leurs émotions et à réagir avec sérénité aux situations stressantes. Cela les aide non seulement à faire face aux émotions négatives, mais également à prendre des décisions réfléchies dans des situations difficiles, ce qui constitue un aspect important pour contrer l'agression.

Ainsi, le taekwondo n'est pas seulement une discipline sportive, mais aussi une voie d'épanouissement personnel et de protection contre la violence sexiste. Il enseigne des techniques d'autodéfense efficaces, renforce la force mentale et la confiance en soi, et développe la discipline et la maîtrise de soi. Ces compétences rendent les victimes de violences basées sur le genre plus fortes et plus capables de faire face aux défis que la vie leur lance et de lutter contre l'agresseur.

En outre, le taekwondo aide également les victimes de violences basées sur le genre à développer des attitudes respectueuses et tolérantes envers les autres. Grâce à la formation, ils apprennent à respecter leurs entraîneurs, partenaires d'entraînement et autres participants, ce qui développe une attitude respectueuse et ouverte envers les gens en général. Ces compétences les aident à mieux comprendre les motivations du comportement des autres et à trouver un terrain d'entente, ce qui est important pour créer des relations positives et surmonter les conflits.

De plus, le Taekwondo favorise la santé physique et le bien-être des victimes de violences basées sur le genre. Un entraînement régulier contribue à améliorer la forme physique, l'endurance, la flexibilité et la force globale. Cela les aide non seulement à se préparer à une confrontation physique, mais également à améliorer leur bien-être et leur confiance en eux.

Il convient également de noter que le Taekwondo enseigne aux victimes de violences basées sur le genre les principes d'éthique et de moralité, ce qui est important pour développer le caractère et les valeurs. Au cours du processus de formation, ils apprennent à être responsables, honnêtes et justes, ce qui les aide à développer des qualités de leadership et à prendre les bonnes décisions dans la vie.

Ainsi, le taekwondo n'est pas seulement une discipline sportive, mais aussi tout un mode de vie qui favorise le développement de la santé physique et mentale, la formation d'une attitude respectueuse et tolérante envers autrui, ainsi que les principes d'éthique et de moralité. Ces aspects en font un outil efficace pour aider les victimes de violences basées sur le genre à surmonter leurs difficultés et à s'épanouir personnellement.

4. Judo : Le judo est un art martial japonais qui se concentre sur les techniques de lancer et de lutte. Cela peut être un moyen efficace de vous protéger et de contrôler la situation.

Le judo n'est pas seulement un art martial, mais aussi une philosophie qui peut transformer les victimes de violences basées sur le genre, en les aidant à devenir plus fortes physiquement et mentalement. Voyons comment ce sport peut aider une victime de violence sexiste à cesser d'être une victime et à lutter contre l'agresseur.

Premièrement, le judo enseigne des techniques de lancer et de lutte qui peuvent être efficaces pour se défendre contre les attaques. Ces techniques permettent aux victimes de violences basées sur le genre de contrôler la situation et de se protéger en cas d'influence agressive. Un entraînement régulier au judo améliore la coordination, la force et la flexibilité, rendant la victime mieux préparée à la confrontation physique.

Deuxièmement, le judo enseigne la maîtrise de soi et la gestion de ses propres émotions. Grâce à des formations, les victimes de violences basées sur le genre apprennent à rester calmes et à prendre des décisions éclairées dans des situations stressantes. Cela les aide à éviter les explosions émotionnelles et l'escalade des conflits, ce qui constitue un aspect important pour contrer l'agression.

De plus, le judo favorise le développement de qualités spirituelles telles que le respect, la tolérance et la retenue. Les victimes de violences basées sur le genre apprennent à respecter leurs rivaux et opposants, même s'ils sont agressifs, et à trouver des solutions pacifiques aux conflits. Ces compétences les aident à devenir plus confiants et indépendants dans leurs interactions avec les autres, ce qui renforce leur position et les rend moins vulnérables aux intimidateurs.

Ainsi, le judo n'est pas seulement une discipline sportive, mais aussi un chemin vers l'épanouissement personnel et la protection contre la violence sexiste. Il enseigne aux victimes de violences basées sur le genre non seulement l'entraînement physique, mais aussi comment gérer leurs émotions, développer leurs qualités spirituelles et renforcer leur estime de soi. Ces compétences les rendent plus confiants et capables de faire face aux défis que la vie leur lance et de lutter contre un agresseur.

En plus de ces bienfaits, le judo aide également les victimes de violences basées sur le genre à développer d'importantes compétences de vie qui peuvent être utiles dans divers domaines de leur vie.

Le judo enseigne aux victimes de violences basées sur le genre la réflexion et la planification stratégiques. Durant l'entraînement, ils apprennent à analyser la situation, à anticiper les actions de l'adversaire et à développer des stratégies de réponse efficaces. Ces compétences peuvent être appliquées non seulement sur le tapis, mais aussi dans la vie de tous les jours, aidant les victimes de violences basées sur le genre à s'adapter à différentes situations et à prendre les bonnes décisions.

Le judo enseigne également aux victimes de violences basées sur le genre la patience et la persévérance. S'entraîner dans ce sport demande souvent beaucoup de temps et d'efforts pour réussir. Les victimes de violences basées sur le genre apprennent à ne pas abandonner au premier échec, mais à continuer à travailler sur elles-mêmes et sur leurs compétences, même si les résultats ne sont pas immédiats. Cette pratique persistante les aide à développer leur volonté et leur endurance, ce qui est utile pour faire face à l'agressivité et atteindre leurs objectifs.

De plus, le judo aide les victimes de violences basées sur le genre à développer leur confiance en elles et en leurs capacités. Au cours du processus de formation, ils maîtrisent progressivement de nouvelles techniques et techniques, surmontant leurs doutes et leurs peurs. Cela les aide à croire en eux-mêmes et en leurs capacités, ce qui constitue un facteur important pour surmonter l'impact négatif de la violence sexiste et développer une image d'eux-mêmes positive.

Ainsi, le judo représente non seulement une discipline sportive, mais aussi une voie permettant de développer d'importantes compétences de vie pour les victimes de violences basées sur le genre. Il leur apprend la réflexion stratégique, la patience et la confiance en soi, ce qui les aide non seulement à se protéger des agressions, mais aussi à surmonter les conséquences négatives de la violence sexiste et à devenir des individus forts et confiants.

6. Lutte : La lutte est un sport qui développe la force, la flexibilité, l'endurance et la pensée tactique. Il enseigne également diverses techniques pour contrôler un adversaire et peut être efficace en légitime défense.

La lutte est un sport ancien qui présente de nombreux avantages pour les victimes de violences basées sur le genre, et voici pourquoi.

Premièrement, la lutte enseigne des techniques efficaces d'autodéfense. Les victimes de violences basées sur le genre qui pratiquent la lutte apprennent à contrôler leurs adversaires et à utiliser diverses techniques de saisie et de projection, qui peuvent s'avérer importantes en cas d'agressions physiques. Cela les aide non seulement à se protéger, mais également à réduire le risque de blessures en cas de conflit.

Deuxièmement, la lutte permet de développer la forme physique et de renforcer le corps. L'exercice régulier améliore la force, l'endurance et la flexibilité des victimes de violences basées sur le genre, ce qui les rend plus confiantes dans leurs capacités physiques et favorise le bien-être général.

De plus, la lutte entraîne la réflexion tactique et la planification stratégique. Au cours de la formation, les victimes de violences basées sur le genre apprennent à analyser la situation, à anticiper les actions de l'adversaire et à développer des stratégies d'action efficaces. Ces compétences peuvent être utiles non seulement sur le tapis, mais aussi dans la vie de tous les jours, en les aidant à prendre des décisions intelligentes et à se sortir de situations difficiles.

Ainsi, la lutte n'est pas seulement une discipline sportive, mais aussi un puissant outil d'aide aux victimes de violences basées sur le genre. Il enseigne des méthodes efficaces d'autodéfense, renforce la santé physique et développe la pensée tactique, qui rend les victimes de violences basées sur le genre plus fortes et plus confiantes, prêtes à combattre l'agresseur et à se défendre dans n'importe quelle situation.

En outre, la lutte contribue également à développer la résilience et la confiance des victimes de violences basées sur le genre. Lors de l'entraînement, ils rencontrent divers défis tels que la compétition, le stress et la fatigue et apprennent à les surmonter. Ces expériences les aident à développer leur confiance en eux et en leur propre capacité à faire face aux défis.

La lutte aide également à développer la discipline et la maîtrise de soi. Grâce à des formations, les victimes de violences basées sur le genre apprennent à suivre des règles strictes et routinières, ce qui les aide à développer leur responsabilité et leur autodiscipline. Ces qualités sont importantes non seulement dans la salle d'entraînement, mais aussi dans la vie de tous les jours, car elles les aident à rester calmes et à contrôler leurs émotions dans toutes les situations.

Enfin, la lutte aide à nouer des amitiés et du soutien. Pendant l'entraînement, les victimes de violences basées sur le genre trouvent le soutien de leurs entraîneurs et de leurs coéquipiers, ce qui les aide à se sentir en sécurité et en confiance. Cela crée une atmosphère d'entraide et de compréhension, qui contribue à leur bien-être psychologique et à leur adaptation sociale.

Ainsi, la lutte n'est pas seulement une discipline sportive, mais aussi une approche globale d'aide aux victimes de violences basées sur le genre. Il développe la force mentale, la confiance et la maîtrise de soi, les aidant à faire face aux défis et à se protéger des agressions. En réalité, la lutte façonne non seulement la santé physique, mais renforce également l'état mental, créant ainsi la base d'une confiance en soi et d'une adaptation réussie dans la société.

Le judo et la lutte incluent des techniques de lutte et de lancer, mais ils ont des origines et des règles différentes. Le judo est un art martial japonais, tandis que la lutte est un sport olympique pratiqué dans le monde entier.

Le judo et la lutte sont deux sports différents qui, bien qu'ils présentent des similitudes dans les techniques de lutte et de lancer, diffèrent par leur origine, leur philosophie et leurs règles de compétition.

Le judo est un art martial japonais développé à la fin du XIXe siècle par Jigoro Kano. Il repose sur les principes de douceur, de flexibilité et d'efficacité, où le but est d'utiliser la force de l'ennemi contre lui-même. Les principaux éléments du judo sont les techniques de lancer et de lutte, ainsi que le travail au sol. En judo, un aspect important est le développement de la technique, de la tactique et de la stratégie, ainsi que la préparation mentale aux compétitions.

La lutte est un sport olympique qui comprend des techniques de lutte et de lancer ainsi que la lutte au sol. Il a ses racines dans l'Antiquité et s'est développé dans diverses cultures, notamment la Grèce antique et Rome. Il existe plusieurs variétés de lutte, comme la lutte gréco-romaine, la lutte libre et la lutte à la ceinture. Les principaux objectifs de la lutte sont de contrôler l'adversaire, d'effectuer des prises et des techniques, et de gagner des points pour une position et une technique supérieures.

Ainsi, bien que le judo et la lutte impliquent des techniques de lutte et de lancer, ils diffèrent par leurs origines, leur philosophie et leur approche de la compétition. Le judo, avec ses racines japonaises et son accent sur l'efficacité et la flexibilité, peut être attrayant pour ceux qui s'intéressent à la culture japonaise et à la poursuite de l'excellence technique. Tandis que la lutte, avec son statut olympique et sa variété de styles, peut attirer ceux qui recherchent une activité rapide et compétitive.

7. Sambo : Le Sambo est un art martial russe qui comprend des techniques de lancer, des étranglements et des combats au sol. Cela peut être efficace pour contrôler une situation et se protéger contre une agression.

Le sambo est un sport dynamique et multifonctionnel qui présente un certain nombre de caractéristiques qui en font un outil efficace pour aider les victimes de violences basées sur le genre.

Premièrement, Sambo enseigne diverses méthodes d'autodéfense. Les victimes de violences basées sur le genre qui s'entraînent au sambo apprennent des techniques telles que les lancers, les étranglements et les combats au sol, qui peuvent s'avérer importantes dans les situations de conflit. Ils apprennent à contrôler leurs adversaires, à se défendre et à se sortir de situations difficiles, ce qui augmente leur confiance et leur capacité à gérer l'agressivité.

Deuxièmement, le sambo favorise le développement des qualités physiques. Un entraînement régulier développe la force, l'endurance, la flexibilité et la coordination chez les victimes de violences basées sur le genre. Cela les aide à renforcer leur corps, à être mieux préparés à la confrontation physique et à réduire le risque de blessure en cas d'attaque.

En outre, Sambo enseigne aux victimes de violences basées sur le genre la réflexion stratégique et la planification tactique. Durant l'entraînement, ils développent une compréhension de la situation, anticipent les actions de l'adversaire et élaborent des stratégies d'action efficaces. Cela les aide à prendre des décisions éclairées dans des situations difficiles et à agir efficacement pour se protéger.

Ainsi, le sambo n'est pas seulement une discipline sportive, mais aussi une approche globale d'aide aux victimes de violences basées sur le genre. Il enseigne des techniques efficaces d'autodéfense, de condition physique et de santé mentale, ce qui en fait un outil important pour changer la situation des victimes de violences basées sur le genre et les aider à devenir plus fortes et plus confiantes.

De plus, Sambo contribue à développer la confiance en soi et la résilience psychologique des victimes de violences basées sur le genre. Pendant la formation, ils sont constamment confrontés à des défis et dépassent leurs propres limites, ce qui les aide à accroître leur confiance en eux et en leurs propres capacités. De tels acquis lors de l'entraînement peuvent se répercuter sur la vie quotidienne, les rendant plus confiants et plus calmes.

Il est également important de noter que Sambo enseigne aux victimes de violences basées sur le genre le contrôle émotionnel et la gestion du stress. Durant la formation, ils apprennent à contrôler leurs émotions, à rester calmes et à prendre des décisions dans des situations difficiles. Ces compétences peuvent être importantes pour gérer les situations de conflit et les aider à éviter les explosions émotionnelles face à un agresseur.

De plus, grâce à Sambo, les victimes de violences basées sur le genre peuvent trouver soutien et compréhension au sein de la communauté de leurs entraîneurs et coéquipiers. Cela les aide à se sentir en sécurité, ce qui favorise leur bien-être psychologique et crée un environnement positif pour la croissance personnelle.

Ainsi, le sambo n'est pas seulement une discipline sportive, mais aussi un puissant outil d'aide aux victimes de violences basées sur le genre. Il développe non seulement la forme physique, mais aussi la résilience psychologique, la confiance en soi et le contrôle émotionnel, ce qui en fait une ressource précieuse pour surmonter les difficultés et faire face aux agressions.

8. Aïkido : L'Aïkido est un art martial japonais qui utilise des techniques de défense contre les attaques basées sur les principes de redirection de la force de l'adversaire. Il convient à ceux qui préfèrent les techniques de défense sans contact.

L'Aïkido, dans son essence, diffère de nombreux autres types d'arts martiaux en ce sens que ses méthodes incluent non seulement la résistance physique, mais également la capacité de contrôler l'énergie et la force de l'ennemi. Il s'agit d'un aspect fondamental qui fait de l'aïkido non seulement une forme efficace d'autodéfense, mais aussi un outil pour transformer la pensée et le comportement d'une victime de violence sexiste.

L'Aïkido enseigne les principes d'harmonie et d'empathie plutôt que de confrontation et d'agression. Les victimes de violences basées sur le genre qui pratiquent l'aïkido apprennent à comprendre et à réorienter le pouvoir de l'agresseur plutôt que de répondre par la violence directe. Cette approche les aide à développer l'empathie, la tolérance et le contrôle émotionnel, ce qui peut réduire le risque de conflit et améliorer les relations avec les autres.

De plus, l'Aïkido met l'accent sur l'amélioration de la technique et de la coordination corporelle. Grâce à la formation, les victimes de violences basées sur le genre développent leur agilité, leur flexibilité et leurs réflexes, les rendant ainsi mieux préparées à faire face à des situations rapides et inattendues. Cela renforce leur forme physique et leur confiance en leurs capacités.

L'un des aspects clés de l'Aïkido est l'accent mis sur la résolution des conflits sans causer de préjudice. Les victimes de violences basées sur le genre qui pratiquent l'aïkido apprennent à rechercher des solutions pacifiques aux problèmes, même dans les situations les plus difficiles. Cela les aide non seulement à éviter la violence physique, mais également à développer des compétences en communication, en respect et en diplomatie, qui peuvent être importantes dans leurs interactions avec un agresseur.

Ainsi, l'Aïkido n'est pas seulement une discipline sportive, mais aussi une philosophie de vie qui peut aider les victimes de violences basées sur le genre à changer leur attitude envers elles-mêmes et envers le monde qui les entoure. Cela développe en eux non seulement la force physique et la technique, mais aussi la résilience psychologique, l'empathie et la sérénité, ce qui les rend plus prêts à faire face à l'agression et à devenir les architectes de leur propre destin.

En plus des avantages énumérés ci-dessus, l'Aïkido enseigne également aux victimes de violences basées sur le genre les principes d'une communication efficace et d'une gestion des conflits. Au cours du processus de formation, ils apprennent à exprimer leurs sentiments et leurs besoins avec plus de clarté et de confiance, ce qui les aide à réagir plus efficacement aux situations conflictuelles et à éviter qu'elles ne dégénèrent. Cela favorise également les compétences nécessaires pour fixer des limites et protéger l'espace personnel, ce qui peut être important pour prévenir la violence sexiste.

De plus, l'aïkido aide les victimes de violences basées sur le genre à développer leur confiance en elles et en leurs capacités. Grâce à la formation, ils acquièrent progressivement de nouvelles compétences et dépassent leurs propres limites, ce qui les aide à se sentir plus compétents et indépendants. Cela renforce leur estime de soi et les aide à faire face aux sentiments d'impuissance et d'impuissance qui accompagnent souvent les victimes de violences basées sur le genre.

Enfin, l'Aïkido favorise le développement de l'harmonie et de l'équilibre intérieurs chez les victimes de violences basées sur le genre. Grâce à la formation, ils apprennent à être dans l'instant présent, à accepter la situation telle qu'elle est et à agir avec calme et détermination. Cela les aide à faire face au stress et à l'anxiété et à développer la capacité de prendre des décisions importantes même dans des situations difficiles et incertaines.

L'Aïkido constitue donc une ressource précieuse pour les victimes de violences basées sur le genre, les aidant non seulement à acquérir de la force physique et des techniques d'autodéfense, mais également à développer leur résilience mentale, leur confiance en soi et leur gestion émotionnelle. Cela leur permet non seulement de faire face à l'agression de facteurs externes, mais aussi de construire des relations plus saines et plus équilibrées avec eux-mêmes et avec le monde qui les entoure.

L'Aïkido est un art martial japonais basé sur les principes de la redirection de la force de l'adversaire. Le sport met davantage l'accent sur les techniques défensives sans contact.

L'Aïkido est un art martial japonais basé sur les principes de la redirection de la force de l'adversaire. Ce sport se concentre sur une légitime défense efficace, en utilisant des techniques qui permettent de s'adapter aux mouvements de votre adversaire et de contrôler la situation sans recourir à des frappes directes.

Contrairement à de nombreux autres arts martiaux, l'Aikido met davantage l'accent sur les techniques défensives sans contact. Cela signifie que le pratiquant apprend à utiliser l'énergie et les mouvements de l'adversaire pour rediriger sa puissance et neutraliser la menace, plutôt que de l'affronter directement.

Pour les victimes de violences basées sur le genre, l'apprentissage de l'Aikido peut être particulièrement bénéfique car elles peuvent apprendre des moyens efficaces de se défendre sans avoir à recourir à la force physique contre l'agresseur. Cela peut les aider à prendre le contrôle de la situation et à prévenir la violence, même s'ils se trouvent physiquement à proximité de leur agresseur.

De plus, l'étude de l'Aikido favorise le développement de la confiance en soi et de la force mentale, car elle nécessite que le pratiquant ait confiance en ses actions et soit capable de réagir rapidement à des situations changeantes. Cela peut aider les victimes de violences basées sur le genre à se sentir plus confiantes et prêtes à se défendre dans diverses situations.

9. Jiu-Jitsu brésilien : Le Jiu-Jitsu brésilien est un art martial qui se concentre sur les techniques de combat au sol et de soumission. Il convient à ceux qui préfèrent les techniques de combat rapproché.

Le Jiu-Jitsu brésilien n'est pas seulement un sport, mais aussi une philosophie qui enseigne l'adaptabilité, la confiance et l'autodéfense. Pour les victimes de violences basées sur le genre, cela peut être un outil puissant pour surmonter la peur et le doute de soi. Examinons de plus près comment ce sport peut aider les victimes de violences basées sur le genre à changer mentalement et physiquement et à cesser d'être des victimes.

Aspects physiques :

- Techniques de combat rapproché : le Jiu-Jitsu brésilien se concentre sur le combat au sol, où l'accent est mis sur les techniques permettant de saisir et de maîtriser l'adversaire. Cela permet aux victimes de violences basées sur le genre d'apprendre à faire face efficacement à une agression physique, même si elles se retrouvent au sol ou à proximité de leur agresseur.

- Développer la force et la flexibilité : l'entraînement du Jiu-Jitsu brésilien aide à développer la force, la flexibilité et l'endurance. Cela améliore la condition physique des victimes de violences basées sur le genre, leur permettant ainsi d'avoir plus confiance en leurs propres capacités et aptitudes.

Aspects mentaux :

- Confiance en soi : Surmonter des situations difficiles sur le tapis, où chaque combat nécessite la capacité de prendre des décisions rapides et d'agir dans des conditions stressantes, permet de développer un sentiment de confiance en soi chez les victimes de violences basées sur le genre. Cela peut jouer un rôle clé en les empêchant de se considérer comme une cible facile pour les intimidateurs.

- Résilience émotionnelle : la formation de Jiu-Jitsu brésilien apprend aux victimes de violences basées sur le genre à contrôler leurs émotions et à rester calmes dans des situations stressantes. Cela les aide à ne pas succomber aux provocations et à réagir plus efficacement aux agressions.

- Compétences de prise de décision : La lutte sur le tapis nécessite que les victimes de violences basées sur le genre analysent constamment la situation et prennent des décisions à la volée. Cette expérience renforce leur capacité à prendre des décisions importantes dans la vie réelle, y compris dans des situations de conflit avec des agresseurs.

Ainsi, le Jiu-Jitsu brésilien n'est pas seulement un sport, mais aussi un outil précieux pour aider les victimes de violences basées sur le genre. Cela les aide à développer leur force physique et mentale, leur confiance en eux et leur capacité à se défendre efficacement. L'entraînement à ce sport peut aider les victimes de violences basées sur le genre à changer de vie, à devenir plus confiantes et capables de lutter contre les agresseurs.

En plus des aspects physiques et mentaux, le Jiu-Jitsu brésilien peut également apporter un certain nombre d'avantages supplémentaires aux victimes de violences basées sur le genre :

Compétences sociales :

- Communauté de soutien : les cours de Jiu-Jitsu brésilien prennent souvent la forme d'entraînements de groupe où les étudiants socialisent et interagissent les uns avec les autres. Cela crée un environnement de soutien et de solidarité dans lequel les victimes de violences basées sur le genre peuvent se sentir partie intégrante d'une communauté qui les comprend et les soutient.

- Compétences sociales améliorées : grâce à la formation, les victimes de violences basées sur le genre peuvent apprendre à interagir efficacement avec les autres membres du groupe, développant ainsi des compétences de communication et de coopération. Cela peut les aider à renforcer leurs liens avec les personnes qui les entourent et à se sentir plus en confiance dans les situations sociales.

Effet psychologique :

- Soulager le stress et les tensions : les exercices de Jiu-Jitsu brésilien peuvent aider les victimes de violences basées sur le genre à faire face au stress et aux tensions qu'elles peuvent ressentir du fait d'être dominées par leurs agresseurs. Cela est dû à la libération d'endorphines lors de l'activité physique, qui contribuent à améliorer l'humeur et à réduire le niveau de stress.

- Augmentation de l'estime de soi et de la confiance : surmonter les situations difficiles lors de l'entraînement au Jiu-Jitsu brésilien, en particulier l'apprentissage de nouvelles compétences et la réalisation d'objectifs, peut améliorer considérablement l'estime de soi des victimes de violence sexiste. Cela peut à son tour les aider à développer leur confiance en eux et en leurs capacités.

Le Jiu-Jitsu brésilien aide non seulement les victimes de violences basées sur le genre à développer leur force physique et leurs compétences d'auto-défense, mais favorise également les liens sociaux positifs, la réduction du stress et l'amélioration du bien-être psychologique. Il s'agit donc d'un moyen d'assistance complet et efficace pour les personnes confrontées à des problèmes de violence sexiste.

Le Jiu-Jitsu brésilien est connu pour ses techniques de combat au sol et de soumission. Ce sport est particulièrement utile dans les situations où le combat se déroule au sol.

Le Jiu-Jitsu brésilien (BJJ) est une forme d'arts martiaux qui se distingue par l'accent mis sur les techniques de combat au sol et de soumission. Développé au Brésil, le BJJ a été adapté du jiu-jitsu et du judo, en mettant l'accent sur des techniques efficaces pour lutter et contrôler un adversaire au sol.

L'accent principal du BJJ est mis sur la lutte couchée, où des techniques de lutte et de soumission sont utilisées pour contrôler et vaincre un adversaire. Cette approche rend le BJJ particulièrement utile dans les situations où le combat se déroule au sol, ce qui peut être une situation courante lors de combats ou d'attaques.

L'un des principaux avantages du BJJ est qu'il enseigne des techniques permettant de vaincre la force physique d'un adversaire en utilisant la technique et l'agilité. Cela peut être particulièrement utile pour les victimes de violences basées sur le genre, qui subissent souvent des violences physiques ou des agressions. En apprenant le BJJ, ils peuvent apprendre à contrôler et gérer une situation même s'ils sont au sol ou dans une position désavantageuse.

Le BJJ constitue donc un outil précieux pour les victimes de violences basées sur le genre, les aidant à développer leurs compétences d'autodéfense et leur confiance en elles, ainsi qu'à améliorer leur forme physique et mentale.

10. Capoeira : La capoeira est un art martial brésilien qui combine des éléments de danse, d'acrobatie et d'arts martiaux. Cela peut être efficace dans des situations qui nécessitent des réponses rapides et flexibles.

La capoeira, art martial brésilien, possède la capacité unique de combiner les aspects physiques et mentaux de l'entraînement. Pour les victimes de violences basées sur le genre, ce sport peut être un outil puissant pour modifier leur état psychologique et leur forme physique.

La Capoeira développe la souplesse et la coordination du corps. Cela est non seulement bénéfique pour améliorer la santé physique globale, mais aide également les victimes de violences basées sur le genre à mieux se préparer aux situations de conflit où des réponses rapides et précises sont nécessaires.

De plus, la pratique de la capoeira permet de développer la confiance en soi. Les étudiants apprennent non seulement à effectuer des mouvements complexes, mais également à prendre des décisions dans des environnements au rythme rapide, ce qui renforce leur confiance en eux et leur capacité à agir efficacement dans des situations stressantes.

Il est également important de noter que la capoeira enseigne le respect de son partenaire et de son adversaire. La formation se déroule dans une ambiance conviviale, où chaque participant soutient et aide l'autre. Cela aide les victimes de violences basées sur le genre à établir des relations positives avec les autres et à apprendre à résoudre les conflits de manière pacifique.

Ainsi, la capoeira développe non seulement les compétences physiques, mais contribue également à forger un caractère fort et confiant, ce qui peut être la clé pour réussir à se défendre contre un agresseur et à surmonter les conséquences de la violence sexiste.

La capoeira, outre ses bienfaits physiques et psychologiques, présente plusieurs autres caractéristiques qui en font un outil précieux pour aider les victimes de violences basées sur le genre.

Premièrement, la capoeira met l'accent sur l'interaction avec l'adversaire, mais en même temps, elle met l'accent sur la force de la communauté. La participation à des formations collectives de capoeira favorise la formation d'amitiés, qui peuvent être une source de soutien pour les victimes de violences basées sur le genre. Ils peuvent trouver dans cette communauté compréhension, soutien et motivation pour se développer en tant qu'individus et résister à l'agresseur.

Deuxièmement, la capoeira enseigne les principes du respect et de la tolérance. Lors de la formation, les étudiants apprennent non seulement les techniques de lutte, mais aussi les principes de respect de l'adversaire et de ses limites personnelles. Il s'agit d'un aspect important pour les victimes de violences basées sur le genre, qui peuvent ne pas se sentir sûres de leurs limites et de leur estime de soi.

Enfin, la capoeira favorise la prise de conscience de son corps et de ses capacités. Cela permet aux victimes de violences basées sur le genre de se sentir plus fortes, plus confiantes et d'acquérir un nouveau niveau de conscience d'elles-mêmes. Ils apprennent à écouter leur corps, à lui faire confiance et à utiliser ses ressources pour se protéger.

Tous ces aspects font de la capoeira non seulement un sport, mais aussi un outil puissant pour changer l'état mental et physique des victimes de violence sexiste, les aidant à devenir plus fortes, plus confiantes et capables de lutter contre l'agresseur.

La capoeira combine des éléments de danse, d'acrobatie et d'arts martiaux. Cela crée un style unique d'autodéfense qui convient à ceux qui préfèrent des réactions rapides et flexibles.

La capoeira est un art martial brésilien qui combine de manière unique des éléments de danse, d'acrobaties et de techniques de combat. Le sport n'est pas seulement une méthode d'autodéfense, mais aussi une forme d'expression de soi et un héritage culturel.

La capoeira diffère des autres types d'arts martiaux en ce qu'elle implique l'utilisation active de mouvements de musique, de rythme et de danse. Les pratiquants de capoeira développent souplesse, coordination et réflexes tout en maîtrisant des mouvements complexes et des prouesses acrobatiques. En même temps, la capoeira enseigne des techniques de défense et d'attaque, ce qui en fait un moyen d'auto-défense efficace dans des situations réelles.

Pour les victimes de violences basées sur le genre, la capoeira peut être particulièrement bénéfique car ce sport développe des réponses rapides et flexibles aux situations. Les pratiquants apprennent à s'adapter rapidement aux conditions changeantes et à utiliser leurs mouvements pour se défendre et échapper aux attaques. De plus, la capoeira favorise la confiance en soi et l'autodiscipline, ce qui aide les victimes de violences basées sur le genre à se sentir plus fortes et plus confiantes en leurs propres capacités.

11. Wushu (Kung Fu) : Le Wushu est un art martial chinois qui comprend une variété de techniques de frappe, de blocage, de lancer et même d'utilisation d'armes. Il favorise le développement des habiletés physiques et de l'autodéfense.

Le Wushu, ou Kung Fu, est un système profond d'arts martiaux qui inclut non seulement des compétences physiques, mais également des aspects spirituels et philosophiques. Ce sport peut avoir un impact significatif sur les victimes de violences basées sur le genre, en les aidant à changer tant mentalement que physiquement.

L'un des aspects clés du Wushu est sa philosophie d'auto-amélioration. La pratique du Wushu permet de développer la volonté, l'endurance et la confiance en soi, ce qui est particulièrement important pour les victimes de violences basées sur le genre. Le Wushu apprend à ses pratiquants à contrôler leurs émotions, à prendre des décisions dans des situations stressantes et à développer une force intérieure qui les aide à résister aux agressions.

Un aspect important du Wushu est également l'accent mis sur l'autodéfense. Les pratiquants de ce type d'arts martiaux sont formés à diverses techniques et techniques qui peuvent être utiles dans des situations de conflit et d'attaque. Cela donne aux victimes de violences basées sur le genre la possibilité d'apprendre à se défendre et à lutter contre l'agresseur, augmentant ainsi leur confiance en elles.

De plus, le Wushu enseigne aux pratiquants à développer la flexibilité, la coordination et l'équilibre, qui sont essentiels à une autodéfense efficace et à la prévention des blessures. La pratique du wushu améliore également la santé physique globale, ce qui peut aider les victimes de violences basées sur le genre à se sentir plus confiantes et plus fortes.

Ainsi, le Wushu n'est pas seulement un moyen d'entraînement physique, mais aussi un outil puissant pour changer l'état mental des victimes de violences basées sur le genre. La pratique de ce sport peut les aider à développer leur confiance, leur maîtrise de soi et leurs capacités d'autodéfense, ce qui leur permettra de cesser d'être victime d'une agression et de lutter contre l'agresseur.

Le Wushu, outre ses bienfaits physiques et psychologiques, favorise également le développement des compétences relationnelles, ce qui peut être particulièrement bénéfique pour les victimes de violences basées sur le genre. La pratique de cet art martial implique généralement de travailler en binôme ou en groupe, où les pratiquants apprennent à coopérer, à communiquer et à résoudre les conflits.

Le Wushu enseigne à ses pratiquants non seulement des techniques de combat, mais également des principes et des valeurs éthiques. Grâce à la formation, les étudiants apprennent le respect de leurs partenaires, la tolérance des différences et une compréhension de l'importance de la maîtrise de soi et de la résolution pacifique des conflits.

Cet aspect du Wushu est particulièrement important pour les victimes de violences basées sur le genre, car il les aide à développer leur intelligence émotionnelle et leur capacité à interagir efficacement avec les autres. En conséquence, ils peuvent apprendre à construire des relations saines avec les autres, à fixer des limites et à faire valoir leurs droits sans recourir à la violence.

De plus, le Wushu enseigne également aux pratiquants à contrôler leur peur et leur stress dans des situations stressantes. Cela permet aux victimes de violences basées sur le genre de faire face et de survivre à des événements traumatisants sans stress ni panique excessifs.

Ainsi, la pratique du wushu pour les victimes de violences basées sur le genre les aide non seulement à développer leur force physique et leurs compétences d'autodéfense, mais également à développer leur résilience mentale et émotionnelle, ainsi qu'à améliorer leurs relations interpersonnelles. Ces compétences peuvent être essentielles pour passer du statut de victime à une participation active à la protection de soi et à la prévention de nouvelles violences basées sur le genre.

Le Wushu (Kung Fu) est un art martial chinois diversifié qui comprend divers styles et techniques de frappe, de blocage et de lancer.

Le Wushu (Kung Fu) est un art martial chinois diversifié qui combine de nombreux styles différents, des techniques de frappe, de blocage et de lancer. Ce sport se caractérise par sa polyvalence et ses profondes racines historiques qui remontent à plusieurs siècles.

Le Wushu est l'un des arts martiaux et disciplines sportives les plus diversifiés au monde. Ses styles et méthodes peuvent varier considérablement selon la région, l'école et la tradition. Dans le Wushu, vous pouvez trouver à la fois des frappes et des blocages puissants, ainsi que des mouvements gracieux et gracieux, et ces éléments peuvent être combinés dans un système harmonieux de compétences de combat.

Pour les victimes de violences basées sur le genre, la pratique du wushu peut être très bénéfique car ce sport développe la force physique, la flexibilité, la coordination et les réflexes. La pratique du Wushu favorise également l'autodiscipline, la concentration et l'attention, ce qui peut aider les victimes de violences basées sur le genre à renforcer leur confiance en elles et leur capacité à faire face à des situations agressives. De plus, le Wushu enseigne le respect de soi et des autres, ce qui est un aspect important dans le processus permettant de surmonter les conséquences de la violence sexiste et de développer des relations positives avec les autres.

12. Krav Maga : Le Krav Maga est un système de combat rapproché israélien qui met l'accent sur l'autodéfense efficace dans des situations réelles. Il comprend des techniques de défense contre les frappes, les étranglements et les scénarios d'attaque.

Le Krav Maga n'est pas seulement un système d'arts martiaux, c'est une méthodologie de formation complète visant à développer des compétences pratiques d'autodéfense et à gérer des situations stressantes. Dans le cadre de la lutte contre les violences basées sur le genre, le Krav Maga présente de nombreux avantages et peut être un outil puissant pour les victimes.

La première chose qui rend le Krav Maga important pour les victimes de violences basées sur le genre est l'enseignement de véritables compétences d'autodéfense. La pratique de ce sport apprendra à la victime des techniques efficaces pour repousser les attaques, se défendre contre les frappes, ainsi que des techniques d'étouffement et de lutte. Cela permettra à la victime de violences basées sur le genre de se sentir plus en confiance et protégée en cas de situation de conflit.

De plus, la formation au Krav Maga comprend souvent des scénarios d'attaque, qui aident les pratiquants à développer leur réponse aux situations stressantes. Ceci est particulièrement important pour les victimes de violences basées sur le genre, qui peuvent souffrir de troubles de stress post-traumatique ou avoir une faible estime de soi en raison d'expériences négatives passées.

Un aspect important du Krav Maga est également l'accent mis sur l'efficacité dans des situations réelles. Contrairement à d'autres formes d'arts martiaux, qui peuvent se concentrer sur la forme et la technique, le Krav Maga est conçu pour enseigner des compétences pratiques pouvant être utilisées dans le monde réel. Cela le rend particulièrement utile pour les victimes de violences basées sur le genre qui ont besoin d'une protection rapide et efficace.

De cette manière, le Krav Maga peut aider les victimes de violences basées sur le genre à changer tant physiquement que mentalement. En enseignant des compétences pratiques d'autodéfense, en gérant des situations stressantes et en augmentant la confiance en soi, le sport peut aider une victime de violence sexiste à cesser d'être une victime et à devenir capable de lutter contre un agresseur.

Une information supplémentaire sur le Krav Maga pour les victimes de violence sexiste est sa technique pour travailler avec les états émotionnels. Dans le processus d'entraînement du Krav Maga, l'attention est portée non seulement à l'entraînement physique, mais également au renforcement de la stabilité mentale.

Les victimes de violences basées sur le genre souffrent souvent de stress, d'anxiété et d'une faible estime d'elles-mêmes en raison d'une exposition prolongée à une agression. Le Krav Maga les aide à surmonter ces émotions négatives, étant donné qu'une autodéfense efficace dépend en grande partie de la confiance en soi et de la capacité à contrôler ses émotions dans des situations stressantes.

La formation Krav Maga enseigne aux étudiants des techniques de respiration et de relaxation pour aider à gérer le stress et améliorer la concentration. Cela permet aux victimes de violences basées sur le genre de se sentir plus équilibrées et en contrôle dans les situations de conflit.

De plus, l'entraînement au Krav Maga permet de développer la volonté et la confiance en soi. Les victimes de violences basées sur le genre, apprenant ce sport, commencent progressivement à prendre conscience de leur propre force et de leur capacité à résister aux agressions. Cela les aide à changer leur état d'esprit intérieur de « victime » à « combattant », ce qui est essentiel pour vaincre la violence sexiste.

Ainsi, le Krav Maga enseigne non seulement des techniques efficaces d'autodéfense, mais aide également les victimes de violences basées sur le genre à renforcer leur résilience émotionnelle, leur confiance et leur volonté, ce qui en fait un outil précieux pour lutter contre l'agression et changer l'état mental des victimes.

Le Krav Maga est un système de combat rapproché israélien axé sur l'autodéfense efficace dans des situations réelles. Il comprend des techniques de défense contre les frappes et les étranglements.

Le Krav Maga est un système de combat rapproché israélien conçu pour une légitime défense efficace dans des situations réelles. Ce sport se distingue par son pragmatisme et sa facilité d'apprentissage, le rendant accessible à un large public.

L'objectif principal du Krav Maga est d'enseigner aux gens des méthodes efficaces pour se défendre contre les attaques, quels que soient leur forme physique ou leur âge. Le programme de formation comprend des techniques de protection contre les coups, des techniques d'étouffement, ainsi que des méthodes de contrôle et de neutralisation de l'agresseur.

Pour les victimes de violences basées sur le genre, le Krav Maga peut être particulièrement bénéfique car le sport enseigne non seulement l'autodéfense physique, mais développe également la force mentale et la confiance en soi. Grâce à la formation Krav Maga, les victimes de violences basées sur le genre peuvent apprendre à réagir efficacement aux situations agressives, renforcer leur confiance en elles et apprendre à gérer le stress dans des situations stressantes.

De plus, le Krav Maga ne nécessite pas d'entraînement physique particulier, ce qui le rend accessible à un large public, y compris à ceux qui n'ont aucune expérience en sport ou en arts martiaux. Cela permet aux victimes de violences basées sur le genre de participer facilement à la formation et de commencer à développer leurs compétences d'autodéfense et leur confiance en elles.

13. Autodéfense pour femmes : Il ne s'agit pas tant d'un sport à part entière que de programmes de formation visant à enseigner aux femmes une autodéfense efficace dans diverses situations. Ils comprennent des éléments de techniques de boxe, de karaté, de sambo et de lutte contre le harcèlement.

Les programmes d'autodéfense destinés aux femmes enseignent non seulement des techniques de défense physique, mais ont également un impact significatif sur le bien-être mental et l'estime de soi. Il est important de comprendre que les victimes de violences basées sur le genre, y compris les femmes, peuvent éprouver des sentiments d'impuissance, de peur et une faible estime de soi en raison d'une exposition prolongée à une agression.

Les programmes d'autodéfense destinés aux femmes offrent une occasion unique de redéfinir leurs propres capacités et forces. Grâce à une formation systématique, les femmes apprennent non seulement des techniques d'autodéfense efficaces, mais développent également leur confiance en leurs capacités. Ceci est particulièrement important pour les victimes de violences basées sur le genre, qui souffrent souvent d'une perte d'estime de soi et de confiance en elles.

Grâce à l'entraînement, les femmes améliorent leur forme physique, leur coordination et leur flexibilité. Cela les aide à se sentir plus forts et prêts à se défendre en cas d'attaque.

Cependant, outre l'entraînement physique, un programme d'autodéfense destiné aux femmes se concentre également sur la préparation mentale. Les formateurs aident les femmes à développer des stratégies de prévention des conflits et leur apprennent à gérer leurs émotions et leurs situations stressantes.

Ainsi, les programmes d'autodéfense destinés aux femmes leur donnent non seulement la force physique et les compétences nécessaires pour se défendre, mais améliorent également leur état mental, leur confiance et leur estime de soi. Cela les rend plus capables de résister à l'agresseur et de changer leur statut de victime à celui de participant actif à leur défense.

Il est important de noter que la participation à des programmes d'autodéfense destinés aux femmes peut également contribuer à développer un environnement et un réseau social favorables, ce qui est essentiel pour les survivantes de violences basées sur le genre. Les participants à ces programmes peuvent partager leurs expériences, se soutenir mutuellement et se sentir partie intégrante d'une communauté, ce qui les aide à se sentir moins isolés et vulnérables.

En outre, une partie importante des programmes d'autodéfense destinés aux femmes consiste à s'entraîner non seulement à l'autodéfense physique, mais également à gérer les situations de conflit et à les résoudre sans recourir à la violence. Les victimes de violences basées sur le genre apprennent à communiquer efficacement avec les agresseurs potentiels, à fixer des limites et à prévenir les conflits.

Ainsi, le programme d'autodéfense pour les femmes constitue une approche globale pour aider les victimes de violences basées sur le genre, comprenant non seulement un entraînement physique, mais également un soutien psychologique, une intégration sociale et une formation aux compétences d'interaction en cas de conflit. Cela permet aux femmes non seulement de devenir plus fortes physiquement et mentalement, mais également d'accroître leur confiance, leur estime de soi et leur capacité à réagir efficacement aux menaces potentielles.

Les hommes peuvent également suivre des cours d'auto-défense pour femmes. Bien que ces programmes s'adressent souvent aux femmes et soient conçus en pensant à elles, les hommes peuvent également bénéficier d'une participation.

Les programmes d'autodéfense destinés aux femmes se concentrent généralement sur des techniques d'autodéfense qui peuvent bénéficier à tous, quel que soit leur sexe. La plupart des exercices incluent des éléments de boxe, de karaté, de sambo et d'autres arts martiaux, qui peuvent être utiles à quiconque cherche à apprendre à se défendre.

De plus, la participation des hommes à de telles formations peut contribuer à créer un environnement plus inclusif et diversifié dans lequel chacun peut se sentir accueilli et soutenu. Cela peut également contribuer à une meilleure compréhension de la violence sexiste et de la violence dans la société en général et créer un environnement plus tolérant et plus convivial pour toutes les personnes impliquées.

14. Aérobic et fitness : Bien que l'aérobic et le fitness ne soient pas des formes directes d'arts martiaux, ils peuvent aider à améliorer la forme physique, à augmenter le niveau de confiance et à développer la maîtrise de soi. Cela peut également être bénéfique pour maintenir la santé et la forme physique en général.

L'aérobic et le fitness, bien qu'ils ne soient pas directement liés aux arts martiaux, peuvent être très bénéfiques pour les victimes de violences basées sur le genre, tant sur le plan physique que psychologique. Commençons par le physique. Des cours réguliers d'aérobic et de fitness aident à renforcer les muscles, à augmenter l'endurance et à améliorer la santé globale. Cela peut être particulièrement utile pour les victimes de violences basées sur le genre qui peuvent être physiquement faibles ou se sentir vulnérables en raison d'un manque de forme physique.

Il est également important de noter que l'aérobic et le fitness peuvent contribuer à améliorer l'estime de soi et la confiance en soi. L'exercice régulier vous aide à développer un sentiment de dignité et de contrôle sur votre propre corps. Cela peut être particulièrement important pour les victimes de violences basées sur le genre, qui peuvent se sentir impuissantes ou indignes en raison des effets psychologiques du harcèlement.

De plus, l'aérobic et le fitness peuvent aider à développer les compétences de maîtrise de soi et d'autorégulation, qui sont importantes pour une légitime défense efficace. L'amélioration de la coordination motrice, de l'équilibre et de la réponse aux situations peut donner à une victime de violence sexiste les outils nécessaires pour répondre efficacement à un agresseur. En fin de compte, la confiance en soi et la capacité de réagir efficacement à des situations stressantes peuvent aider les victimes de violences basées sur le genre à cesser de se sentir sans défense et à devenir capables de lutter contre l'agresseur.

De plus, l'aérobic et le fitness peuvent favoriser non seulement le bien-être physique mais aussi émotionnel des victimes de violence sexiste. L'exercice régulier peut contribuer à réduire le stress et l'anxiété que ressentent souvent les victimes de violence sexiste. L'activité physique libère des endorphines, des analgésiques naturels et des antidépresseurs, qui peuvent améliorer l'humeur et le bien-être mental général.

En outre, la participation à des cours d'aérobic et de fitness en groupe peut aider les survivantes de violences basées sur le genre à se sentir partie intégrante d'une communauté, à obtenir le soutien des autres participants et à nouer de nouveaux liens sociaux. Ceci est particulièrement important étant donné que la violence basée sur le genre conduit souvent à l'isolement social et à un sentiment de solitude.

De plus, l'aérobic et le fitness peuvent aider les victimes de violences basées sur le genre à apprendre des stratégies de gestion des conflits et à développer des compétences en communication. Grâce à la formation, les participants peuvent apprendre à résoudre des problèmes, à travailler en équipe et à interagir efficacement avec les autres, ce qui peut être utile pour résoudre les conflits et prévenir de nouveaux incidents de violence sexiste.

Ainsi, l'aérobic et le fitness contribuent non seulement à améliorer la forme physique, mais jouent également un rôle important dans le soutien psychologique et l'adaptation sociale des victimes de violences basées sur le genre. La pratique de ces sports peut les aider non seulement à surmonter les effets négatifs de la violence sexiste, mais aussi à devenir plus fortes, plus confiantes et plus capables de faire face aux défis de la vie quotidienne.

Ces sports ont leurs propres caractéristiques et avantages, mais tous peuvent être appris relativement rapidement et aider une victime de violence sexiste à développer ses compétences d'autodéfense et sa confiance en soi.

Chacun de ces sports possède ses propres fonctionnalités et applications. Le choix d'un sport particulier peut dépendre des objectifs, de la forme physique et des préférences de chacun. Par exemple, pour ceux qui souhaitent apprendre les techniques de frappe et de blocage, la boxe ou le karaté peuvent être des options appropriées, tandis que pour ceux qui préfèrent.

Il est important d'en choisir un qui correspond à vos préférences. Ces sports ont des caractéristiques différentes et conviennent à différents types de personnalité. Le choix du bon sport dépend de vos objectifs, de vos capacités physiques et, bien sûr, de vos préférences. Il est important d'en choisir un qui vous motive et vous inspire pour réussir personnellement dans la lutte contre la violence sexiste.

Chapitre 20.
Les outils d'autodéfense sont autour de vous.

La Déclaration universelle des droits de l'homme, adoptée par l'Assemblée générale des Nations Unies en 1948, est un document international reconnu et appliqué dans de nombreux pays développés. Elle consacre les libertés et droits humains fondamentaux, notamment le droit à la vie, le droit à la protection contre la violence et la détention arbitraire, ainsi que le droit à la protection.

Ces droits constituent la base des lois et des politiques dans divers pays, y compris le droit de légitime défense en cas de menace pour la vie ou l'intégrité physique. Dans ce contexte, le concept de légitime défense est considéré dans le cadre de la législation et des normes juridiques qui déterminent les méthodes et méthodes de protection autorisées, ainsi que les restrictions et responsabilités liées à leur utilisation.

Ainsi, dans les pays développés, les lois sur la légitime défense sont généralement fondées sur les principes consacrés dans la Déclaration universelle des droits de l'homme, ainsi que sur d'autres législations nationales et régionales garantissant la protection et la sécurité des citoyens. Conformément à ce document, le droit de légitime défense est inscrit à l'art. 3, qui stipule : « Toute personne a droit à la vie, à la liberté et à la sécurité de sa personne. »

Cet article est l'un des principes fondamentaux sur lesquels reposent les droits de l'homme. Il affirme que toute personne a le droit de protéger sa vie et sa liberté contre la violence et les menaces.

En plus de la Déclaration universelle des droits de l'homme, différents pays peuvent avoir des lois et réglementations différentes concernant le droit de légitime défense. Ces lois peuvent varier selon les juridictions et les circonstances, mais le principe général reste le même : toute personne a droit à la protection de sa vie et de son intégrité personnelle.

Selon les documents internationaux relatifs aux droits de l'homme, toute personne a le droit de se défendre en cas de menace pour sa vie ou sa santé. Ce droit ne se limite pas à certaines méthodes ou moyens, mais couvre toutes les possibilités de protection disponibles.

En matière de légitime défense, il est important de comprendre qu'une personne a le droit d'utiliser tous les objets disponibles autour d'elle pour assurer sa sécurité. Qu'il s'agisse de clés, d'un stylo, d'un crayon, ou encore d'objets du quotidien comme un sac ou une chaise, ils peuvent être un moyen de protection efficace dans certaines situations.

Par exemple, les clés peuvent être utilisées pour frapper un agresseur aux yeux ou au visage, ainsi que pour protéger son propre corps. Un stylo ou un crayon peut devenir une arme improvisée pour frapper la gorge ou d'autres points vulnérables. Le sac peut être utilisé pour créer une barrière entre l'agresseur et la victime, ainsi que pour détourner les coups ou protéger la tête.

Il est important de rappeler que la légitime défense n'est pas toujours synonyme de résistance physique. Parfois, éviter le danger ou appeler à l'aide sont également des méthodes de défense efficaces. Toute personne a droit à la sécurité et à la protection, et utiliser les moyens disponibles pour se protéger est une décision légale et raisonnable dans une situation de menace.

Avant d'utiliser des méthodes d'autodéfense active, il est important de faire tout son possible pour éviter les conflits. Cela peut inclure de s'éloigner du danger, d'appeler à l'aide ou même d'essayer de résoudre la situation verbalement. Toutefois, si le conflit ne peut être évité et que la vie ou la santé d'une personne est en danger, celle-ci a droit à la protection.

Pour se protéger, une personne peut utiliser diverses méthodes, notamment l'utilisation d'objets environnementaux disponibles ou de compétences en arts martiaux, si disponibles. Il est important de se rappeler que le but de la légitime défense n'est pas de causer du tort, mais de protéger sa propre vie et sa santé. Par conséquent, il est important de ne pas dépasser le niveau de légitime défense et d'utiliser uniquement les moyens nécessaires pour neutraliser la menace.

Si possible, l'objectif devrait être de neutraliser l'agresseur et de prévenir de nouvelles violences, plutôt que de lui infliger de graves dommages. En cas de défense réussie et de neutralisation de la menace, il est recommandé de demander immédiatement l'aide des forces de l'ordre et de leur transférer la situation pour une enquête plus approfondie.

Il est important de rappeler que la légitime défense n'est pas seulement un moyen légitime de se protéger en cas de menace, mais aussi un moyen important de restaurer un sentiment de confiance et de sécurité. Pour de nombreuses victimes d'agressions et de violences basées sur le genre, l'idée de se protéger peut sembler effrayante et déroutante, surtout si elles se sentent vulnérables et manquent de confiance en leurs propres capacités. Cependant, comprendre qu'ils ont les ressources et la capacité de se défendre peut grandement accroître leur sentiment de contrôle sur la situation et réduire leur peur de l'agresseur.

Jusqu'à ce que vous acquériez les compétences nécessaires en pratiquant des sports de combat pour l'autodéfense complète que vous avez choisie pour vous-même, l'utilisation des objets environnants pour vous protéger est l'une des méthodes qui peuvent être accessibles à tous. Cette approche permet à une personne d'utiliser ce qu'elle a sous la main pour se sécuriser davantage en cas d'attaque. Par exemple, un crayon, des clés, un stylo ou un sac peuvent être des outils efficaces d'autodéfense dans une situation critique.

Il est important de rappeler que la légitime défense n'est pas toujours synonyme de résistance physique. Parfois, le simple fait d'être capable d'évaluer le danger, d'éviter les conflits et d'utiliser votre intelligence et votre jugement peut être la meilleure défense. Cependant, lorsque la situation devient menaçante, savoir comment utiliser son environnement pour se protéger peut être crucial pour rester en sécurité.

Par conséquent, il est important d'acquérir des compétences d'autodéfense, notamment en utilisant les objets environnants pour se protéger. Cela augmente non seulement la confiance en soi, mais crée également un sentiment de contrôle sur son propre destin. De plus, cela aide à comprendre que chaque personne a droit à la protection et à la sécurité et que recourir à la légitime défense est quelque chose de tout à fait normal et légal.

Quand on parle des principes de self-défense, il est important de comprendre qu'il ne s'agit pas seulement d'un ensemble de techniques ou d'exercices physiques. Il s'agit d'une approche globale pour maintenir votre propre sécurité, qui inclut à la fois les aspects physiques et psychologiques. Pour les victimes d'intimidation qui peuvent se sentir vulnérables et peu sûres d'elles-mêmes, connaître les principes de base de l'autodéfense peut être un outil puissant pour accroître la confiance en soi et réduire la peur de l'intimidateur.

1. Conscience de la situation : La première et la plus importante étape de l'autodéfense est la conscience de la situation. Cela signifie être conscient de votre environnement, détecter les menaces potentielles et évaluer les risques possibles. Afin d'éviter tout danger, il faut être prudent et vigilant, même si la situation semble sécuritaire.

La connaissance de la situation est la pierre angulaire d'une légitime défense efficace, en particulier pour ceux qui éprouvent de la peur et de l'incertitude. Lorsque nous parlons des victimes d'agression, qui peuvent être extrêmement sensibles et peu sûres d'elles, il est important de comprendre que la conscience de la situation permet de contrôler sa propre sécurité.

Pour commencer, la conscience de la situation signifie être attentif à son environnement même dans les moments où il semble que rien de dangereux ne se passe. Cela ne signifie pas être paranoïaque ou s'attendre constamment à une menace, mais plutôt être conscient de son environnement et être capable de reconnaître les dangers potentiels.

Pour ceux qui ont peur de l'intimidateur ou qui ne se sentent pas en sécurité, prendre conscience de la situation peut être un moyen de reprendre le contrôle. Lorsque vous êtes conscient de ce qui se passe autour de vous, vous pouvez mieux évaluer les risques possibles et prendre les mesures nécessaires pour assurer votre sécurité.

Cela vous donne également la possibilité d'agir de manière proactive plutôt que de réagir à une menace à la dernière minute. Lorsque vous comprenez la situation à l'avance, vous pouvez élaborer un plan d'action et vous préparer à toute menace possible. Cela contribue à réduire le stress et l'anxiété qui peuvent survenir dans des situations de conflit ou de danger.

Plus important encore, la conscience de la situation vous donne la capacité de contrôler votre propre comportement et vos réactions. Cela vous permet de prendre des décisions éclairées en fonction de votre évaluation des risques et de votre compréhension de vos propres forces et capacités. Cela peut être particulièrement important pour ceux qui éprouvent de la peur ou de l'incertitude, car cela leur donne un sentiment de confiance et de contrôle dans des situations qui peuvent sembler menaçantes ou dangereuses.

2. Prévention des conflits : Il est important de pouvoir prévenir les conflits si possible. Cela peut inclure l'utilisation de la communication non verbale, l'évitement de la confrontation et l'apprentissage d'exprimer avec assurance ses limites et de refuser les situations qui semblent dangereuses ou menaçantes.

La prévention des conflits est un puissant moyen d'autodéfense, en particulier pour ceux qui souffrent d'un sentiment d'impuissance et de peur de l'agresseur. Même le plus petit conflit peut avoir des conséquences graves, il est donc important de pouvoir les éviter autant que possible.

Pour ceux qui éprouvent un sentiment d'impuissance et d'incertitude, la prévention des conflits offre la possibilité de prendre le contrôle de la situation avant qu'elle ne devienne incontrôlable. Cela peut être particulièrement utile dans les situations où l'agresseur tente de provoquer ou de provoquer un conflit. La capacité de reconnaître les signes de tension croissante et d'empêcher son escalade peut vous éviter des conséquences négatives.

Une façon de prévenir les conflits consiste à utiliser la communication non verbale. Des indices non verbaux tels qu'une marche confiante, un regard direct et des expressions faciales calmes peuvent envoyer un message clair de votre confiance et de vos intentions. Cela peut contribuer à prévenir les conflits en montrant à l'agresseur que vous ne céderez pas à ses provocations.

De plus, il est important pour ceux qui se sentent vulnérables face à un agresseur d'apprendre à s'éloigner de la confrontation et à trouver des moyens convaincants d'exprimer leurs limites et leur refus. Savoir refuser de participer à une situation dangereuse ou menaçante, sans recourir à l'agressivité ou à la violence, contribue à préserver sa dignité et sa sécurité.

La prévention des conflits peut également impliquer d'apprendre à choisir des endroits et des situations plus sûrs tout en évitant les situations potentiellement dangereuses. Cela peut inclure le choix de zones très fréquentées, de zones publiques bien éclairées ou de zones sécurisées.

3. Éviter le danger : Si une situation devient menaçante ou dangereuse, il est important de savoir comment échapper au danger. Cela peut impliquer de se déplacer rapidement et en toute sécurité vers un endroit sûr, d'utiliser l'environnement comme refuge ou simplement de s'éloigner d'une personne ou d'un lieu potentiellement dangereux.

Éviter le danger est un aspect important de l'autodéfense, en particulier pour ceux qui souffrent d'un sentiment d'impuissance et de peur d'un agresseur. Lorsqu'une situation commence à menacer votre sécurité, la capacité de réagir rapidement et de vous éloigner du danger peut vous épargner de graves conséquences.

Pour ceux qui se sentent vulnérables face à un agresseur, il est important de reconnaître que s'éloigner du danger ne signifie pas fuir ou être faible, mais plutôt une stratégie pour maintenir sa propre sécurité et son bien-être. La capacité d'évaluer rapidement une situation et de décider de la meilleure façon de s'éloigner d'une menace démontre votre protection et votre confiance en vous.

Il est important de savoir utiliser l'environnement comme moyen d'abri ou de protection. Cela peut aller de la recherche d'un abri dans une foule de personnes à la recherche d'un abri derrière des barrières ou dans des bâtiments. La capacité de trouver et d'utiliser rapidement un endroit sûr peut vous aider à éviter les dangers et à prévenir les agressions.

De plus, éviter le danger peut impliquer simplement de s'éloigner d'un endroit ou d'une menace dangereux. Cela peut signifier se déplacer rapidement vers un autre endroit ou même simplement s'éloigner d'un endroit où la situation commence à menacer votre sécurité. Il est important de se rappeler qu'éviter le danger n'est pas un signe de faiblesse, mais plutôt un signe de préoccupation pour sa propre sécurité et son bien-être.

4. Protection physique : Si vous ne pouvez pas échapper au danger, il est parfois nécessaire d'utiliser une protection physique. Cependant, cela devrait être un dernier recours et n'être utilisé qu'en cas d'absolue nécessité. Il est important de n'utiliser que la force nécessaire pour neutraliser la menace et de demander immédiatement de l'aide dans les plus brefs délais.

La défense physique est un dernier recours lorsque d'autres méthodes d'autodéfense se révèlent inefficaces ou indisponibles. Pour de nombreuses personnes, en particulier celles qui souffrent d'un sentiment d'impuissance et d'incertitude, l'idée de recourir à la force physique peut susciter peur et doute. Il est toutefois important de comprendre que le recours à la protection physique doit être limité aux situations où la menace devient immédiate et écrasante.

Pour les victimes d'agression qui se sentent vulnérables et ont peur de recourir à la force physique, il est important de comprendre que le but de la défense physique n'est pas de nuire à l'agresseur, mais de neutraliser la menace et d'assurer sa propre sécurité. Cela signifie utiliser le minimum de force nécessaire pour arrêter l'attaque et demander immédiatement de l'aide.

Lorsque vous utilisez la défense physique, il est important de rester calme et concentré. Souvent, la réaction à une situation stressante peut être imprévisible. Il est donc important d'apprendre des techniques d'autodéfense qui vous permettent de rester calme et de prendre des décisions basées sur des actions rationnelles plutôt que sur des émotions.

Il est également important de rappeler que le recours à la force physique doit être proportionné à la menace. Cela signifie que le recours à la force doit être proportionné au niveau de menace et ne doit pas dépasser le niveau nécessaire pour mettre fin à l'attaque. Une fois la menace neutralisée, il est important de demander immédiatement de l'aide et de fournir toutes les preuves nécessaires de l'incident.

5. Préparation psychologique : Enfin, il est extrêmement important d'être mentalement préparé à la situation. Cela implique d'avoir confiance en vos capacités, de connaître vos droits et d'être capable de réagir efficacement aux situations stressantes. La préparation mentale comprend également la capacité à rester calme et lucide dans des situations stressantes, ce qui permet de prendre des décisions réfléchies et efficaces.

La préparation psychologique joue un rôle crucial dans la capacité à faire face à une situation agressive. Pour les victimes de harcèlement qui peuvent se sentir faibles ou insécurisées, la formation psychologique devient un outil important pour améliorer l'estime de soi et accroître la confiance en soi.

Premièrement, la préparation psychologique inclut la confiance en soi. Cela signifie comprendre vos capacités et être prêt à agir en cas de menace. Les victimes d'intimidation peuvent bénéficier d'une formation ou de conseils en matière d'autodéfense pour les aider à développer leur confiance en leurs capacités et à accroître leur estime de soi.

Deuxièmement, la préparation psychologique implique de connaître ses droits. De nombreuses victimes d'intimidation ne connaissent pas leurs droits ou n'ont aucune expérience en matière de recherche d'aide. Il est donc important de vous renseigner sur vos droits et de savoir comment les utiliser efficacement pour vous protéger.

De plus, la préparation psychologique inclut la capacité à réagir efficacement à des situations stressantes. Les victimes d'intimidation peuvent ressentir des émotions fortes et du stress pendant un conflit, et apprendre à contrôler leurs émotions et à rester calmes peut les aider à prendre des décisions réfléchies et efficaces.

Il est également important d'apprendre à rester calme et lucide dans les situations stressantes. Cela aidera les victimes d'intimidation à prendre des décisions réfléchies et rationnelles plutôt que d'agir sous l'effet de l'émotion ou de la peur. Pratiquer régulièrement la méditation, la respiration profonde ou d'autres techniques de relaxation peut vous aider à améliorer votre capacité à rester calme dans des situations stressantes.

Comprendre ces principes d'autodéfense peut aider les victimes d'intimidation à se sentir plus confiantes et préparées à faire face à diverses situations. Cela leur donne la possibilité de contrôler leur propre sécurité et de prendre des mesures efficaces pour se protéger en cas de menace.

La pratique consistant à utiliser des objets du quotidien pour se défendre peut être très utile pour ceux qui ont été victimes d'une agression. C'est l'occasion d'apprendre à utiliser efficacement et en toute sécurité les différents objets qui peuvent être disponibles en cas de conflit ou d'attaque.

S'entraîner avec différents objets de l'environnement permet également de développer la confiance en ses propres capacités et d'augmenter son sentiment de contrôle sur la situation. Lorsqu'une personne sait qu'elle peut utiliser des objets ordinaires pour se protéger, elle se sent plus en confiance et capable de faire face à un danger potentiel.

Par conséquent, il est important de s'entraîner régulièrement avec divers objets environnementaux, de réaliser des simulations de situations de conflit et d'apprendre à les utiliser efficacement. Cela aidera non seulement à acquérir les compétences d'autodéfense nécessaires, mais également à se préparer à d'éventuelles menaces et à accroître la confiance en soi.

Self-défense avec des objets du quotidien :

I - Crayonstylo :

- Frapper des points vulnérables : Un crayon ou un stylo peut être utilisé pour frapper des points vulnérables du corps de l'attaquant, tels que les yeux, le nez, la gorge, la clavicule et l'aine. Par exemple, lors d'une attaque, vous pouvez frapper l'attaquant à l'œil ou à la gorge avec un crayon pour affaiblir son attaque et créer une opportunité de fuite.

- Bloquer les coups : Un crayon ou un stylo peut également être utilisé pour bloquer les coups dirigés vers la victime. Par exemple, une personne peut utiliser une poignée pour protéger sa tête en la levant devant elle lors d'une attaque pour éviter un coup.

- Maintien de la distance : Un crayon ou un stylo peut être utilisé pour créer une distance entre la victime et l'agresseur. Une personne peut tendre la main avec un crayon ou un stylo devant elle pour repousser un agresseur ou créer un obstacle temporaire entre elle et l'agresseur.

- Appeler à l'aide : En cas d'agression, un crayon ou un stylo peut également être utilisé pour attirer l'attention des autres. La victime peut crier ou agiter un stylo ou un crayon pour attirer l'attention et l'aide.

Ces méthodes peuvent être efficaces pour se défendre dans des situations critiques et elles sont accessibles à presque tout le monde, puisqu'un crayon ou un stylo est généralement à portée de main. Cependant, il est important de se rappeler que l'utilisation de ces objets à des fins d'autodéfense doit être limitée aux situations critiques où il n'y a pas d'autres options, et que l'objectif doit être de créer une opportunité de s'échapper et d'appeler à l'aide.

II - Sac :

- Créer de la distance : Si vous vous trouvez dans une situation où vous devez créer de la distance entre vous et l'agresseur, le sac peut être utilisé comme barrière temporaire. Vous pouvez étendre le sac devant vous et l'utiliser pour repousser votre attaquant et créer un espace de retraite.

- Coups de poing déviateurs : Le sac peut également être utilisé pour dévier les coups de poing. Vous pouvez tenir le sac devant vous et l'utiliser pour bloquer les coups d'un attaquant. Il est important d'essayer de réduire les dégâts que vous subissez jusqu'à ce que vous ayez la possibilité de vous échapper ou d'appeler à l'aide.

- Utilisation comme arme : Dans des cas extrêmes, lorsqu'il n'y a pas d'autres options, le sac peut être utilisé comme arme. Vous pouvez frapper votre agresseur avec un sac ou le lancer dans sa direction pour le distraire et créer une opportunité de s'échapper.

- Maintien de la distance : Le sac peut également être utilisé pour maintenir la distance lors des déplacements. Vous pouvez tenir le sac devant vous et l'utiliser pour repousser un attaquant s'il tente de s'approcher de vous.

Il est important de se rappeler que l'utilisation d'un sac pour l'autodéfense doit être limitée aux situations critiques où il n'y a pas d'autres options, et que l'objectif doit être de créer une opportunité de s'échapper et d'appeler à l'aide. N'oubliez pas non plus que votre sécurité passe avant tout et que votre objectif est de vous éloigner d'une situation dangereuse le plus rapidement possible.

III - Clés :

- Frapper : Vous pouvez tenir les clés entre vos doigts de manière à ce qu'elles dépassent de votre poing et les utiliser pour frapper des points vulnérables du corps d'un attaquant, comme les yeux, le nez, la gorge ou l'aine. Cela peut provoquer un choc douloureux et vous donner la possibilité de partir.

- Défense contre attaque : Si un attaquant vous attaque par derrière ou sur le côté, vous pouvez utiliser des touches pour vous défendre. En saisissant les clés avec une prise ferme, vous pouvez les utiliser pour frapper ou frapper votre attaquant pour le distraire et créer une opportunité de vous échapper.

- Empaler : Dans des situations extrêmes, lorsque votre vie est en danger, vous pouvez essayer d'empaler ou de poignarder l'attaquant avec des clés. Cela doit être fait dans une situation critique, lorsqu'il n'y a pas d'autres options et que votre objectif est de survivre.

- Utiliser comme arme d'étranglement : Si vous êtes au corps à corps avec un attaquant, vous pouvez utiliser les touches pour appliquer une pression sur les points sensibles du cou ou de la tête afin de l'affaiblir et de vous permettre de vous échapper.

Il est important de se rappeler que l'utilisation des clés comme arme d'autodéfense doit être un dernier recours et ne doit être utilisée que dans des situations extrêmement dangereuses lorsqu'il n'y a pas d'autres options. Votre objectif est de créer une opportunité de vous échapper et d'appeler à l'aide. N'oubliez pas également que votre sécurité est la plus importante et que vous devez faire tout votre possible pour vous protéger en cas d'attaque.

IV - Parapluies :

- Dévier les attaques : Le parapluie peut être utilisé pour dévier les attaques d'un attaquant. Vous pouvez rapidement faire pivoter votre parapluie, en le tenant devant vous, pour détourner les coups de vos mains ou des objets qui pourraient être lancés vers vous. Cela peut vous donner plus de temps pour réagir ou vous échapper.

- Créer un abri temporaire : En cas d'attaque ou d'attaque, des parapluies peuvent être utilisés pour créer un abri temporaire. Vous pouvez lever le parapluie au-dessus de vous ou le tenir devant vous pour créer une barrière entre vous et votre agresseur. Cela peut vous aider à vous protéger des chocs et vous donner le temps de planifier vos prochaines étapes.

- Utilisation comme arme : Le parapluie peut être utilisé comme une arme improvisée pour repousser ou attaquer un attaquant. Vous pouvez utiliser la pointe du parapluie pour frapper les points vulnérables du corps d'un attaquant ou pour l'effrayer. Cependant, n'oubliez pas que l'utilisation d'un parapluie comme arme ne doit être utilisée qu'en dernier recours et uniquement en cas d'absolue nécessité.

-Distraction : Même si le parapluie n'est pas une arme puissante, son utilisation peut distraire l'attention de l'attaquant et vous donner la possibilité de vous échapper ou d'appeler à l'aide. Ramasser un parapluie et le présenter peut amener votre agresseur à faire une pause et à le dérouter pendant quelques instants, ce qui peut suffire pour que vous puissiez vous échapper en toute sécurité.

Il est important de se rappeler que l'utilisation d'un parapluie pour se défendre doit être effectuée avec prudence et uniquement dans des situations extrêmes où votre vie ou votre sécurité est en danger. L'objectif principal est de se protéger et d'appeler à l'aide.

V- Stylo à bille :

- Frapper les points vulnérables : Un stylo à bille possède une pointe qui peut être utilisée pour frapper les points vulnérables du corps d'un attaquant. Par exemple, vous pouvez viser un coup sur les yeux, le nez, la gorge, le menton ou d'autres zones molles et sensibles pour provoquer une douleur et une altération temporaire des fonctions de l'attaquant.

- Défense contre les attaques : Si un attaquant s'approche de vous, vous pouvez utiliser le stylo à bille comme une arme de fortune pour détourner ou dévier ses attaques. Vous pouvez par exemple effectuer un mouvement rapide de votre poignée vers un attaquant pour dévier son coup ou détourner son attention.

- Utiliser comme griffe : Si vous n'avez pas la possibilité d'utiliser le bout du manche pour frapper, vous pouvez l'utiliser comme griffe pour gratter ou agripper votre attaquant. Cela peut également être un moyen efficace d'effrayer un agresseur et de créer une barrière temporaire entre vous et lui.

- Utilisation comme arme de grappin : Si nécessaire, un stylo à bille peut être utilisé pour effectuer des techniques de grappin ou de contention sur un attaquant. Par exemple, vous pouvez saisir une poignée dans votre main et l'utiliser pour appliquer une pression sur des points sensibles du corps de votre agresseur afin de le forcer à vous relâcher ou à perdre le contrôle.

Quelle que soit la méthode d'utilisation, il est important de rappeler qu'un stylo à bille ne doit être utilisé qu'en cas d'absolue nécessité pour se protéger des attaques. Il s'agit d'une mesure d'autodéfense de dernier recours et ne doit être utilisée qu'en cas de menace réelle pour votre vie ou votre sécurité.

VI -Points :

- Protection des yeux : Les lunettes peuvent servir de protection temporaire pour vos yeux en cas d'agression. Si un agresseur tente de vous attaquer au visage ou à la tête, vous pouvez rapidement baisser la tête ou presser vos lunettes contre votre visage pour protéger vos yeux des coups.

- Création de distance : les points peuvent être utilisés pour créer une distance temporaire entre vous et votre attaquant. Par exemple, vous pouvez rapidement retirer vos lunettes et les lancer en direction d'un attaquant pour détourner son attention et créer une opportunité de fuite.

- Utilisation comme arme : Si les lunettes ont un bord fort ou tranchant, elles peuvent être utilisées comme une arme improvisée. Par exemple, vous pouvez utiliser le bord de vos lunettes pour frapper un agresseur au visage ou à d'autres endroits vulnérables afin de l'effrayer et de lui donner le temps de s'échapper.

- Menace pour l'attaquant : Le simple fait de montrer vos points à l'attaquant peut servir de menace et d'avertissement indiquant que vous êtes prêt à vous défendre. Cela peut le faire réfléchir à ses actes et vous donner le temps de prendre des mesures de protection.

Il est important de se rappeler que l'utilisation de lunettes pour se défendre ne doit être qu'un dernier recours et ne doit être utilisée que s'il existe une menace réelle pour votre sécurité. Gardez également à l'esprit que les lunettes peuvent être endommagées lors de l'autodéfense, alors soyez prêt à les remplacer après un incident.

VII - Appareils électroménagers :

- Impact : De nombreux appareils électroménagers sont suffisamment lourds et solides pour être utilisés en cas d'impact. Par exemple, vous pouvez prendre un sèche-cheveux ou un fer à repasser et l'utiliser comme marteau de fortune pour frapper votre agresseur. Cela peut causer suffisamment de douleur pour distraire votre agresseur, vous donnant ainsi le temps de vous échapper ou d'obtenir de l'aide.

- Créer une barrière temporaire : Certains articles ménagers peuvent être utilisés pour créer une barrière temporaire. Par exemple, si vous disposez d'un micro-ondes ou d'une bouilloire électrique, vous pouvez le placer sur le chemin de l'attaquant pour créer un obstacle temporaire et gagner du temps pour vous échapper ou appeler à l'aide.

- Utilisation de fils : si les articles ménagers comportent des fils ou des cordons électriques, ils peuvent être utilisés pour enrouler autour des mains ou créer un nœud primitif pour capturer ou maîtriser un attaquant. Cela peut vous aider à garder le contrôle de la situation et à assurer votre sécurité jusqu'à l'arrivée des secours.

- Protection improvisée : certains articles ménagers, tels qu'un fer à repasser ou un sèche-cheveux, peuvent être utilisés pour créer une protection temporaire ou un abri contre les attaques. Vous pouvez les utiliser pour vous protéger contre les coups ou les attaques jusqu'à ce que vous puissiez agir ou appeler à l'aide.

Il est important de se rappeler que l'utilisation d'articles ménagers pour se défendre ne doit être qu'un dernier recours et ne doit être utilisée que s'il existe une menace réelle pour votre sécurité. Veillez également à vous assurer que votre utilisation de ces articles est conforme aux lois de votre région.

VIII - Vêtements :

- Créer une couverture temporaire : Si vous avez une veste ou un manteau, vous pouvez l'utiliser pour créer une couverture temporaire contre une attaque. Vous pouvez par exemple déplier votre veste et l'utiliser comme bouclier pour vous protéger des coups ou des attaques avec des armes. Cela vous donnera plus de temps pour évaluer la situation et décider d'autres actions.

- Utiliser les vêtements comme obstacle : Vous pouvez également utiliser vos vêtements pour créer un obstacle temporaire entre vous et votre attaquant. Par exemple, vous pouvez enlever votre veste ou votre chemise et la jeter au visage de votre agresseur pour le confondre et lui donner le temps de s'échapper ou d'appeler à l'aide.

- Protection contre l'étranglement : Certains vêtements, tels que des foulards ou des ceintures, peuvent être utilisés pour se protéger contre l'étranglement. Si votre agresseur essaie de vous étouffer, vous pouvez utiliser un foulard ou une ceinture pour créer une barrière temporaire entre ses mains et votre cou, vous donnant ainsi la possibilité de vous libérer ou de contrôler la situation.

- Protection impromptue contre les impacts : Vos vêtements peuvent également servir de protection impromptue contre les impacts ou les traumatismes contondants. Par exemple, vous pouvez retrousser votre veste ou votre chemise et l'utiliser comme oreiller pour absorber les chocs ou vous protéger des objets pointus.

Cependant, il est important de garder à l'esprit que l'utilisation de vêtements d'autoprotection ne doit être utilisée qu'en dernier recours et uniquement en cas d'absolue nécessité. Sachez que votre utilisation de vêtements de protection peut être temporaire et nécessiter des mesures supplémentaires pour assurer votre sécurité.

IX - Téléphone portable :

- Frappe : Le téléphone portable peut être utilisé pour frapper en cas d'attaque. Vous pouvez saisir le téléphone par la coque et l'utiliser comme un objet lourd pour frapper l'agresseur. Cependant, n'oubliez pas que cela peut causer de graves dommages, vous ne devez donc utiliser cette méthode qu'en dernier recours lorsqu'il n'y a pas d'autres options.

- Distraction : En cas d'attaque, vous pouvez lancer le téléphone vers l'agresseur pour détourner son attention et lui laisser le temps de s'enfuir. Cela peut vous donner quelques secondes supplémentaires pour appeler à l'aide ou trouver un endroit sûr.

- Appeler à l'aide : En cas de menace ou d'attaque, le téléphone mobile permet d'appeler rapidement à l'aide. Vous pouvez appeler le 911 ou la police pour signaler la situation et demander de l'aide.

- Enregistrez ce qui se passe : Le téléphone mobile peut également être utilisé pour enregistrer ce qui se passe. Vous pouvez activer l'enregistrement vidéo ou audio sur votre téléphone pour capturer les détails de l'attaque ou de la menace. Cela peut être une preuve utile lorsque vous vous adressez à la police ou au tribunal.

- Envoi de messages d'aide : Si vous ne parvenez pas à parler au téléphone, vous pouvez envoyer un SMS ou utiliser la fonction « SOS » de votre téléphone mobile pour alerter automatiquement vos contacts de votre situation et demander de l'aide.

- Utilisation du GPS : de nombreux téléphones portables disposent d'une fonction GPS intégrée qui peut aider les services d'urgence à déterminer votre position. Ceci est particulièrement utile si vous ne parvenez pas à localiser votre position par téléphone.

- Utilisation d'applications de sécurité : Il existe des applications mobiles de sécurité dédiées qui vous permettent d'envoyer des signaux de détresse ou d'appeler à l'aide en appuyant simplement sur un bouton. Ces applications peuvent être utiles en cas de menace ou d'attaque.

- Alerte de détresse : si votre téléphone a la capacité d'envoyer une alerte de détresse ou d'appeler à l'aide en appuyant simplement sur un bouton, vous pouvez utiliser cette fonctionnalité en cas de menace ou d'attaque. Les programmes et applications de sécurité disponibles sur le marché peuvent également inclure des fonctionnalités permettant d'envoyer automatiquement des alertes de détresse dans certaines conditions.

- Alarme sonore : Certaines applications mobiles proposent une fonction d'alarme sonore qui peut être utilisée pour attirer l'attention des personnes autour de vous en cas d'attaque. Cela peut aider à attirer l'attention sur votre situation et à appeler à l'aide.

Même si un téléphone cellulaire peut être un outil d'autoprotection utile dans certaines situations, il est important de se rappeler que votre sécurité personnelle doit être votre objectif principal. Utilisez votre téléphone pour appeler à l'aide et assurez votre sécurité avant tout. Il est important de se rappeler qu'un téléphone cellulaire peut être un outil puissant d'autoprotection, mais il doit également être utilisé judicieusement et avec précaution. Essayez de garder votre téléphone chargé et accessible en cas de besoin, et rappelez-vous que votre sécurité passe toujours avant les choses matérielles.

X - Briquet :

- Comme objet de frappe ou comme arme improvisée de défense dans une situation critique.

- Création de fumée : Dans certains cas, un briquet peut être utilisé pour créer de la fumée. Pour ce faire, vous pouvez appuyer sur le bouton du briquet sans l'ouvrir et le pointer vers l'agresseur. La fumée peut créer un rideau temporaire qui cache votre emplacement ou rend difficile la visibilité d'un agresseur.

- Feu : Si la situation est critique et nécessite l'utilisation du feu pour se défendre, vous pouvez utiliser un briquet pour créer du feu. Par exemple, vous pouvez mettre le feu à un loup-garou contre un agresseur si cela est nécessaire pour votre protection.

Il est important de se rappeler que l'utilisation d'un briquet ou d'une clé USB pour se défendre demande de la prudence et doit être justifiée par la situation. L'objectif étant votre sécurité, l'utilisation de ces objets doit être justifiée et envisagée en dernier recours en cas de situation critique.

XI - Foulard ou ceinture :

- Lier ou immobiliser l'agresseur : Dans une situation critique, un foulard ou une ceinture peut être utilisée pour lier les mains de l'agresseur, permettant de l'immobiliser temporairement et de créer une opportunité de s'échapper ou d'appeler à l'aide.

- Créer une barrière temporaire : Un foulard ou une ceinture peut être agité pour créer une barrière temporaire entre vous et l'agresseur. Cela peut vous donner plus de temps pour évaluer la situation ou prendre d'autres mesures d'autoprotection.

- Armes de légitime défense : En cas d'attaque, un foulard ou une ceinture peut être utilisée pour frapper l'agresseur. Ils peuvent être utilisés comme pétard ou, s'ils sont suffisamment longs, comme fouet pour repousser une attaque et se défendre.

- Créer un abri temporaire : Si vous êtes en danger, vous pouvez utiliser un foulard ou une ceinture pour créer un abri temporaire, par exemple pour étouffer les bruits, vous protéger de la pluie ou vous cacher d'un agresseur.

N'oubliez pas que ces mesures ne doivent être prises qu'en cas d'absolue nécessité et dans le respect de la loi. La légitime défense doit être proportionnée à la menace et la violence inutile doit être évitée.

XII - Bouteille en plastique :

- Frapper : Une bouteille en plastique remplie d'eau ou d'un autre liquide peut être utilisée pour frapper l'agresseur. Vous pouvez frapper la bouteille pour repousser une attaque ou vous protéger de la violence physique.

- Créer une protection temporaire : Si vous n'avez pas d'autre moyen de protection, vous pouvez utiliser une bouteille en plastique pour créer une protection temporaire. Par exemple, vous pouvez tenir une bouteille devant vous comme bouclier pour dévier ou vous protéger des coups.

- Asperger l'attaquant : En cas d'attaque, vous pouvez éclabousser l'attaquant avec de l'eau provenant d'une bouteille en plastique. Cela peut créer du temps et des opportunités supplémentaires pour s'échapper ou appeler à l'aide, et peut distraire ou désorienter l'agresseur.

N'oubliez pas que l'utilisation d'une bouteille en plastique pour se défendre doit être proportionnelle au niveau de menace et que vous devez vous efforcer d'éviter la violence si possible. Gardez également à l'esprit que l'efficacité de cette méthode peut dépendre de votre situation et des circonstances spécifiques.

XIII – Portefeuille ou sac à main :

- Créer de la distance : Vous pouvez utiliser votre portefeuille ou votre sac à main pour créer une distance entre vous et l'agresseur. Vous pouvez les agiter devant vous pour effrayer un attaquant ou le rendre méfiant, pendant que vous reculez ou vous éloignez du danger.

- Distraction : Vous pouvez lancer un portefeuille ou un sac à main vers un attaquant pour détourner son attention et lui donner plus de temps pour s'échapper ou appeler à l'aide. Cela peut créer un moment de surprise et vous donner l'occasion de prendre d'autres mesures.

- Protection temporaire : Si vous ne disposez pas d'autres moyens de protection, vous pouvez utiliser votre portefeuille ou votre sac à main pour vous couvrir ou vous protéger des chocs. Par exemple, vous pouvez les tenir devant vous comme bouclier ou les utiliser pour adoucir les coups.

Il est important de se rappeler qu'un portefeuille ou un sac à main ne constitue pas un moyen de protection parfait et que son utilisation doit être proportionnée au niveau de menace. Essayez d'éviter la violence si possible et efforcez-vous toujours de résoudre la situation en toute sécurité.

XIV - Journal ou magazine :

- Créer une protection temporaire : Vous pouvez utiliser un journal ou un magazine pour vous protéger des coups ou des attaques. Pliez le journal en deux ou en quatre et tenez-le devant vous comme bouclier temporaire. Cela peut aider à adoucir les coups et vous donner le temps de réagir ou de vous échapper.

- Distraction : Lancer un journal ou un magazine vers un agresseur peut détourner son attention pendant quelques instants, ce qui peut vous donner l'occasion de réaliser d'autres actions. Cela peut être utile si vous n'avez aucun autre moyen de défense ou aucun moyen de vous échapper.

- Utiliser comme arme : Dans certaines situations, vous pouvez utiliser un journal ou un magazine comme arme temporaire. Par exemple, vous pouvez le faire tournoyer et l'utiliser comme bâton pour vous défendre. Cependant, cela devrait être un dernier recours et n'être utilisé qu'en cas d'absolue nécessité.

Il est important de se rappeler qu'un journal ou un magazine n'est qu'une solution temporaire et que votre objectif principal doit être d'éviter la violence et d'assurer votre sécurité. Essayez toujours d'utiliser l'autodéfense à bon escient et uniquement lorsque cela est absolument nécessaire.

XV - Chapeau ou casquette : peut être utilisé pour protéger la tête des coups ou pour créer une distance supplémentaire face à une attaque.

- Protection de la tête : Un chapeau ou une casquette peut servir de protection temporaire de la tête contre les impacts. Bien que cela n'offre aucune protection, cela peut légèrement adoucir le coup et éviter des blessures graves.

- Créer de la distance : Vous pouvez utiliser un chapeau ou une casquette pour créer un espace supplémentaire entre vous et votre attaquant. Si un attaquant tente de s'approcher de vous, vous pouvez agiter votre casque devant vous pour l'effrayer ou rendre son approche plus difficile.

- Distraction : Lancer un chapeau ou une casquette vers un attaquant peut temporairement distraire son attention et vous donner plus de temps pour effectuer d'autres actions. Cela peut être utile si vous essayez de partir ou d'appeler à l'aide.

Un chapeau ou une casquette ne sont certainement pas le moyen de légitime défense le plus efficace, mais dans une situation critique, ils peuvent vous aider à gagner de précieuses secondes pour prendre des décisions ou entreprendre d'autres actions visant à assurer votre sécurité.

L'entraînement et la préparation à l'utilisation d'objets du quotidien pour l'autodéfense sont essentiels pour augmenter vos chances de survie et assurer votre sécurité personnelle. Voici quelques aspects à considérer :

1. Connaître les capacités des objets : Il est important de comprendre quels objets de votre environnement peuvent être utilisés pour l'autodéfense et quelles actions spécifiques ils peuvent effectuer. Sachez par exemple qu'un crayon peut être utilisé pour frapper des points vulnérables ou que des clés peuvent servir d'arme de défense en cas d'attaque.

2. Techniques d'utilisation : Il est important de suivre une formation au cours de laquelle vous apprendrez à utiliser efficacement ces objets dans diverses situations d'autodéfense. Cela peut impliquer de pratiquer des coups de poing, des blocages, des esquives et d'autres techniques en utilisant des objets disponibles dans votre environnement.

3. Réaction aux situations stressantes : La préparation comprend également l'entraînement de votre réponse aux situations stressantes. Lors d'une attaque réelle, votre comportement peut être sérieusement inhibé et il est important de posséder des compétences pratiques qui peuvent être activées automatiquement.

4. Confiance accrue : Pratiquer l'utilisation d'objets du quotidien pour l'autodéfense contribue à augmenter votre confiance en vous et votre volonté d'agir. Plus vous pratiquez, plus ces compétences deviennent habituelles, ce qui vous prépare à réagir efficacement à une menace.

5. Pratique régulière : Il est important non seulement de maîtriser les compétences, mais aussi de les entretenir et de les améliorer régulièrement. Des entraînements réguliers et des simulations pratiques vous aident à garder vos réactions vives et à améliorer vos compétences d'autodéfense.

S'entraîner à utiliser des objets du quotidien pour se défendre nécessite de la discipline, de la cohérence et de l'autodiscipline. Cependant, il s'agit d'un investissement dans votre sécurité et votre capacité à vous protéger en cas de menace.

L'entraînement et la préparation à l'utilisation d'objets du quotidien pour l'autodéfense sont essentiels pour augmenter vos chances de survie et assurer votre sécurité personnelle. Voici quelques aspects à considérer :

1. Connaître les capacités des objets : Il est important de comprendre quels objets de votre environnement peuvent être utilisés pour l'autodéfense et quelles actions spécifiques ils peuvent effectuer. Sachez par exemple qu'un crayon peut être utilisé pour frapper des points vulnérables ou que des clés peuvent servir d'arme de défense en cas d'attaque.

2. Techniques d'utilisation : Il est important de suivre une formation au cours de laquelle vous apprendrez à utiliser efficacement ces objets dans diverses situations d'autodéfense. Cela peut impliquer de pratiquer des coups de poing, des blocages, des esquives et d'autres techniques en utilisant des objets disponibles dans votre environnement.

3. Réaction aux situations stressantes : La préparation comprend également l'entraînement de votre réponse aux situations stressantes. Lors d'une attaque réelle, votre comportement peut être sérieusement inhibé et il est important de posséder des compétences pratiques qui peuvent être activées automatiquement.

4. Confiance accrue : Pratiquer l'utilisation d'objets du quotidien pour l'autodéfense contribue à augmenter votre confiance en vous et votre volonté d'agir. Plus vous pratiquez, plus ces compétences deviennent habituelles, ce qui vous prépare à réagir efficacement à une menace.

5. Pratique régulière : Il est important non seulement de maîtriser les compétences, mais aussi de les entretenir et de les améliorer régulièrement. Des entraînements réguliers et des simulations pratiques vous aident à garder vos réactions vives et à améliorer vos compétences d'autodéfense.

S'entraîner à utiliser des objets du quotidien pour se défendre nécessite de la discipline, de la cohérence et de l'autodiscipline. Cependant, il s'agit d'un investissement dans votre sécurité et votre capacité à vous protéger en cas de menace.

La maîtrise des compétences d'autodéfense à l'aide des objets environnants joue un rôle clé pour assurer la sécurité personnelle :

- Défense accrue : Savoir utiliser votre environnement pour vous défendre augmente votre capacité à répondre aux menaces et à vous défendre dans diverses situations.

- Autonomisation : utiliser les objets disponibles comme outils d'autodéfense élargit votre arsenal de capacités, vous permettant de répondre efficacement aux menaces même si vous n'avez aucune formation particulière en arts martiaux ou en autodéfense.

- Confiance accrue : savoir que vous pouvez utiliser des objets dans votre environnement pour vous protéger augmente votre confiance et votre sentiment de contrôle dans des situations potentiellement dangereuses.

- Préparation proactive : acquérir des compétences d'autodéfense en utilisant votre environnement vous permet d'être proactif quant à votre propre sécurité plutôt que de dépendre uniquement de facteurs externes ou de votre volonté.

- Pratique et accessible : La plupart des objets pouvant être utilisés pour l'autodéfense se trouvent généralement à portée de main dans la vie quotidienne, ce qui les rend pratiques et accessibles en cas de besoin.

Ainsi, maîtriser les compétences d'autodéfense en utilisant les objets environnants est un élément important pour assurer la sécurité personnelle. Cela permet d'accroître la protection, d'accroître la confiance et d'assurer une préparation proactive aux menaces possibles.

✧·✧·✧·✧·✧·✧·✧·✧·✧·✧·✧·✧·✧·✧·✧

Chapitre 21.
Développer la force et la confiance. Conseils pratiques.

Pour développer force et confiance, il est conseillé aux victimes de violences basées sur le genre de :

1. Activité physique : L'exercice régulier, comme le sport ou le fitness, contribuera à renforcer votre corps et à accroître votre confiance en vous. Choisissez des sports que vous aimez et pratiquez-les régulièrement.

L'activité physique n'est pas seulement un aspect clé des soins de santé, mais aussi un outil puissant pour renforcer la confiance et l'estime de soi, en particulier pour celles qui ont été victimes de violences basées sur le genre et qui se sentent vulnérables et en insécurité. Voici quelques façons dont l'activité physique peut être particulièrement bénéfique pour les victimes de violence sexiste :

- Santé physique : L'exercice régulier contribue à améliorer la santé globale, à renforcer les muscles et les os, à améliorer la santé cardiovasculaire et à augmenter l'endurance. Cela crée un sentiment de force physique et de vitalité, qui peut vous aider à vous sentir plus en confiance dans la vie de tous les jours et à faire face aux défis.

- Bien-être émotionnel : L'activité physique libère des endorphines, les hormones du bien-être qui peuvent améliorer votre humeur, réduire le stress et l'anxiété et améliorer le sommeil. Pour les victimes de violences basées sur le genre qui souffrent d'anxiété et de dépression, cela peut être particulièrement utile.

- Amélioration de l'estime de soi : la pratique d'exercices physiques peut aider à renforcer l'estime de soi. Lorsque vous obtenez de nouveaux résultats, améliorez vos compétences ou constatez des progrès dans votre condition physique, cela valide votre capacité à atteindre vos objectifs et améliore votre estime de soi.

- Aspects sociaux : Les activités sportives ou de fitness se déroulent souvent sous forme de groupe, ce qui offre des opportunités de communication et de renforcement du lien social. Cela peut être particulièrement important pour ceux qui se sentent isolés ou en insécurité en raison d'expériences de violence sexiste.

- Gestion des émotions : L'activité physique peut être une expression et une manière de gérer les émotions négatives. L'exercice peut servir à évacuer le stress, la colère ou la frustration, en l'empêchant de s'accumuler et en réduisant son impact sur votre état mental.

- Augmentation de l'énergie et de la concentration : L'activité physique contribue à augmenter les niveaux d'énergie et à améliorer la concentration, ce qui peut vous aider à mieux vous concentrer sur les tâches quotidiennes et à surmonter les défis.

L'activité physique est donc un outil puissant pour améliorer l'estime de soi, la confiance et le bien-être général, ce qui la rend particulièrement bénéfique pour les survivantes de violences basées sur le genre qui recherchent des moyens d'améliorer leur sécurité psychologique et émotionnelle.

2. Formation d'autodéfense : Suivre un cours d'autodéfense ou une formation d'arts martiaux peut non seulement vous apprendre les bases de l'autodéfense, mais également augmenter votre confiance en vous.

L'autodéfense est une compétence qui peut s'avérer importante dans diverses situations, notamment lorsqu'il s'agit de violence sexiste ou d'autres formes d'agression. Suivre un cours d'autodéfense ou pratiquer les arts martiaux vous donnera non seulement les compétences physiques nécessaires pour vous défendre, mais peut également augmenter considérablement votre confiance en vos propres capacités et votre capacité à gérer des situations similaires.

L'un des éléments clés de l'autodéfense est la conscience de sa propre force et de ses capacités. De nombreuses victimes de violences ou d'agressions basées sur le genre se sentent souvent impuissantes et effrayées par leurs agresseurs. L'entraînement à l'autodéfense contribue à changer cette attitude en donnant aux gens la confiance nécessaire pour se protéger si nécessaire.

De plus, l'entraînement d'autodéfense permet de développer la forme physique et la coordination. Non seulement il est bénéfique pour une légitime défense efficace, mais il favorise également la santé et le bien-être en général. L'activité physique peut également réduire le stress et améliorer l'estime de soi, ce qui est particulièrement important pour les personnes victimes de violence ou d'agression fondées sur le genre.

Cependant, l'autodéfense ne concerne pas seulement l'entraînement physique, mais aussi le développement de compétences psychologiques. La formation aborde également généralement les stratégies d'évitement des conflits, de gestion du stress et de confiance en soi. Ces compétences peuvent être importantes non seulement pour se protéger en cas d'attaque, mais également pour empêcher l'apparition de conflits ou l'escalade d'une agression.

De plus, l'apprentissage de l'autodéfense peut créer une solide communauté de personnes partageant les mêmes idées qui vous soutiendront et vous guideront tout au long du processus d'apprentissage. Ceci est particulièrement important pour ceux qui sont sensibles à l'agression et qui ont peur des agresseurs. Savoir que vous bénéficiez du soutien de vos entraîneurs et de vos pairs vous aidera à vous sentir plus confiant et préparé à relever le défi.

En fin de compte, l'apprentissage de l'autodéfense peut être non seulement un moyen d'apprendre à se défendre, mais aussi un moyen d'accroître l'estime de soi, la confiance en soi et le bien-être général. Il s'agit d'un outil important pour tout le monde, en particulier pour ceux qui sont victimes de violence sexiste ou d'autres formes d'agression, et peut les aider à briser le cycle de la violence et à construire des relations plus saines avec eux-mêmes et avec les autres.

3. Développement des compétences en communication : enseignez les compétences nécessaires pour communiquer en toute confiance avec les autres, apprenez à parler de vos limites et à exiger le respect. Cela vous aidera à vous sentir plus confiant et à contrôler les situations.

Le développement des compétences de communication est un élément important non seulement d'une socialisation réussie, mais également pour assurer son propre bien-être et sa protection contre les agressions. Pour les victimes de violences basées sur le genre, en particulier celles qui sont sensibles et manquent de confiance en elles, apprendre à communiquer leurs limites et à exiger le respect est essentiel pour surmonter la peur et reconstruire la confiance en soi.

La première étape pour développer la confiance dans la communication consiste à reconnaître votre propre valeur et votre droit au respect. Les victimes de violences basées sur le genre ont souvent le sentiment que leur voix n'a pas d'importance ou qu'elles méritent d'être attaquées. Cependant, ce n'est pas le cas. La confiance en vos droits et la capacité de parler de vos besoins et de vos limites sont la base de relations saines et d'une protection contre la manipulation.

Tout d'abord, vous devez apprendre à exprimer clairement et clairement vos pensées et vos sentiments. Cela implique d'apprendre à dire « non » dans des situations où votre bien-être est compromis et de ne pas avoir peur de dire ce que vous pensez, même si celui-ci diffère de celui des autres. La pratique des affirmations et du renforcement personnel positif peut vous aider à renforcer votre confiance en vous et à vous assurer que vous faites la bonne chose.

Un aspect important du développement des compétences en communication est également la capacité à fixer et à maintenir des limites. Cela signifie déterminer ce qui est acceptable pour vous et ce qui ne l'est pas, et le communiquer clairement aux autres. Les limites peuvent concerner à la fois l'espace physique et les aspects émotionnels ou psychologiques de votre vie. Par exemple, si quelqu'un a dépassé vos limites personnelles, il est important d'y répondre et de le communiquer à cette personne, en fixant des limites claires pour les interactions futures.

Cependant, il est important de se rappeler que fixer des limites ne consiste pas à insulter ou à attaquer les autres, mais plutôt à se protéger soi-même et à protéger ses besoins. Cela vous permet de créer des relations saines et mutuellement respectueuses, basées sur la compréhension et le respect mutuels.

Enfin, la formation aux compétences en communication devrait également inclure un travail sur la capacité à réagir efficacement au comportement agressif des autres. Cela peut inclure des techniques de désescalade telles que le maintien d'un ton calme et l'évitement de la confrontation, ainsi que l'apprentissage de la recherche de l'aide des autorités compétentes ou des personnes qui peuvent aider à résoudre le problème.

Dans l'ensemble, développer des compétences en communication est un processus qui demande du temps, de la patience et de la pratique. Pour les victimes de violences basées sur le genre ou d'autres formes d'agression, cela peut être particulièrement difficile en raison de peurs refoulées et d'expériences négatives. Cependant, avec une amélioration progressive de soi et le soutien des autres, cela est tout à fait réalisable et peut conduire à des améliorations significatives de l'estime de soi, de la confiance en soi et du contrôle des situations.

4. Pratiquez l'affirmation de soi : Apprenez à vous affirmer plutôt qu'à être agressif ou passif. Apprenez à exprimer vos pensées et vos sentiments clairement et avec assurance sans violer les droits d'autrui.

La pratique de l'affirmation de soi joue un rôle clé dans la formation de relations interpersonnelles saines et efficaces. Pour les victimes d'agressions et de violences basées sur le genre, en particulier celles qui sont sensibles et peu sûres d'elles, développer des compétences d'affirmation de soi peut être un outil puissant pour protéger et renforcer l'harmonie personnelle.

Il est important de distinguer l'affirmation de soi de l'agressivité et de la passivité. Un comportement assertif implique la capacité d'exprimer clairement et avec confiance ses pensées, ses sentiments et ses besoins tout en respectant les droits et les sentiments des autres. Cela nous permet de fixer des limites, de protéger nos intérêts et de résoudre les conflits sans recourir à la violence ni blesser les autres.

Afin de développer votre assertivité, vous devez commencer par prendre conscience de vos droits et de vos valeurs. Les victimes d'agressions ou de violences basées sur le genre peuvent souvent se sentir impuissantes ou indignes de respect. Cependant, chaque personne a droit à ses pensées, ses sentiments et ses limites, et les capacités d'affirmation de soi contribuent à protéger ces droits.

Ensuite, vous devriez apprendre à exprimer vos pensées et vos sentiments avec clarté et confiance. Cela implique d'utiliser un langage clair et compréhensible, d'éviter les reproches et les insultes et d'exprimer vos besoins sans agressivité ni soumission. Pratiquer l'empathie et comprendre les sentiments des autres est également un élément important de la communication assertive.

De plus, l'affirmation de soi présuppose la capacité de réagir efficacement aux situations de conflit. Cela implique d'apprendre à gérer vos émotions, à écouter le point de vue des autres et à rechercher des solutions mutuellement acceptables. Par exemple, au lieu de réagir à une agression par l'agressivité, une personne affirmée peut utiliser des techniques de désescalade et de compromis.

Il est important de noter que développer l'affirmation de soi est un processus qui prend du temps et de la pratique. Pour les victimes de violences ou d'agressions basées sur le genre, cela peut être particulièrement difficile en raison des peurs accumulées et des expériences négatives. Cependant, avec du soutien et une formation, ils peuvent apprendre à défendre leurs droits et à construire des relations saines basées sur le respect et la compréhension mutuels.

En conclusion, développer l'affirmation de soi est non seulement un moyen de se protéger contre les agressions et les violences basées sur le genre, mais aussi un élément clé pour construire des relations saines et harmonieuses avec les autres. C'est une compétence qui nous aide à nous exprimer avec confiance tout en respectant les autres et en interagissant bien dans la société.

5. Développer la conscience de soi : Apprenez-en davantage sur vous-même, vos forces et vos limites. Comprendre vos propres capacités vous aidera à avoir plus confiance en vous et en vos actions.

Développer la conscience de soi est une étape importante dans le développement personnel de chaque personne. Pour les victimes d'agressions et de violences basées sur le genre, en particulier celles qui font l'expérience d'une extrême sensibilité et d'un doute d'elles-mêmes, comprendre ses propres forces et limites joue un rôle fondamental dans le processus de découverte de soi et de développement personnel.

La première étape pour développer la conscience de soi consiste à se reconnaître en tant qu'individu doté de ses propres qualités et caractéristiques. Cela implique d'analyser vos propres forces - ces qualités et capacités qui vous aident à réussir et à surmonter les difficultés. Souvent, les victimes de violences basées sur le genre ont tendance à oublier ou à sous-estimer leurs qualités positives en raison d'expériences négatives. Cependant, la conscience de leurs forces les aide à réévaluer leur estime de soi et leur confiance en eux.

En dehors de cela, il est également important de comprendre vos limites et vos faiblesses. Personne n'est sans défauts, et admettre ses faiblesses n'est pas un aveu de défaite, mais un pas vers la croissance et l'amélioration. Les victimes de violences basées sur le genre peuvent avoir du mal à admettre leurs faiblesses par peur d'être vulnérables face à l'agresseur. Cependant, cela est nécessaire pour commencer à améliorer vos propres compétences et à surmonter les obstacles au développement personnel.

Pour développer la conscience de soi, il est utile de s'engager dans une auto-réflexion régulière. Cela peut inclure la tenue d'un journal dans lequel vous consignez vos pensées, vos sentiments, vos réalisations et vos problèmes. Il peut également être utile de demander l'avis de vos proches qui peuvent vous aider à mieux comprendre vos points forts et les domaines dans lesquels il y a place à la croissance.

De plus, le développement de la conscience de soi peut être amélioré en travaillant sur l'acceptation de soi et l'estime de soi. Cela implique de pratiquer l'amour-propre et de s'accepter tel que l'on est, avec toutes ses forces et ses faiblesses. Les victimes de violences basées sur le genre peuvent avoir du mal à s'aimer et à s'accepter en raison d'expériences négatives, mais il s'agit d'une étape importante vers la restauration de la confiance en soi et de la santé mentale.

Enfin, il convient de noter que développer la conscience de soi est un processus qui demande du temps et des efforts. Pour les victimes d'agressions et de violences basées sur le genre, cela peut être particulièrement difficile en raison de l'impact négatif sur leur estime de soi et leur confiance en soi. Cependant, avec une amélioration progressive, le soutien des autres et des opportunités de conseil professionnel, ils peuvent faire des progrès significatifs dans la conscience de soi et l'acceptation, ce qui les aidera à terme à se sentir plus confiants en eux-mêmes et en leurs actions, ainsi qu'à faire face efficacement à l'agression. et la violence basée sur le genre.

6. Prise en charge des réseaux sociaux : Se connecter avec des amis, de la famille ou des professionnels peut vous aider à vous sentir plus soutenu et plus confiant. N'hésitez pas à demander de l'aide en cas de besoin.

Le soutien des réseaux sociaux est l'une des ressources les plus importantes pouvant être utilisées pour surmonter l'agression, la violence sexiste et d'autres situations difficiles. Pour les victimes de harcèlement, en particulier celles qui sont sensibles et qui manquent de confiance en elles, parler à des amis, à la famille ou à des professionnels peut être une source de soutien dans les moments difficiles, les aidant à se sentir soutenus et confiants.

Vous devez comprendre que la communication avec vos amis et votre famille vous offre l'occasion d'exprimer vos sentiments et vos expériences, ainsi que de recevoir un soutien émotionnel. Le soutien de vos proches peut vous aider à sentir que vous n'êtes pas seul face à vos problèmes, qu'il existe des personnes qui vous comprennent et sont prêtes à vous soutenir dans les moments difficiles.

De plus, les amis et la famille peuvent offrir de nouvelles perspectives et façons de gérer un problème que vous ne voyez peut-être pas en raison de la tension émotionnelle ou du stress. Leur soutien et leurs conseils peuvent vous aider à avoir une vision plus objective de la situation et à trouver la meilleure marche à suivre.

Il est également important de demander l'aide de professionnels tels que des psychologues ou des conseillers en aide aux victimes. Ces professionnels possèdent non seulement les connaissances et l'expérience, mais aussi un point de vue neutre, ce qui leur permet d'apporter un accompagnement de qualité et efficace. Ils peuvent vous aider à comprendre vos sentiments, à apprendre à réagir efficacement à une agression ou à la violence sexiste et à développer des stratégies pour faire face à la peur et prendre confiance en vous.

Aussi minime ou grave que puisse paraître votre préoccupation, il est toujours important de rechercher du soutien et de l'aide là où cela est nécessaire. N'hésitez pas à demander de l'aide, même si vous pensez que votre problème est mineur ou ne mérite pas d'attention. Vos sentiments et vos besoins comptent, et obtenir du soutien est la première étape pour résoudre le problème et améliorer votre bien-être.

Enfin, il est important de rappeler qu'entretenir un réseau social vous aide non seulement à faire face aux difficultés actuelles, mais favorise également la santé mentale globale et une confiance en soi accrue. Savoir que vous avez des personnes qui vous soutiennent et sont prêtes à vous aider dans n'importe quelle situation crée un sentiment de sécurité et de confiance, qui à son tour vous aide à mieux faire face aux agressions, à la violence sexiste et aux autres défis auxquels vous pourriez être confronté.

7. Affirmations positives : Répéter des déclarations positives sur vous-même vous aidera à renforcer votre estime de soi et à accroître votre confiance. Essayez de vous concentrer sur vos points forts et vos réalisations plutôt que sur vos pensées négatives.

Les déclarations positives sont un outil puissant pour renforcer l'estime de soi et accroître la confiance en soi. Pour les victimes d'agressions et de violences basées sur le genre, en particulier celles qui sont très sensibles et peu sûres d'elles, le recours aux affirmations positives peut être essentiel pour recadrer les expériences négatives et construire des défenses psychologiques.

La première étape pour utiliser des affirmations positives est de reconnaître vos forces et vos réalisations. Les victimes d'agression ont souvent tendance à oublier leurs qualités positives en raison d'expériences négatives et de critiques. Cependant, se concentrer sur ses forces et ses réalisations permet de changer cette façon de penser négative et de renforcer son estime de soi.

Ensuite, il est important de formuler des déclarations positives de manière précise et claire. Par exemple, au lieu de dire : « Je ne pourrai jamais faire face à cette situation », il vaut mieux dire : « Je suis une personne forte et habile, et je trouverai un moyen de surmonter ces difficultés ». De telles déclarations visent au soutien et à la motivation, et non à l'autocritique et au désespoir.

Il est également important de répéter régulièrement et systématiquement les déclarations positives. Plus vous les répétez souvent, plus ils influenceront votre réflexion et votre comportement. Cela peut être une routine matinale au cours de laquelle vous vous dites quelques affirmations positives avant de commencer la journée, ou pendant la journée lorsque vous vous sentez particulièrement vulnérable ou stressé.

De plus, il est important de développer une attitude positive envers vous-même et vos réalisations. Au lieu de vous comparer aux autres ou de vous concentrer sur vos défauts, vous devriez vous concentrer sur votre croissance et vos progrès. Les affirmations positives peuvent vous aider à passer des pensées négatives aux aspects positifs de votre personnalité et de votre vie.

Enfin, il est important de comprendre que l'utilisation d'affirmations positives n'est pas une panacée, mais constitue un outil puissant pour développer la force mentale et augmenter la confiance en soi. Cela peut être particulièrement important pour les victimes d'agressions et de violences basées sur le genre, car elles font souvent l'objet de critiques et d'évaluations négatives. Les déclarations positives les aident à créer une barrière protectrice contre l'impact négatif de l'agresseur et à restaurer la confiance en leurs propres forces et capacités.

8. Fixer et atteindre des objectifs : Fixez-vous de petits objectifs et atteignez-les progressivement. Cela vous aidera à vous sentir plus efficace et plus confiant en vos capacités.

Fixer et atteindre des objectifs n'est pas seulement la clé d'une productivité accrue, mais aussi un moyen de renforcer l'estime de soi et la confiance en soi. Pour les victimes de harcèlement et de violences basées sur le genre, en particulier celles qui sont très sensibles et manquent de confiance en elles, se fixer de petits objectifs et les atteindre progressivement peut être un outil puissant pour redéfinir ses capacités et renforcer sa résilience.

La première étape pour fixer des objectifs consiste à identifier les résultats spécifiques et mesurables que vous aimeriez atteindre. Il est important que vos objectifs soient réalistes et réalisables afin que vous puissiez progressivement les atteindre. Par exemple, si votre objectif est d'améliorer vos compétences en communication, vous pourriez vous mettre au défi d'entamer une conversation avec un inconnu chaque jour.

Ensuite, vous devez diviser vos grands objectifs en étapes plus petites et plus spécifiques. Cela contribue à rendre le processus visant à atteindre votre objectif plus gérable et plus motivant à mesure que vous constatez des progrès à chaque étape. Par exemple, si votre grand objectif est d'obtenir un nouvel emploi, de petites étapes pourraient être : mettre à jour votre CV, rechercher des postes vacants, préparer des entretiens, etc.

Il est également important de trouver des sources de soutien et de motivation dans le processus d'atteinte des objectifs. Il peut s'agir du soutien d'amis, de membres de la famille ou de professionnels qui peuvent vous aider à rester sur la bonne voie pour atteindre vos objectifs et vous garder confiant et motivé. Partagez vos objectifs avec vos proches et demandez-leur de vous soutenir dans cette démarche.

Des difficultés et des revers surviennent inévitablement sur le chemin pour atteindre vos objectifs, et il est important de pouvoir y faire face. Considérez l'échec comme une opportunité de croissance et d'apprentissage, plutôt que comme une source d'autocritique et de désespoir. Analysez vos erreurs, tirez des leçons et vivez de nouvelles expériences.

Enfin, il est important de célébrer chaque petit succès tout au long du chemin vers l'atteinte de votre objectif. Récompensez-vous pour chaque progrès et chaque pas en avant, même si cela semble insignifiant. Cela vous aidera à maintenir votre motivation et votre confiance en vous, ce qui mènera finalement à la réussite de vos objectifs.

Dans l'ensemble, fixer et atteindre des objectifs constitue un outil puissant pour renforcer l'estime de soi et la confiance des victimes d'intimidation et de violence sexiste. Ce processus les aide à se sentir plus efficaces et plus confiants dans leurs capacités, ce qui contribue à leur bien-être psychologique et à leur capacité d'adaptation réussie.

9. Demander de l'aide : N'hésitez pas à demander de l'aide si vous sentez que vous ne pouvez pas gérer une situation seul. Contactez vos amis, votre famille ou des professionnels qui peuvent vous aider à comprendre votre situation et à trouver une solution.

Demander de l'aide n'est pas un signe de faiblesse, mais une manifestation de force et de conscience de vos besoins. Pour les victimes d'agressions et de violences basées sur le genre, en particulier celles qui sont sensibles et peu sûres d'elles, cela peut être la clé pour recadrer la situation et trouver des solutions.

Premièrement, il est important de comprendre que demander de l'aide n'est pas un signe de faiblesse ou de manque de capacité. Personne ne peut résoudre tous les problèmes seul, et il arrive parfois que l'aide des autres puisse être nécessaire. Le soutien des autres aide non seulement à résoudre le problème, mais donne également un sentiment de soutien et de compréhension, ce qui est particulièrement important pour ceux qui souffrent d'agression ou de violence sexiste.

Il est également important de choisir les bonnes personnes vers qui se tourner pour obtenir de l'aide. Les amis, la famille ou les professionnels peuvent tous être utiles dans différentes situations. Les amis et la famille peuvent apporter un soutien émotionnel et des conseils basés sur leur expérience personnelle, tandis que des professionnels tels que des psychologues ou des conseillers possèdent les connaissances et les compétences nécessaires pour aider dans les situations difficiles.

N'hésitez pas à partager vos ressentis et vos expériences avec ceux en qui vous avez confiance. Souvent, le simple fait de parler du problème peut soulager les tensions et vous aider à voir la situation plus clairement. Cela peut aussi être la première étape vers la recherche d'une solution.

De plus, la recherche d'aide peut inclure la recherche d'une aide professionnelle. Un soutien ou des conseils psychologiques peuvent vous aider à comprendre vos sentiments, à apprendre à faire face efficacement à l'agression ou à la violence sexiste et à développer des stratégies pour faire face à la peur et à la confiance en soi.

Enfin, n'oubliez pas que demander de l'aide est un acte de souci de vous-même et de votre bien-être. N'hésitez pas à utiliser cette ressource lorsque vous estimez qu'il est difficile, voire impossible, de gérer une situation seul. Votre bien-être et votre confiance en vous méritent le soutien et l'aide dont vous avez besoin.

Des conseils pour renforcer votre force et votre confiance vous aideront à devenir plus confiant et plus fort, ce qui vous aidera à faire face aux situations de violence sexiste et à améliorer votre qualité de vie.

Chapitre 22.
Votre masque de la bête.

Dans un monde où les agressions et les violences basées sur le genre sont de plus en plus courantes, il est important de disposer d'outils et de stratégies pour vous protéger et conserver votre confiance en vous. Dans ce chapitre nous parlerons du concept de « masque de la bête » et comment il peut devenir votre allié dans la lutte contre les influences négatives.

Le masque de la bête est une représentation métaphorique de la capacité d'une personne à changer sa pensée et son comportement en réponse à diverses situations, notamment dans les cas où il est nécessaire de se protéger de l'agression et de la pression des autres. Imaginez que vous avez une bête intérieure – un symbole de force, de détermination et de confiance. Lorsque vous sentez que vous faites face à une menace ou à un comportement agressif, vous pouvez enfiler ce masque de bête pour renforcer votre position et vous protéger.

Le Masque de la Bête vous permet de changer votre état d'esprit intérieur et votre approche d'une situation afin que vous puissiez réagir avec plus de confiance et d'efficacité. Cela ne veut pas dire que vous perdez votre authenticité ou que vous adoptez un comportement agressif. Au contraire, c'est un moyen de maintenir votre propre intégrité et de vous protéger des influences négatives sans perdre vos valeurs et principes personnels.

Le masque de la bête est nécessaire pour vous aider à garder le contrôle sur vous-même et sur la situation dans les moments où vous vous sentez vulnérable ou sous la pression des autres. C'est un outil d'autodéfense et de renforcement de la confiance qui vous aide à rester ferme et émotionnellement stable en toutes circonstances.

Lorsqu'il s'agit de « revêtir » le masque de la bête, il ne s'agit pas seulement d'un acte physique, mais aussi avant tout d'un processus psychologique. Il est important d'apprendre à adopter le bon état d'esprit afin de réagir efficacement aux situations agressives. Voici quelques étapes qui vous aideront à « enfiler » le masque de la bête et à changer votre comportement :

1. Préparation mentale : Commencez par un entraînement mental. Imaginez-vous dans le rôle d'un animal : puissant, fort, confiant et prêt à vous défendre. Visualisez cette image avec rage, mépris et haine envers votre agresseur. Cela vous permettra d'activer les bonnes émotions et de vous préparer à une situation de lutte.

2. Entraînement avec des sentiments de rage et de compassion : Pendant l'entraînement, concentrez-vous sur l'évocation de sentiments de rage et de compassion envers votre agresseur. Cela vous aidera à activer le masque de la bête et à passer au mode émotionnel souhaité. Il est important d'apprendre à contrôler ces émotions et à les utiliser comme source de force et de motivation.

3. Entraînement pratique : organisez des entraînements réguliers au cours desquels vous créez des situations de conflit ou d'attaque de la part de l'agresseur. Imaginez-vous comme une bête, repoussant les attaques de votre adversaire avec intelligence, force et fureur. Cela vous aidera à pratiquer vos réponses à l'agression et à améliorer vos compétences de défense.

4. Devenez comme lui, mais plus intelligent, plus fort et plus en colère : N'oubliez pas que votre objectif n'est pas seulement de repousser les attaques de l'agresseur, mais aussi de vous protéger et de maintenir votre intégrité. Devenez comme lui dans le sens où vous activez votre masque de bête et montrez-lui que vous ne vous laisserez pas intimider ou détruire. Soyez intelligent, utilisez votre force intellectuelle et émotionnelle

pour trouver des moyens efficaces de vous protéger. Soyez plus fort, montrez votre résilience physique et émotionnelle. Et soyez plus méchant, dans le sens où vous ne permettez pas à l'agresseur de vous manipuler et de violer votre estime de soi et vos limites.

Porter un masque de bête ne signifie pas se transformer en bête à plein temps. Cela signifie apprendre à activer les bons états d'esprit et les bonnes émotions au bon moment pour se protéger et conserver sa confiance en soi. Entraînez-vous, pratiquez et croyez en vous.

Utiliser le masque de bête pour se protéger contre l'agression des violences basées sur le genre nécessite de comprendre comment il peut changer l'état mental d'une personne et comment le porter efficacement dans des situations de conflit. Voici quelques façons d'utiliser le masque de la bête et son effet sur l'état mental de la victime :

1. Activation du masque de la bête avant une situation de conflit :

- Avant d'attendre une attaque de l'agresseur, la victime peut effectuer un entraînement mental et une visualisation, en activant son masque de bête.

- Visualiser une bête puissante, forte et confiante aidera la victime à se sentir plus en sécurité et prête à faire face à la situation.

2. Changer la concentration mentale :

- En enfilant le masque de la bête, la victime passe d'un sentiment de vulnérabilité et de peur à un sentiment de force et de détermination.

- Le Masque de la Bête vous aide à vous concentrer sur la réponse à l'agression avec confiance et détermination plutôt que sur la panique ou l'impuissance.

3. Utiliser les émotions comme source de force :

- Le Masque de la Bête active les émotions de rage, de mépris et de détermination, qui peuvent être utilisées comme source de force et de motivation pour se protéger.

- Ces émotions aident la victime à surmonter sa peur et son incertitude, lui permettant ainsi de faire face plus efficacement à l'agresseur.

4. Formation d'un comportement confiant :

- En portant le masque de la bête, la victime change de comportement, devenant plus confiante et décisive.

- Elle peut utiliser des expressions faciales, une voix et des gestes vifs et énergiques pour montrer sa confiance et sa fermeté face à un agresseur.

5. Afficher une défense agressive des frontières :

- Le masque de la bête aide la victime à adopter une position agressive pour protéger ses limites et ses droits personnels.

- La victime peut exprimer clairement et avec confiance ses limites et exiger le respect, montrant à l'agresseur qu'elle ne va pas céder à sa domination.

Porter le masque de la bête ne signifie pas devenir un agresseur ou recourir à la violence. Cela signifie accepter sa force et sa confiance en soi pour se protéger des agressions et des violences basées sur le genre. De plus, l'utilisation du masque de bête aide la victime à maintenir son intégrité psychologique et son bien-être émotionnel en situation de conflit.

Le rôle du masque de bête dans la protection contre les agressions et les violences basées sur le genre est d'aider la victime à faire face plus efficacement aux situations négatives et à maintenir sa confiance et son intégrité psychologique. Voici les principaux aspects du rôle du masque de bête :

1. Activer les émotions et le pouvoir : Le Masque de la Bête aide à activer des émotions telles que la rage, la détermination et la charité. Ces émotions constituent une source de force et de motivation pour la victime, lui permettant de réagir avec plus de confiance face à l'agression et à la violence sexiste.

2. Changement d'orientation psychologique : En enfilant le masque de la bête, la victime change son état mental de sentiments de vulnérabilité et d'impuissance à force et détermination. Cela lui permet de garder le contrôle de la situation et de prendre des décisions plus confiantes.

3. Protéger les limites personnelles : Le Masque de la Bête aide la victime à établir et à protéger ses limites personnelles. Il vous permet d'exprimer vos besoins et vos demandes de manière claire et confiante, sans permettre de violations de la part de l'agresseur.

4. Manifestation d'affirmation de soi : Le masque de la bête aide la victime à démontrer un comportement assertif, c'est-à-dire à exprimer avec confiance et clairement ses pensées, ses sentiments et ses besoins. Cela lui permet de se protéger des influences négatives et de fixer des limites saines dans ses relations avec les autres.

5. Augmentation de l'estime de soi et de la confiance : L'utilisation du masque de bête aide la victime à se sentir plus confiante et plus puissante. Cela contribue à accroître l'estime de soi et l'estime de soi, ce qui la rend moins sensible à l'influence de l'agresseur et à la violence sexiste.

Dans l'ensemble, le masque de bête joue un rôle important dans la protection de la victime contre les agressions et la violence sexiste, en l'aidant à activer ses ressources internes et à faire face plus efficacement aux situations négatives. Elle permet à la victime de conserver sa force, sa dignité et sa confiance en elle malgré les défis et les épreuves auxquelles elle est confrontée.

Maîtriser le masque de la bête implique non seulement de comprendre le concept de cette métaphore, mais aussi d'être capable d'identifier les situations où son utilisation devient nécessaire. Regardons de plus près:

1. Comprendre le masque de la bête : Tout d'abord, maîtriser le

masque de la bête commence par comprendre ce qu'il représente. Le masque de bête est un symbole de force, de détermination et de confiance qu'une victime peut activer pour se protéger des agressions et des violences basées sur le genre. Ce n'est pas seulement un masque, mais aussi un outil psychologique qui aide à changer l'état mental et le comportement.

2. Identifier les situations : Afin de maîtriser le Masque de Bête, la victime doit apprendre à identifier les situations où son utilisation peut être utile. Il peut s'agir de moments où elle est confrontée à un comportement agressif ou à des menaces de la part d'autres personnes, où elle se sent vulnérable ou sous pression. De telles situations peuvent inclure des conflits au travail ou à l'école, des rencontres désagréables avec des personnes agressives ou même des luttes internes contre des pensées et des émotions négatives.

3. Répondre aux défis : Une fois que la victime a identifié les situations dans lesquelles il est nécessaire de « mettre le masque de la bête », elle doit apprendre à répondre aux défis avec confiance et détermination. Cela peut inclure l'utilisation d'un langage et d'un langage corporel affirmés, la définition de limites et d'attentes claires et l'affirmation de soi dans les relations avec les autres.

4. Formation et pratique : Maîtriser le masque de bête nécessite une formation et une pratique. La victime peut effectuer des exercices de visualisation, en s'imaginant dans le rôle d'un animal fort et confiant. Elle peut également mettre en pratique ses compétences dans des situations réelles, en commençant par les plus faciles et en passant progressivement aux plus difficiles.

5. Évaluer et adapter : Il est important que la victime évalue régulièrement l'efficacité de l'utilisation du masque de bête et adapte ses approches si nécessaire. Elle peut apprendre quelles stratégies fonctionnent le mieux dans différentes situations et apprendre à mieux reconnaître et gérer ses émotions.

Maîtriser le masque de la bête demande du temps, de la patience et de la pratique, mais il peut être un puissant outil de protection et de réconfort pour les victimes d'agressions et de violences basées sur le genre. Cela leur permet de se sentir plus en confiance et de faire face aux situations négatives avec force et détermination.

La formation et le développement des compétences de régulation émotionnelle sont une partie importante de l'utilisation du Beast Mask. Lorsqu'une victime de violences basées sur le genre enfile le masque de la bête, elle a besoin de contrôler ses émotions afin de rester calme et confiante lors des situations conflictuelles. Voici quelques façons de mettre en pratique et de développer ces compétences :

1. Conscience de vos émotions : La première étape vers la régulation émotionnelle est la conscience de vos propres émotions. La victime doit apprendre à reconnaître quelles émotions surviennent dans différentes

situations et comment elles affectent son comportement.

2. Techniques de respiration : Les exercices de respiration aident à réduire le stress et l'anxiété, ce qui permet de mieux contrôler ses émotions. La victime peut pratiquer des respirations profondes ou d'autres techniques de relaxation pour se calmer lors des moments de tension.

3. Pratiquez la méditation et la visualisation : La méditation et la visualisation aident à améliorer la concentration et à se concentrer sur le moment présent, ce qui aide à contrôler les émotions. La victime peut effectuer de courtes séances de méditation ou utiliser la visualisation pour s'imaginer calme et forte tout en enfilant le masque de la bête.

4. Gestion des pensées : La victime peut apprendre à recadrer ses pensées et à les faire passer du négatif au positif. Cela vous aide à modifier votre réponse émotionnelle à une situation et à rester plus calme et plus équilibré.

5. Développer la conscience de soi : La victime doit être consciente de ses forces et de ses faiblesses, ainsi que de ses déclencheurs qui peuvent provoquer des réactions émotionnelles. Cela lui permet de contrôler plus efficacement ses émotions et d'y répondre en fonction de ses objectifs et de ses besoins.

6. Pratique en situations réelles : La victime doit pratiquer activement la régulation émotionnelle dans des situations réelles dans lesquelles elle se sent vulnérable ou susceptible d'être agressée. Peu à peu, elle développera des compétences lui permettant de contrôler ses émotions et de devenir plus calme et plus confiante.

La formation et le développement des capacités de régulation émotionnelle sont des aspects importants de l'utilisation du masque de bête pour se protéger contre les agressions et la violence sexiste. Ces compétences permettent à la victime de rester calme et confiante dans toutes les situations, ce qui l'aide à faire face efficacement aux défis et à maintenir son intégrité psychologique.

L'utilisation efficace du masque de bête dans les situations de violence sexiste peut être la clé de la protection et de l'autodéfense. Voici quelques conseils pratiques pour utiliser efficacement le masque bête :

1. Préparation et formation :

- Avant d'entrer dans une situation de conflit potentiel, effectuez une préparation et une formation. Imaginez-vous comme un animal fort et confiant, prêt à se défendre.

- Pratiquez des techniques de régulation émotionnelle et de relaxation pour gérer vos émotions lors d'une situation de violence basée sur le genre.

2. Comportement confiant :

- Faites preuve de confiance dans votre comportement et vos expressions faciales. Maintenez une posture droite, maintenez un contact visuel et utilisez une voix claire lorsque vous communiquez avec l'agresseur.

- N'oubliez pas que votre confiance peut aider à réprimer l'agressivité et à convaincre l'agresseur que vous n'êtes pas une cible facile.

3. Fixer des limites :

- Soyez prêt à exprimer clairement vos limites et à exiger le respect. N'hésitez pas à indiquer que vous êtes mal à l'aise ou que vous n'êtes pas d'accord avec le comportement de l'agresseur.

- Maintenez inébranlablement vos limites, même si l'agresseur tente de les violer.

4. Communication assertive :

- Utilisez des compétences de communication affirmées pour exprimer vos pensées et vos sentiments clairement et avec confiance sans être agressif.

- Si nécessaire, pratiquez des phrases ou des réponses préparées à des scénarios typiques de violence sexiste.

5. Ne réagissez pas aux provocations :

- N'oubliez pas que l'agresseur essaie peut-être de vous provoquer afin de provoquer une réaction négative. Tenez-vous au-dessus de ces tentatives et restez calme.

- Ignorez les insultes et les menaces, concentrez-vous sur votre objectif : vous protéger et rester calme.

6. Trouver du soutien :

- N'hésitez pas à demander de l'aide si la situation devient incontrôlable. Contactez vos amis, votre famille ou des professionnels qui peuvent vous soutenir et vous aider à trouver une solution au problème.

- Notez ou mémorisez les contacts des organisations qui offrent une assistance aux victimes de violences basées sur le genre pour recevoir un soutien et des conseils supplémentaires.

7. Restez calme et en contrôle :

- Il est important de rester calme et maître de ses émotions lors de situations de violences basées sur le genre. Utilisez le masque de la bête pour apaiser la peur et l'incertitude et restez concentré sur votre protection.

Utiliser un masque de bête demande de la pratique et des compétences, mais il peut constituer une puissante défense contre l'agression et la violence sexiste. N'oubliez pas que votre sécurité et votre bien-être sont de la plus haute importance et que vous avez le droit de vous protéger de toute forme de violence et de domination.

Répondre selon le Masque de la Bête implique de comprendre les différents types de comportements agressifs et des stratégies efficaces pour répondre à chacun. Voici un aperçu des types de comportements agressifs et des stratégies de réponse appropriées :

1. Agression physique : Cela comprend les attaques physiques, les coups, les coups de pied, les bousculades et autres formes de violence physique. Stratégies de réponse :

- Éloignez-vous de l'agresseur et éloignez-vous de la situation dangereuse.

- Si possible, appelez à l'aide ou demandez de l'aide aux autres.

- Utilisez des techniques d'autodéfense si nécessaire pour vous protéger.

2. Agression verbale : Cela comprend les insultes, les menaces, le ridicule, l'humiliation et d'autres formes de violence verbale. Stratégies de réponse :

- Restez calme et ne vous disputez pas avec l'agresseur.

- Exprimez vos limites et exigez le respect de manière claire et confiante.

- Ignorez les insultes et les menaces, sans permettre à l'agresseur de voir votre réaction.

3. Agression psychologique : Cela comprend l'humiliation, la manipulation, l'isolement, la pression psychologique et d'autres formes de violence psychologique. Stratégies de réponse :

- Maintenez votre estime de soi et votre confiance en vous en rejetant les tentatives de l'intimidateur de miner votre estime de soi.

- Utilisez vos compétences en communication affirmée pour exprimer vos sentiments et vos besoins de manière claire et confiante.

- Recherchez le soutien de vos amis, de votre famille ou de professionnels si vous sentez que vous ne pouvez pas vous débrouiller seul.

4. Agression sociale : Cela inclut l'exclusion du groupe, la propagation de ragots, la destruction des relations et d'autres formes de violence sociale. Stratégies de réponse :

- Entretenez vos liens sociaux et vos relations avec ceux qui vous soutiennent et vous respectent.

- Ignorez les commérages et les calomnies, n'entrez pas en conflit et ne réagissez pas aux provocations.

- Demandez l'aide de groupes ou d'organisations sociales si vous êtes confronté à des formes systématiques de violence sociale.

Il est important de se rappeler que pour réagir efficacement à une agression, il faut combiner maîtrise de soi, confiance et réflexion stratégique.

Maintenir confiance et force en portant le masque de la bête peut se faire avec les stratégies suivantes :

1. Affirmation positive : Répétez des déclarations positives sur vous-même. Assurez-vous de concentrer vos pensées sur vos forces et vos réalisations plutôt que sur des pensées négatives à votre sujet. Cela vous aidera à renforcer votre confiance et votre force.

2. Visualisation du succès : Visualisez-vous comme une personne forte et confiante, prête à vous protéger des agressions. Imaginez-vous dans diverses situations de violence sexiste où vous réussissez à surmonter les défis et à garder le contrôle de la situation.

3. Assistance sur les réseaux sociaux : connectez-vous avec vos amis, votre famille ou d'autres personnes de confiance qui peuvent vous soutenir et affirmer votre confiance et votre force. Recevoir le soutien des autres aide à maintenir le bien-être émotionnel.

4. Activité physique : pratiquez une activité physique que vous appréciez et qui renforce votre corps. La force physique et la santé peuvent vous garder confiant et fort.

5. Développement des compétences d'auto-défense : Maîtrisez les compétences d'auto-défense et apprenez à vous défendre efficacement en cas d'agression. Savoir que vous pouvez vous protéger renforce votre confiance et votre force.

6. Pratiquez la préparation mentale : Consacrez du temps à la préparation mentale en vous imaginant fort et confiant. L'entraînement mental vous aide à rester concentré et prêt pendant les moments critiques.

7. Acceptez vos limites et vos besoins : Ayez confiance en vos limites et vos besoins, et n'hésitez pas à les exprimer clairement et avec assurance. Connaître et accepter vos besoins aide à maintenir votre force et votre confiance en vous.

En gardant confiance et force lorsque vous portez le masque de la bête, vous devenez plus à même de vous protéger des agressions et des violences basées sur le genre tout en préservant votre intégrité psychologique.

Voici quelques exemples de scénarios et de réussites qui démontrent comment l'utilisation du masque de bête peut aider d'autres victimes de violences basées sur le genre :

Exemple 1 : Scénario : Jane souffre de violence sexiste à long terme à l'école. Elle est souvent victime d'intimidation et d'humiliation devant les autres étudiants.

Success Story : Jane commence à utiliser le masque de la bête, se présentant comme forte et confiante. Elle a appris à exprimer ses limites et à exiger le respect. En conséquence, la violence sexiste a sensiblement diminué et certains anciens agresseurs ont cessé leurs attaques.

Exemple 2 : Scénario : Mark a été la cible de violence mentale basée sur le genre au travail. Son patron critique constamment son travail et tient des propos désobligeants devant ses collègues.

Histoire de réussite : Mark décide d'utiliser un masque de bête au travail. Il prend plus confiance en lui et commence à défendre ses intérêts. Bientôt, le patron remarque un changement dans le comportement de Mark et cesse de l'humilier. Mark commence à recevoir plus de respect de la part de ses collègues.

Exemple 3 : Scénario : Anna est victime de violence sexiste en ligne. Elle reçoit souvent des menaces et des insultes de la part d'anonymes sur les réseaux sociaux.

Success story : Anna commence à porter un masque de bête dans le monde virtuel. Elle cesse de réagir aux provocations et aux menaces et commence à exprimer ses pensées et ses sentiments avec assurance et confiance. Cela amène les agresseurs à se désintéresser et à cesser de la poursuivre.

Ces exemples démontrent comment l'utilisation du masque de bête peut aider les victimes de violences basées sur le genre à changer de mentalité et de comportement, ce qui entraîne une diminution de l'agressivité et une amélioration de leur qualité de vie. Ils soulignent l'importance de la confiance et de la force dans les situations de violence sexiste et montrent que cela peut être réalisé avec une préparation mentale et des stratégies de défense appropriées.

L'utilisation du Beast Mask peut rencontrer un certain nombre d'obstacles susceptibles de nuire à son efficacité. Voici quelques-uns des principaux obstacles et comment les surmonter :

1. Peur et incertitude : les victimes de violences basées sur le genre éprouvent souvent de la peur et un doute d'elles-mêmes, ce qui peut interférer avec l'utilisation du masque de bête. Ils peuvent craindre une réaction négative de la part des autres ou craindre que cela ne fasse qu'empirer la situation.

- Surmonter : Pour vaincre la peur et l'incertitude, il est important de s'habituer progressivement à utiliser le masque de la bête. Cela peut être fait en pratiquant la régulation émotionnelle et l'affirmation de soi. La formation et les jeux de rôle peuvent aider à améliorer les compétences de contrôle émotionnel et à accroître la confiance en soi.

2. Manque de soutien des autres : Certaines personnes peuvent ne pas comprendre ou approuver l'utilisation du masque de la bête, ce qui peut causer des difficultés à ceux qui tentent de l'utiliser.

- Faire face : Il est important de trouver le soutien d'amis proches, de membres de la famille ou de professionnels qui comprennent votre situation et sont prêts à vous aider. Se connecter avec des personnes qui vous soutiennent peut vous aider à renforcer votre confiance en vous et votre confiance dans l'utilisation du masque de la bête.

3. Manque de pratique et de formation : L'utilisation du masque de bête nécessite de la pratique et de la formation pour devenir une défense efficace contre la violence sexiste. Cela peut être difficile à maintenir pour certains sur une base régulière.

- Vaincre : Une pratique et un entraînement réguliers sont essentiels pour réussir à utiliser le masque de la bête. Développez vos capacités de régulation émotionnelle et de confiance en vous en répétant des affirmations positives et en participant à des scénarios de formation avec le soutien d'amis ou de professionnels.

4. Persévérance de l'agresseur : Parfois, les agresseurs peuvent être persistants et poursuivre leurs actions malgré l'utilisation du masque de la bête.

- Surmonter : Dans de telles situations, il est important de rester persévérant et cohérent dans l'utilisation du masque de la bête. Utilisez des stratégies de communication assertive et de stabilité émotionnelle pour faire face efficacement à un agresseur.

Surmonter ces obstacles demande du temps, des efforts et du soutien, mais avec de la pratique et de la persévérance, vous pouvez maîtriser l'utilisation du Masque de Bête et vous défendre efficacement contre la violence sexiste.

Maintenir la motivation et la confiance tout en utilisant le masque de bête est essentiel pour lutter avec succès contre la violence sexiste. Voici quelques conseils qui peuvent vous aider :

1. Déterminez vos objectifs et vos motivations : Déterminez pourquoi vous souhaitez utiliser le masque de bête et quels objectifs vous souhaitez atteindre. Gardez vos objectifs devant vos yeux et souvenez-vous-en lorsque des difficultés surviennent.

2. Entraînez-vous régulièrement : une pratique et un entraînement réguliers vous aideront à devenir plus confiant dans l'utilisation du masque de bête. Prenez le temps chaque jour de pratiquer la régulation émotionnelle et la communication assertive.

3. Apprenez de vos erreurs : si quelque chose ne fonctionne pas, ne désespérez pas. Essayez plutôt d'apprendre de vos erreurs et de comprendre comment vous pouvez améliorer vos compétences. Chaque échec vous rapproche du succès si vous êtes prêt à apprendre.

4. Recherchez de l'aide : N'hésitez pas à demander de l'aide à vos amis, à votre famille ou à des professionnels si vous avez besoin d'aide ou de conseils. Parlez-leur de votre expérience d'utilisation du masque de bête et demandez des commentaires.

5. Maintenez un état d'esprit positif : Concentrez-vous sur vos forces et vos réalisations plutôt que sur vos échecs et vos difficultés. N'oubliez pas que vous pouvez surmonter n'importe quel obstacle si vous croyez en vous.

6. Récompensez-vous pour votre réussite : Récompensez-vous pour vos réalisations en utilisant le masque de la bête. Récompensez-vous après chaque défi que vous surmontez ou petit objectif que vous atteignez.

7. Tenir un journal de progrès : Tenir un journal de vos progrès vous aidera à suivre vos progrès et vos améliorations. Cela vous aidera également à voir jusqu'où vous avez déjà parcouru.

8. Restez flexible et patient : N'oubliez pas que développer des compétences demande du temps et des efforts. Préparez-vous au fait que tout ne sera pas parfait dès le début et continuez à avancer même dans les moments difficiles.

Restez motivé et confiant en suivant ces conseils et rappelez-vous que chaque pas en avant vous rapproche de vos objectifs.

Utiliser un masque de bête peut être un moyen efficace de se protéger contre la violence sexiste, mais il est important d'avoir le soutien des autres et de demander l'aide d'un professionnel si nécessaire. Voici quelques sources de soutien sur lesquelles vous pouvez compter lorsque vous utilisez le masque de la bête :

1. Famille et amis : Les personnes proches comme la famille et les amis peuvent constituer votre première ligne de défense. Ils peuvent vous apporter un soutien émotionnel, vous aider à décompresser et vous donner des conseils pour faire face à la violence sexiste.

2. Enseignants et employeurs : Si vous êtes victime de violence sexiste à l'école, à l'université ou au travail, contactez vos enseignants ou la direction pour obtenir de l'aide. Ils peuvent suggérer des stratégies pour résoudre le problème et prendre des mesures pour prévenir de nouveaux incidents.

3. Psychologues et conseillers : Les psychologues, conseillers et thérapeutes professionnels possèdent les compétences et l'expérience nécessaires pour aider à faire face aux difficultés émotionnelles, y compris la violence sexiste. Ils peuvent vous apporter un soutien émotionnel, vous aider à développer des stratégies d'adaptation et vous proposer des recommandations spécifiques.

4. Groupes de soutien : Rejoindre des groupes de soutien pour les victimes de violence sexiste peut vous offrir l'opportunité de partager des expériences avec des personnes confrontées à des problèmes similaires. Dans ces groupes, vous pouvez obtenir du soutien, de la compréhension et des conseils pratiques.

5. Ressources en ligne : Il existe de nombreuses ressources en ligne disponibles pour aider à lutter contre la violence sexiste et apporter un soutien aux victimes. Il peut s'agir de sites Web, de forums, de communautés de médias sociaux ou d'applications de soutien en matière de santé mentale.

6. Lignes d'assistance téléphonique : dans certains pays, des organisations proposent des lignes d'assistance téléphonique aux personnes confrontées à des violences basées sur le genre et à d'autres problèmes. Vous pouvez les contacter pour obtenir une assistance et des conseils confidentiels.

Il est important de rappeler que demander de l'aide n'est pas un signe de faiblesse, mais au contraire une manifestation de force et de confiance en soi. Trouvez des personnes en qui vous avez confiance et n'hésitez pas à les contacter si vous avez besoin d'aide. Ensemble, vous pouvez surmonter tous les défis, y compris la violence sexiste.

❖·❖·❖·❖·❖·❖·❖·❖·❖·❖·❖·❖·❖·❖·❖

Chapitre 23.

Comment répondre efficacement à la violence basée sur le genre.

Vaincre la violence sexiste nécessite une combinaison de différentes stratégies et compétences pour aider la victime à réagir efficacement à l'agression. Voici quelques mesures clés que vous pouvez prendre pour vaincre la violence sexiste :

1. Maintenir son calme et sa maîtrise de soi : Il est important de rester calme et maître de soi dans les situations de violence basée sur le genre. Utilisez des exercices de respiration profonde ou d'autres techniques de relaxation pour réduire le stress et l'anxiété.

Maintenir son calme et sa maîtrise de soi dans des situations de violence sexiste est un aspect clé pour se protéger et protéger son bien-être émotionnel. Pour celles qui souffrent de violences basées sur le genre et éprouvent un sentiment d'impuissance, cela peut être particulièrement difficile. Cependant, avec l'aide de certaines stratégies et pratiques, vous pouvez apprendre à contrôler vos émotions et à rester calme même dans des situations désagréables.

- Comprendre les réactions au stress : La première étape pour rester calme est de comprendre comment vous réagissez au stress. Connaissez vos réactions physiques et émotionnelles typiques face à des situations stressantes. Cela peut inclure un rythme cardiaque rapide, une respiration accélérée, de l'anxiété ou de l'irritabilité.

- Pratiquez des exercices de respiration : les exercices de respiration profonde sont un outil puissant pour gérer le stress et l'anxiété. Essayez la technique de respiration 4-7-8 : inspirez pendant 4 secondes, retenez votre souffle pendant 7 secondes, expirez pendant 8 secondes. Cela aide à réduire le stress et à restaurer un sentiment de contrôle.

- Pratiquez la méditation et la visualisation : La méditation et la visualisation régulières d'un endroit calme peuvent vous aider à renforcer votre calme et à équilibrer vos émotions. Visualisez-vous dans un endroit sûr et confortable où vous vous sentez à l'aise et calme.

- Communication assertive : Apprenez à communiquer avec assurance pour exprimer vos sentiments et vos besoins clairement et avec confiance sans violer les droits et les sentiments des autres. Entraînez-vous à exprimer avec assurance vos limites et vos exigences de respect.

- Éviter les situations toxiques : Si possible, évitez les situations toxiques et les personnes qui peuvent vous causer du stress et de l'anxiété. Cela peut impliquer de limiter le temps passé dans certains endroits ou en présence de certaines personnes.

- Rechercher du soutien : N'hésitez pas à demander l'aide de vos amis, de votre famille ou de professionnels si vous sentez que vous ne pouvez pas gérer une situation seul. Parlez de vos sentiments et obtenez du soutien et des conseils.

- Pratique d'auto-apaisement : Développez votre propre système d'auto-apaisement qui fonctionne pour vous. Cela peut inclure de marcher dehors, d'écouter de la musique relaxante, de pratiquer un passe-temps ou d'autres activités qui vous aident à vous détendre et à rassembler vos pensées.

- Pensée positive : Concentrez-vous sur les aspects positifs de votre vie et de vos capacités. Pratiquez la gratitude et récompensez-vous pour chaque petit pas en avant.

Ces stratégies peuvent vous aider à maintenir votre calme et votre maîtrise de soi dans des situations de violence sexiste, à prévenir les réactions émotionnelles et à réagir efficacement aux situations négatives.

2. Fixer des limites et exiger le respect : Exprimez vos limites clairement et avec confiance. N'hésitez pas à exiger le respect et à défendre vos droits. Par exemple, vous pourriez dire : « Je ne suis pas d'accord avec la façon dont vous me traitez. S'il vous plaît, arrêtez.

Fixer des limites et exiger le respect sont des aspects importants pour se protéger de la violence sexiste et assurer son propre bien-être. Pour de nombreuses victimes de violences basées sur le genre, en particulier celles qui sont très sensibles et peu sûres d'elles, devoir défendre leurs limites peut être extrêmement difficile. Cependant, avec de la pratique et le soutien des autres, vous pouvez apprendre à exprimer vos limites avec confiance et efficacité.

- Comprendre vos propres limites : Tout d'abord, il est important de comprendre où se trouvent vos limites personnelles, c'est-à-dire les limites au-delà desquelles vous n'êtes pas prêt ou capable de franchir. Cela peut inclure l'espace physique, émotionnel, personnel et d'autres aspects de votre vie.

- Exprimer ses limites avec confiance : Une fois que vous comprenez vos limites, il est important d'apprendre à les exprimer avec confiance. Utilisez des déclarations claires et précises pour expliquer aux autres que vous n'êtes pas d'accord avec la façon dont ils vous traitent. Par exemple : « Je ne me sens pas à l'aise quand tu me parles comme ça. Je te demande d'arrêter.

- Pratiquez la confiance : la confiance est un élément clé pour réussir à exprimer ses limites. Pratiquez la confiance en répétant des poses confiantes, en travaillant sur votre discours intérieur et en reconnaissant votre valeur en tant que personne.

- Le soutien des autres : N'hésitez pas à solliciter le soutien de vos amis, de votre famille ou de professionnels. Parlez-leur de vos inquiétudes et de vos difficultés à exprimer vos limites et demandez de l'aide à cet égard.

- Préparez-vous aux réactions possibles : Préparez-vous à différentes réactions face à l'expression de vos limites. Certaines personnes peuvent se montrer compréhensives et respectueuses, tandis que d'autres peuvent essayer de vous ignorer ou même de vous attaquer pour cela. Préparez-vous à cela et restez fidèle à vos armes.

- Pratique constante : exprimer des limites est une compétence qui nécessite une pratique constante. N'ayez pas peur de répéter vos limites dans différentes situations et avec différentes personnes. Plus vous le faites, plus vous devenez confiant et efficace.

Fixer des limites et exiger le respect est votre droit et votre responsabilité de protéger vos intérêts et votre bien-être. Commencez petit, engagez-vous dans la pratique et bénéficiez de soutien, et vous êtes sûr de réussir à exprimer vos limites.

3. Demander de l'aide : N'hésitez pas à demander de l'aide à vos amis, à votre famille, à vos enseignants ou à d'autres personnes de confiance. Parlez-leur de la situation de violence basée sur le genre et demandez du soutien et des conseils.

Demander de l'aide est une étape importante pour vaincre la violence sexiste et rétablir votre bien-être. Pour les personnes victimes de violence sexiste et qui se sentent incertaines ou craintives, demander de l'aide peut être difficile. Cependant, il s'agit d'une étape importante vers la résolution du problème et l'obtention de l'assistance dont vous avez besoin. Voici quelques conseils supplémentaires pour demander de l'aide dans des situations de violence basée sur le genre :

- Choisissez un confident : Trouvez une personne de confiance qui pourra vous offrir soutien et conseils. Il peut s'agir d'un ami, d'un membre de la famille, d'un enseignant, d'un conseiller scolaire ou d'un professionnel de la santé mentale.

- Préparez-vous à la conversation : avant de demander de l'aide, réfléchissez à ce que vous voulez dire et aux questions que vous vous posez. Préparez-vous à ce qu'on vous pose des questions sur vos expériences de violence sexiste, alors essayez d'être honnête et ouvert.

- Soyez calme et confiant : Essayez de rester calme et confiant pendant la conversation. Cela vous aidera à exprimer vos pensées et vos sentiments plus clairement et plus efficacement.

- Demandez un accompagnement spécifique : Dites à votre confident exactement de quelle aide vous avez besoin. Cela peut être aussi simple que quelqu'un qui vous écoute et vous soutient émotionnellement, ou quelqu'un qui peut vous aider à élaborer des stratégies pour lutter contre la violence sexiste.

- Demander l'aide d'un professionnel : Si vous êtes confronté à un cas grave de violence sexiste ou si vous sentez que vous ne pouvez pas faire face à la situation par vous-même, n'hésitez pas à demander l'aide d'un professionnel. Les psychologues scolaires, les conseillers en comportement et les psychothérapeutes peuvent vous offrir le soutien et l'aide dont vous avez besoin pour résoudre votre problème.

Demander de l'aide est une démarche courageuse et importante qui peut vous aider à surmonter des situations difficiles de violence sexiste et à reprendre le contrôle de votre vie. N'oubliez pas que vous n'êtes pas seul et qu'il y a toujours des gens prêts à vous aider.

4. Éviter l'isolement : essayez de ne pas vous isoler ou d'éviter de socialiser par peur ou par anxiété. Entretenez vos liens sociaux et trouvez le soutien de vos amis et de votre famille.

Éviter l'isolement est un aspect important pour se protéger des effets négatifs de la violence sexiste et maintenir son bien-être psychologique. Pour de nombreuses victimes de violences basées sur le genre, en particulier celles qui sont très sensibles et peu sûres, les situations de conflit peuvent susciter une peur intense et un désir de s'isoler. Cependant, l'isolement aggrave souvent le problème. Il est donc important de maintenir activement vos liens sociaux et de trouver le soutien de vos amis et de votre famille. Voici quelques conseils supplémentaires pour éviter l'isolement dans les situations de violence basée sur le genre :

- Rechercher du soutien : contactez des personnes en qui vous avez confiance et partagez vos préoccupations avec elles. Il peut s'agir d'un ami, d'un parent, d'un enseignant ou d'un conseiller scolaire. Parlez ouvertement avec eux de vos sentiments et de vos problèmes et demandez-leur soutien et conseils.

- Rejoindre des groupes et des clubs : essayez de rejoindre des groupes ou des clubs qui vous intéressent. Il peut s'agir d'une équipe sportive, d'un club d'art, d'un club de théâtre ou de toute autre activité générale. Participer à de tels groupes vous aidera à vous sentir partie intégrante d'une communauté et à établir de nouveaux liens sociaux.

- Passer du temps avec des amis : essayez de passer du temps actif avec vos amis et vos proches. Rencontrez-vous, communiquez, participez ensemble à divers événements. Le soutien de vos amis et de votre famille vous aidera à vous sentir protégé et aimé.

- Développer de nouvelles compétences : explorez de nouveaux intérêts ou passe-temps qui peuvent vous aider à élargir votre cercle social et à apprendre quelque chose de nouveau. Il peut s'agir d'étudier la musique, la danse, l'art ou toute autre chose qui vous intéresse.

- Créer un environnement favorable : Offrez-vous un environnement favorable dans lequel vous vous sentez à l'aise et en confiance. Cela peut inclure de créer un espace positif et édifiant à la maison, d'aller dans des endroits qui vous font du bien et d'éviter ceux qui vous apportent de la négativité.

Éviter l'isolement est important non seulement pour votre bien-être émotionnel, mais aussi pour lutter efficacement contre la violence sexiste. Plus vous disposez de soutien et d'un réseau social, plus il vous sera facile de faire face et de surmonter les impacts négatifs de la violence basée sur le genre.

5. Utilisez la communication assertive : Exprimez vos sentiments et vos pensées clairement et avec confiance en utilisant des compétences en communication assertive. Soyez calme et décisif dans vos déclarations.

Utiliser une communication assertive est un outil clé pour lutter contre la violence basée sur le genre et se protéger. Pour les survivantes de violences basées sur le genre, en particulier celles qui sont très sensibles et peu sûres d'elles, faire face à un agresseur peut susciter peur et anxiété. Cependant, apprendre à s'affirmer et à exprimer clairement et avec confiance ses pensées et ses sentiments peut grandement améliorer la situation et contribuer à prévenir de nouvelles violences. Voici quelques recommandations supplémentaires pour utiliser la communication assertive pour se protéger contre la violence sexiste :

- Préparez-vous à l'avance : Avant d'engager une conversation avec un agresseur, réfléchissez à ce que vous voulez dire et à la manière dont vous allez le dire. Tenez-vous-en aux faits et utilisez des déclarations claires et précises.

- Exprimez vos sentiments : Soyez ouvert dans l'expression de vos émotions. Par exemple, dites : « Je me sens très contrarié par la façon dont vous me traitez ». Cela aidera l'intimidateur à comprendre comment ses actions vous affectent.

- Soyez confiant : parlez avec confiance et détermination. Maintenez un regard droit et une posture ferme. Cela montrera à l'agresseur que vous prenez vos paroles au sérieux et que vous n'êtes pas prêt à succomber à son influence.

- Fixez des limites : soyez prêt à fixer des limites et à défendre vos droits. Par exemple, dites : « Je ne suis pas d'accord avec ce traitement. Je vous demande d'arrêter.

- Évitez l'agressivité : rappelez-vous que l'affirmation de soi ne signifie pas l'agressivité. Essayez d'éviter les insultes et les provocations. Votre objectif est d'exprimer vos pensées et vos sentiments sans violence ni menaces.

- Limites de pratique : commencez par fixer des limites dans votre vie quotidienne et mettez en pratique vos compétences en communication affirmée dans diverses situations. Plus vous utiliserez ces compétences, plus il vous sera facile de faire face à la violence sexiste.

Utiliser une communication assertive vous aidera à vous protéger des agressions liées à la violence sexiste et à fixer des limites saines dans vos interactions avec les autres. N'oubliez pas que votre droit au respect et à la sécurité est indéniable et que vous avez le droit de vous protéger contre toute forme de violence et de discrimination.

6. Répondre à une agression avec humour ou l'ignorer : Parfois, ignorer ou répondre à une agression avec humour peut aider à adoucir la situation et à réduire les tensions. Cependant, utilisez cette approche avec précaution et seulement si vous estimez qu'elle convient à votre style et à votre situation.

Répondre à une agression avec humour ou l'ignorer peut être un outil efficace pour atténuer une situation de conflit et réduire les tensions. Cependant, il est important de comprendre que cette approche n'est pas toujours adaptée à tous les cas de violence sexiste et doit être utilisée avec prudence.

- Utiliser l'humour : Utiliser l'humour peut être utile lorsque l'agression n'est ni grave ni physique. Vous pouvez par exemple essayer de répondre aux insultes ou aux remarques désobligeantes avec humour pour désamorcer les situations tendues. Cependant, il est important de garder à l'esprit que les répliques amusantes ne sont pas toujours efficaces et peuvent aggraver les choses si elles ne sont pas adaptées au contexte spécifique.

- Ignorer : Ignorer l'agression peut être utile lorsque vous avez la possibilité d'échapper à la situation ou lorsque l'agression ne constitue pas une menace immédiate pour votre sécurité. Ignorer un agresseur peut le priver de l'attention et de la satisfaction de votre réponse, ce qui peut l'amener à cesser de vous prêter attention.

Cependant, pour les victimes de violences basées sur le genre qui sont très sensibles et peu sûres d'elles, utiliser l'humour ou être ignorées peut s'avérer difficile. Certains peuvent craindre que leurs blagues soient mal interprétées, ce qui ne fera qu'augmenter l'agressivité. De plus, essayer d'ignorer un agresseur peut provoquer de la peur et de l'anxiété, surtout si la situation semble menaçante.

Il est important de se rappeler que répondre à une agression avec humour ou l'ignorer n'est qu'une des nombreuses approches possibles pour résoudre les conflits. Il n'existe pas de recette universelle qui convienne à tout le monde. Il est donc important de choisir des stratégies adaptées à votre personnalité, votre situation et vos objectifs. Si vous n'êtes pas sûr de la meilleure marche à suivre, demandez l'aide de personnes ou de professionnels de confiance qui peuvent vous aider à trouver la manière la plus appropriée de réagir à une agression.

7. Enregistrez les incidents et contactez l'assistance : Tenez un registre des incidents de violence basée sur le genre afin de disposer d'informations documentées sur ce qui se passe. Si nécessaire, contactez le service d'assistance de votre école, université ou lieu de travail pour obtenir

de l'aide et des conseils.

Tenir un registre des violences basées sur le genre et contacter les services d'assistance sont des étapes importantes pour se protéger et obtenir de l'aide dans les situations de conflit. Pour les survivantes de violences basées sur le genre, en particulier celles qui sont très sensibles et peu sûres d'elles, collecter des informations documentées et demander de l'aide peut s'avérer difficile en raison de la peur ou de l'anxiété. Cependant, ces actions peuvent jouer un rôle clé pour mettre fin à la violence sexiste et garantir votre sécurité et votre bien-être.

Voici quelques directives supplémentaires sur la façon d'utiliser cette approche :

- Tenue de dossiers : Il est important de documenter chaque incident de violence sexiste, y compris la date, l'heure, le lieu et la description des événements. Cela vous aidera à avoir une idée claire de ce qui se passe et vous fournira des preuves documentées si vous avez besoin d'aide. Les enregistrements peuvent également vous aider à suivre les comportements de l'intimidateur et à comprendre la meilleure façon d'y répondre.

- Contacter les services de lutte contre l'intimidation ou la police : Si vous sentez que vous ne pouvez pas faire face seul à la situation, contactez les services de lutte contre l'intimidation de votre école, université, lieu de travail ou communauté, ou la police pour obtenir de l'aide. Des professionnels sauront vous apporter conseils, accompagnement et ressources pour résoudre le problème. N'hésitez pas à demander de l'aide ; cela ne signifie pas de faiblesse, mais plutôt du courage et la capacité de prendre soin de soi.

- Construisez un réseau de soutien : parlez de votre situation à des amis proches, des membres de votre famille ou des collègues de confiance. Gardez à l'esprit que vous avez des personnes qui vous soutiennent et sont prêtes à vous aider. Ensemble, vous pouvez élaborer des stratégies pour répondre à la violence sexiste et surmonter les défis.

- Prendre des mesures de sécurité : Si vous estimez que votre sécurité est en danger, informez-en immédiatement les personnes responsables ou les services de sécurité. N'hésitez pas à prendre des mesures pour vous protéger.

Dans l'ensemble, tenir des registres et contacter les services d'assistance sont des étapes importantes pour lutter contre la violence sexiste et se protéger. N'ayez pas peur de demander de l'aide, votre bien-être est important et vous méritez soutien et protection.

8. Développer des compétences d'autodéfense : Apprenez et pratiquez des compétences d'autodéfense qui peuvent vous aider à vous défendre en cas d'agression physique. Contactez des formateurs professionnels ou des organisations qui proposent des cours d'autodéfense.

Développer des compétences d'autodéfense est un aspect important pour maintenir sa sécurité et sa confiance en soi, en particulier pour les victimes de violences basées sur le genre qui peuvent se sentir vulnérables et insécurisées. L'entraînement d'autodéfense fournit non seulement des compétences pratiques de défense physique, mais améliore également la préparation mentale et la confiance en soi, ce qui peut faire toute la différence dans une situation réelle d'intimidation.

Voici quelques aspects clés de l'entraînement d'autodéfense :

- Maîtriser les techniques de base : les entraîneurs professionnels et les organisations proposant des cours d'autodéfense enseignent une variété de techniques de défense physique telles que le blocage, la frappe, le grappling et comment se libérer du grappling. Ces compétences peuvent être utiles pour vous défendre en cas d'attaque.

- Confiance et maîtrise de soi : L'apprentissage de l'autodéfense permet également de développer la confiance et la maîtrise de soi. Savoir que vous possédez les compétences nécessaires pour vous protéger vous aide à vous sentir plus en confiance dans diverses situations, y compris d'éventuels incidents d'agression.

- Réaction aux situations stressantes : L'entraînement à l'autodéfense permet également d'améliorer la capacité à réagir aux situations stressantes. Participer à des situations d'entraînement simulées vous permet de vous habituer à l'adrénaline et à la tension, ce qui peut vous aider à contrôler vos émotions et vos actions dans une situation réelle.

- Surmonter la peur : Pour de nombreuses victimes de violences basées sur le genre, l'un des principaux obstacles à l'autodéfense est la peur. Participer à une formation d'autodéfense aide à surmonter cette peur en démontrant qu'il est possible de faire face à l'agression et qu'ils disposent des compétences et des outils pour le faire.

Il est important de comprendre qu'apprendre l'autodéfense ne signifie pas appeler à la violence ou provoquer des conflits. Il s'agit plutôt d'un moyen d'assurer la sécurité et la protection des personnes en cas de menace réelle. Il est donc important de choisir des cours et des formateurs qui mettent l'accent sur ces aspects et encouragent une utilisation intelligente des compétences acquises.

9. Protection active à l'aide d'objets environnementaux, de « masques de bêtes » et de compétences acquises lors d'entraînements dans des clubs sportifs à vocation combative.

L'utilisation d'objets environnementaux, du « masque de bête » et des compétences acquises lors des entraînements dans les clubs de sports de combat représentent un aspect important de la défense active contre les agressions et les violences basées sur le genre. Cette approche aide les victimes de violences basées sur le genre à se sentir plus en confiance et en sécurité dans diverses situations où il peut y avoir une menace.

- Utiliser des objets environnementaux : Cet aspect de l'autodéfense consiste à utiliser des objets qui se trouvent autour de vous pour vous protéger ou échapper à un agresseur. Cela peut aller d'un sac ou d'un sac à dos à des meubles, des pierres ou même du sable. Savoir comment utiliser les objets environnementaux à votre avantage peut vous donner un avantage et augmenter vos chances de réussir à éviter une attaque ou à vous défendre.

- Masque de la Bête : Le Masque de la Bête est un concept qui consiste à changer sa pensée et son comportement en situation d'agression. Le « masque de la bête » fait référence à l'activation de la force intérieure et de la détermination, qui vous permet de réagir avec plus de confiance et d'efficacité à une menace. Les victimes de violences basées sur le genre sont encouragées à s'imaginer comme des êtres forts et déterminés, capables de se défendre. Cela aide à réduire les sentiments d'impuissance et à accroître la confiance.

- Compétences acquises à l'entraînement : La participation à des entraînements dans des clubs sportifs à dominante combat, comme le karaté, le jiu-jitsu ou la boxe, enseigne diverses techniques de défense physique, et développe également l'endurance physique et psychologique. Ces compétences peuvent être utiles en cas d'agressivité.

Il est important de se rappeler que l'utilisation de la protection active doit être limitée aux situations où les autres méthodes sont inefficaces et où il existe une menace réelle pour votre sécurité. Il est également important de recevoir une éducation et une formation appropriées de la part de professionnels pour utiliser ces méthodes de manière sûre et efficace. De plus, la préparation mentale joue un rôle important dans l'utilisation de ces techniques pour vous aider à rester calme et à prendre des décisions judicieuses dans des situations stressantes.

Vaincre la violence sexiste est un processus long et difficile, mais avec le soutien des autres et des stratégies de réponse efficaces, vous pouvez surmonter les difficultés et retrouver un sentiment de contrôle sur votre vie. Vaincre la violence sexiste est un processus complexe qui peut nécessiter du temps, des efforts et du soutien. Lorsque vous êtes victime d'agression de la part des autres, cela peut avoir de graves conséquences sur votre bien-être émotionnel et psychologique. Cependant, il est important de se rappeler que vous n'êtes pas seul et qu'il existe de nombreuses façons de surmonter cette situation difficile.

1. Soutien des autres : Il est important de demander l'aide d'amis proches, de membres de la famille, d'enseignants, de psychologues ou d'autres professionnels. Ces personnes peuvent vous apporter un soutien émotionnel, des conseils et une assistance dans l'élaboration de stratégies pour faire face à la violence sexiste. Discuter de vos inquiétudes et de vos préoccupations avec une personne de confiance peut rendre votre situation moins solitaire et plus gérable.

2. Utiliser des stratégies de réponse efficaces : Élaborer un plan

d'action pour répondre à la violence sexiste peut vous aider à vous sentir plus en confiance et en contrôle de la situation. Cela peut inclure de fixer des limites, d'utiliser une communication affirmée, de rester calme, de demander l'aide d'adultes ou de figures d'autorité et de documenter les incidents pour un examen ultérieur.

3. Autosuffisance et renforcement de l'estime de soi : Il est important de travailler au renforcement de votre estime de soi et de votre confiance en vous. Pratiquer des affirmations positives, se récompenser pour ses réalisations, poursuivre des passe-temps et faire des activités qui vous apportent joie et satisfaction peuvent vous aider à vous sentir valorisé et puissant, peu importe ce que disent ou font les autres.

4. Demandez l'aide d'un professionnel : Si la violence sexiste affecte gravement votre santé mentale ou physique, il peut être nécessaire de demander l'aide d'un psychologue ou d'un autre professionnel qualifié. Ils peuvent vous proposer des stratégies efficaces pour faire face à la violence sexiste, vous aider à comprendre vos sentiments et vos émotions et vous apporter soutien et compréhension.

Vaincre la violence sexiste est un processus qui nécessite de la patience, de la détermination et du soutien. Il est important de vous rappeler que vous méritez le respect et la sécurité et qu'il existe de nombreuses ressources et stratégies qui peuvent vous aider à surmonter ces défis. N'hésitez pas à demander de l'aide et du soutien, vous méritez de vivre dans un environnement sécuritaire et bienveillant.

❖·❖·❖·❖·❖·❖·❖·❖·❖·❖·❖·❖·❖·❖·❖

Chapitre 24.
Comment intervenir si vous constatez des violences basées sur le genre.

Si vous êtes témoin d'une situation de violence basée sur le genre, il est important de ne pas rester indifférent et de prendre des mesures pour venir en aide à la victime. Si vous n'avez pas confiance en vos capacités, vous pouvez appeler à l'aide et documenter l'acte d'agression. Et si l'entraînement aux sports de combat a déjà commencé à montrer ses résultats, alors vous pouvez intervenir directement. Voici quelques façons d'intervenir :

1. Demandez de l'aide : si une situation devient incontrôlable ou si vous ne sentez pas que vous pouvez la gérer par vous-même, demandez l'aide d'enseignants, de parents ou d'autres adultes. Faites-leur savoir ce qui se passe et demandez-leur d'agir.

Demander de l'aide pour lutter contre la violence sexiste est l'une des mesures les plus importantes que vous puissiez prendre pour mettre fin à cette situation désagréable. Pour celles qui souffrent de violences basées sur le genre, cela peut être une décision difficile en raison de la peur des conséquences possibles ou parce qu'elles ne sont pas sûres que quelqu'un veuille ou puisse les aider. Cependant, il est important de comprendre que demander de l'aide n'est pas un signe de faiblesse, mais un signe de force et de détermination pour faire face à la violence sexiste.

Avant tout, si vous vivez une situation de violence basée sur le genre qui échappe à tout contrôle ou si vous sentez que vous ne pouvez pas y faire face vous-même, il est important d'essayer de trouver un adulte en qui vous avez confiance. Il peut s'agir d'un enseignant, d'un conseiller scolaire, d'un parent ou de tout autre adulte que vous connaissez et avec qui vous vous sentez à l'aise. Les adultes peuvent immédiatement appeler la police et demander de l'aide en décrivant la situation.

Lorsque vous demandez de l'aide, il est important d'être prêt à décrire la situation de manière aussi détaillée que possible. Décrivez ce qui se passe, quand et où cela se produit, qui est impliqué et comment cela vous affecte. Plus vous pourrez décrire la situation avec précision, mieux ils pourront vous aider.

N'hésitez pas à demander du soutien et de l'action. Les adultes ont la responsabilité de veiller à la sécurité et au bien-être des enfants et des jeunes, et ils doivent prendre des mesures pour mettre fin à la violence sexiste et protéger les victimes. Ils peuvent également vous offrir des conseils et un soutien sur la manière de faire face à la violence sexiste à l'avenir.

L'adulte peut analyser lui-même la situation, appeler à l'aide et, si la condition physique de la personne le permet, même intervenir dans la situation.

N'oubliez pas que demander de l'aide vous aidera non seulement à faire face à votre situation actuelle de violence sexiste, mais peut également contribuer à créer un environnement sûr et favorable dans votre école ou dans votre communauté dans son ensemble.

2. Documentez l'incident : si vous pouvez le faire en toute sécurité, notez les détails de l'événement, y compris la date, l'heure, le lieu et les noms des témoins. Cela peut être utile à l'avenir si vous devez fournir des informations sur ce qui s'est passé.

Documenter les incidents de violence sexiste est une étape importante non seulement pour la victime, mais aussi pour ceux qui peuvent contribuer à résoudre le problème. L'enregistrement des détails des incidents fournit une base documentée et objective pour les actions ultérieures et peut être utile dans diverses situations.

Premièrement, il est important de comprendre que documenter les incidents de violence sexiste est nécessaire non seulement pour garantir la sécurité de la victime, mais également pour prévenir de nouveaux incidents. L'enregistrement des détails d'un événement, tels que la date, l'heure, le lieu et la description de ce qui s'est passé, permet de créer une image objective de ce qui s'est passé et fournit des informations importantes pour enquêter sur la situation.

Il est important de noter que la documentation des incidents ne doit être effectuée que dans un environnement sécurisé pour éviter de mettre la victime en danger. Si la victime estime qu'elle est en danger ou que sa sécurité peut être compromise en documentant l'incident, elle doit demander l'aide d'un adulte ou d'une autre personne de confiance.

Il est également important d'inclure les noms des témoins dans la documentation s'ils sont disponibles. Les témoignages peuvent être importants pour confirmer ce qui s'est passé et aider à prendre des décisions sur les prochaines étapes.

Enfin, documenter les incidents de violence sexiste contribue à créer une base pour prendre des mesures visant à prévenir de nouvelles violences basées sur le genre et à protéger les droits de la victime. Ces dossiers peuvent être utilisés dans divers contextes, par exemple pour contacter les autorités scolaires, les forces de l'ordre ou les autorités judiciaires, si nécessaire.

Dans l'ensemble, documenter les incidents de violence sexiste joue un rôle important pour garantir la sécurité de la victime, prévenir de nouveaux incidents et garantir la justice.

3. Interrompez la situation : Si vous voyez quelqu'un subir des violences basées sur le genre, essayez d'interrompre la situation en dirigeant l'attention de l'agresseur vers autre chose ou en engageant une conversation avec la victime pour détourner son attention.

Lorsqu'on est confronté à une situation de violence basée sur le genre, l'interrompre peut être un moyen efficace pour aider la victime et changer le cours des événements. L'intervention peut contribuer à réduire les tensions et à empêcher une nouvelle escalade du conflit. Voici quelques détails sur la manière dont vous pouvez mettre fin à la violence sexiste et pourquoi c'est important.

- Intervention directe : si vous voyez une personne victime de violence sexiste, l'intervention directe peut être la plus efficace. Vous pouvez vous adresser à l'intimidateur et interrompre son comportement, par exemple en disant : « S'il vous plaît, arrêtez, ce n'est pas la bonne façon de communiquer avec d'autres personnes. Cela peut fonctionner, surtout si vous êtes déterminé et confiant.

- Distraire l'agresseur : Parfois, le simple fait de détourner l'attention de l'agresseur peut contribuer à interrompre une situation de violence basée sur le genre. Vous pouvez entamer une conversation avec l'intimidateur sur un autre sujet ou l'inviter à vous rejoindre dans une autre activité. Cela peut l'aider à changer d'orientation et à réduire son désir de poursuivre son comportement agressif.

- Accompagner la victime : Il est également important d'être attentif à la victime et de lui apporter son soutien. Faire preuve de compassion et de compréhension peut faire une grande différence en permettant à une victime de se sentir protégée et soutenue. Le simple fait de parler à la victime ou d'exprimer votre soutien peut l'aider à se sentir moins seule et plus en confiance.

- Demander de l'aide : Si vous ne savez pas comment interrompre au mieux une situation de violence sexiste, ou si vous n'avez pas la capacité de le faire vous-même, demandez l'aide d'autres adultes ou du personnel éducatif. Ils peuvent offrir leur soutien et prendre les mesures nécessaires pour mettre fin à la violence sexiste.

Mettre fin à une situation de violence sexiste n'est peut-être pas une étape facile, mais il est important de créer un environnement sûr et favorable pour chacun. L'intervention peut contribuer à modifier le cours des événements, à protéger la victime et à empêcher une nouvelle escalade du conflit.

4. Montrez votre soutien : approchez-vous de la victime et montrez votre soutien. Faites preuve de gentillesse et de compassion, dites clairement que vous voyez ce qui se passe et que vous êtes prêt à aider.

Montrer son soutien à une victime de violence sexiste est une étape importante qui peut avoir un impact significatif sur son bien-être émotionnel et sa capacité à y faire face. Voici un aperçu plus approfondi de cette stratégie :

- Abordez avec gentillesse et compassion : Lorsque vous approchez une victime, il est très important d'être gentil et compatissant. Utilisez des mots gentils et une expression corporelle confiante pour montrer que vous vous intéressez à son bien-être et que vous êtes prêt à l'aider.

- Comprendre la situation : Il est important de montrer à la victime que vous êtes conscient de ce qui se passe et que vous la soutenez dans son combat. Vous pourriez dire quelque chose comme : « Je t'ai vu traverser une situation difficile et je veux que tu saches que je suis là pour te soutenir. »

- Offrir de l'aide : Après avoir exprimé votre soutien, proposez votre aide. Demandez à la victime ce que vous pouvez faire pour l'aider et lui permettre de communiquer ses sentiments et ses besoins. Cela pourrait être quelque chose comme : « Si vous avez besoin que quelqu'un vous écoute, je suis là. Ou si vous avez besoin d'aide pour résoudre cette situation, faites-moi savoir que je suis disponible pour vous aider.

- Créer un espace sûr : Il est important de créer un espace sûr et favorable pour la victime où elle peut se sentir à l'aise et protégée. Offrez votre soutien et rassurez-vous en lui disant qu'elle n'est pas seule dans son combat. Écoutez-la attentivement, sans jugement, et respectez ses sentiments.

- Un soutien continu : Il est important de continuer à soutenir la victime et de rester proche d'elle sur le long terme. Offrez votre soutien et votre amitié et soyez prêt à la soutenir chaque fois qu'elle a besoin de votre aide.

Faire preuve de gentillesse, de compassion et d'une volonté d'aider une victime de violence sexiste peut faire une énorme différence dans sa vie. Cela peut l'aider à se sentir moins seule et plus confiante, et lui apporter le soutien dont elle a besoin pour faire face à une situation difficile.

5. Éducation : Éduquez les autres sur les méfaits de la violence basée sur le genre et sur la manière d'aider les victimes. Maintenez un environnement convivial et respectueux dans votre environnement où chacun se sent en sécurité.

Éduquer les autres sur les méfaits de la violence basée sur le genre et sur la manière d'aider les victimes est une étape importante vers la création d'un environnement sûr et respectueux dans notre société. Voici un aperçu plus approfondi de cette stratégie et pourquoi elle peut être efficace :

- Comprendre les méfaits de la violence basée sur le genre : La première étape pour éduquer les autres sur la violence basée sur le genre est de les informer sur ce qu'est la violence basée sur le genre, les formes qu'elle peut prendre et le préjudice qu'elle cause aux victimes. Cela aidera les autres à comprendre la gravité du problème et pourquoi il est important de le combattre.

- Promouvoir les connaissances sur la manière d'aider : Éduquer les autres sur la manière d'aider les victimes de violence basée sur le genre implique de partager les différentes stratégies de soutien et de plaidoyer qui peuvent être utilisées dans les cas de violence basée sur le genre. Cela peut inclure d'apprendre à reconnaître les signes de violence basée sur le genre, de savoir comment y répondre efficacement et d'offrir soutien et empathie à la victime.

- Créer une atmosphère conviviale et respectueuse : Enseigner aux autres implique également de créer une culture générale de respect et de soutien dans leur environnement. Cet objectif peut être atteint en favorisant une communication respectueuse, l'entraide et la compréhension entre les personnes. Lorsque les gens savent qu'ils peuvent compter sur le soutien et la protection de leur entourage, il leur est plus facile de faire face aux situations de violence sexiste.

- Programmes de soutien contre les violences basées sur le genre : Il est important de soutenir et de participer à des programmes et activités visant à lutter contre les violences basées sur le genre et à soutenir les victimes. Cela peut inclure la participation à des activités de lutte contre la violence sexiste, l'éducation des écoles et des communautés et le soutien aux organisations caritatives qui luttent contre le problème.

Éduquer les autres sur les méfaits de la violence sexiste et sur la manière d'aider les victimes contribue non seulement à sensibiliser l'opinion à ce problème, mais crée également une société dans laquelle chacun se sent protégé et respecté. Il s'agit d'une étape importante vers la création d'un environnement sûr et favorable pour tous les membres.

Il est important de rappeler qu'intervenir dans une situation de violence basée sur le genre demande du courage et de la détermination, mais votre soutien peut sauver la victime de l'agression.

❖ · ❖ · ❖ · ❖ · ❖ · ❖ · ❖ · ❖ · ❖ · ❖ · ❖ · ❖ · ❖ · ❖ · ❖

Chapitre 25.
Éducation et couverture.

Dans la société moderne, le problème de la violence sexiste reste l'un des défis sociaux les plus graves qui nécessitent une intervention immédiate et efficace. Malgré les efforts de nombreux pays et organisations internationales, la violence sexiste reste un phénomène répandu, affectant la vie de millions de personnes dans le monde. Dans ce contexte, l'éducation sur la violence basée sur le genre joue un rôle clé dans la prévention, la résolution et la transformation du problème.

Dans ce chapitre, nous examinerons l'importance de l'éducation sur la violence basée sur le genre et son impact sur la prévention de ce phénomène. Nous explorerons le rôle de l'éducation dans la prévention de la violence basée sur le genre et les conséquences du manque de sensibilisation à ce problème. Nous examinerons ensuite les approches efficaces en matière d'éducation sur la violence sexiste, ainsi que des exemples de programmes et d'initiatives éducatives réussies. La dernière partie du chapitre sera consacrée à l'évaluation de l'efficacité des programmes éducatifs et des perspectives de leur développement.

L'éducation sur la violence sexiste est la pierre angulaire de la lutte contre ce problème pour plusieurs raisons.

Premièrement, elle joue un rôle clé dans l'éducation de la société sur les différentes formes de violence basée sur le genre, ses causes et ses conséquences. Les citoyens informés sont mieux à même de reconnaître et de réagir aux incidents de violence et de fournir un soutien aux victimes.

Deuxièmement, l'éducation sur la violence sexiste contribue à changer les attitudes culturelles et les stéréotypes qui sous-tendent ce phénomène. Grâce à l'éducation, une société tolérante et inclusive peut être créée, dans laquelle il n'y a aucune place pour la violence et la discrimination fondées sur le sexe.

Enfin, une éducation efficace sur la violence sexiste contribue à créer des mécanismes durables pour protéger les droits des victimes et punir les auteurs. Il sensibilise les citoyens aux droits de l'homme et contribue à susciter une condamnation publique de la violence, une étape importante vers son élimination.

La violence sexiste reste un problème grave et l'éducation joue un rôle important dans sa prévention. Dans cette section, nous examinerons divers aspects du rôle de l'éducation dans la prévention et la lutte contre la violence basée sur le genre.

Les programmes éducatifs et les cours sur la violence sexiste constituent un outil important dans la lutte contre ce phénomène. Ils permettent de diffuser les connaissances sur les différentes formes de violences basées sur le genre, leurs causes et leurs conséquences auprès des différentes tranches d'âge et couches sociales. Ces programmes peuvent inclure des conférences, des séminaires, des formations et des webinaires, ainsi que des cours en ligne accessibles à un large éventail d'utilisateurs. Le but de ces programmes n'est pas seulement d'éduquer la société sur le problème de la violence sexiste, mais aussi d'enseigner les compétences nécessaires pour la prévenir et y répondre.

Les écoles et les établissements d'enseignement jouent un rôle important dans l'élaboration de la vision du monde et des valeurs de la jeune génération. C'est là que commence le processus de développement d'une compréhension de l'égalité des sexes et du respect des droits de toutes les personnes, quel que soit leur sexe. Les programmes scolaires devraient inclure des modules éducatifs sur la violence sexiste qui aident les élèves à comprendre ses effets néfastes et à enseigner des moyens efficaces d'y répondre. Il est également important de créer un environnement sûr et favorable dans les établissements éducatifs où les élèves peuvent se sentir en sécurité et compris.

Une étape importante vers la lutte contre la violence sexiste consiste à inclure des sujets pertinents dans les programmes et les manuels scolaires. Cela contribuera à garantir une étude systématique et complète du problème à différents niveaux d'enseignement. Les étudiants recevront des informations sur la violence sexiste dès le début de leur scolarité, ce qui leur permettra de développer une compréhension correcte de leurs droits et responsabilités.

Les activités éducatives et les campagnes de sensibilisation sur la violence sexiste sont importantes pour sensibiliser le public à ce problème. Ils permettent non seulement de diffuser des informations sur les formes et les conséquences de la violence, mais aussi de provoquer la condamnation publique de ce phénomène. Ces campagnes peuvent inclure des marches, des forums, des conférences et l'utilisation des réseaux sociaux et des médias pour diffuser des informations. Il est important que ces événements s'adressent à un large public et contribuent à la formation d'une société tolérante et inclusive.

Une éducation insuffisante sur la violence sexiste a de graves conséquences tant sur la société dans son ensemble que sur le bien-être psychologique individuel. Cette section est consacrée à l'examen de ces conséquences.

Une éducation insuffisante sur la violence sexiste entraîne un certain nombre de conséquences négatives pour la société. Premièrement, cela perpétue les normes culturelles et sociales qui soutiennent la discrimination et la violence contre certains groupes. Cela crée un environnement inhospitalier dans lequel la violence sexiste peut persister et même s'intensifier. En outre, une éducation insuffisante limite la capacité d'une société dans son ensemble à se développer et à prospérer, car elle constitue un obstacle au plein potentiel de tous ses membres.

Le manque d'informations sur la violence sexiste peut avoir de graves conséquences sur le bien-être psychologique d'un individu. Les personnes qui n'ont pas suffisamment de connaissances sur la violence sexiste peuvent en devenir victimes ou témoins sans avoir la capacité de réagir et de se protéger de manière adéquate. Cela peut entraîner des sentiments d'impuissance, de peur, une faible estime de soi, de l'anxiété et de la dépression chez les victimes, ainsi qu'une détérioration des relations familiales et communautaires.

Une éducation inadéquate sur la violence sexiste a également des conséquences économiques et sociales. Cela peut conduire à une participation réduite des femmes à la vie sociale et économique, ainsi qu'à un accès limité à l'éducation, aux soins de santé et aux ressources. Cela a à son tour un impact négatif sur le développement économique du pays et sur la structure sociale de la société dans son ensemble. Combattre la violence basée sur le genre par l'éducation devient donc une étape nécessaire pour assurer un développement durable et équitable de la société.

L'éducation sur la violence sexiste nécessite des approches et des stratégies innovantes pour être la plus efficace possible. Cette section examine diverses approches qui peuvent être utilisées pour mettre en œuvre avec succès des programmes éducatifs.

Le recours à des méthodes pédagogiques innovantes est essentiel à une éducation efficace sur la violence sexiste. Cela inclut l'apprentissage actif, les techniques basées sur le jeu, les études de cas et d'autres formes d'apprentissage interactives qui peuvent impliquer les étudiants et les motiver à en apprendre davantage sur un sujet donné. De telles techniques contribuent à rendre le processus éducatif plus accessible, compréhensible et attrayant pour un large public.

S'engager auprès des médias et du public constitue une autre approche efficace de l'éducation sur la violence sexiste. Cela comprend la création de campagnes de sensibilisation, la publication d'articles et de documents dans des publications imprimées, la participation à des programmes de télévision et de radio et l'utilisation des médias sociaux et d'autres canaux de communication pour diffuser des informations sur la violence sexiste. Grâce à un engagement public actif, il est possible de sensibiliser à un problème et de stimuler le dialogue public sur le sujet.

La mobilisation des jeunes et des étudiants joue un rôle important dans la lutte contre la violence sexiste. Les jeunes sont le moteur du changement social, et leur participation active aux programmes éducatifs peut contribuer à façonner de nouvelles valeurs et normes incompatibles avec la violence et la discrimination. Ceci peut être réalisé grâce à l'organisation de clubs étudiants, d'événements et de projets dédiés au problème de la violence basée sur le genre, ainsi qu'à travers l'inclusion de sujets pertinents dans le programme et une discussion active à leur sujet en classe.

Une approche interdisciplinaire de l'éducation à la violence basée sur le genre nous permet d'envisager cette question sous différents angles et dans le contexte de différentes disciplines scientifiques. Cela implique d'utiliser les connaissances de la sociologie, de la psychologie, du droit, de la médecine, des études culturelles et d'autres domaines scientifiques pour mieux comprendre les causes et les conséquences de la violence sexiste et pour développer des méthodes plus efficaces pour la prévenir et la surmonter.

Les programmes éducatifs et les initiatives visant à lutter contre la violence sexiste sont essentiels pour résoudre ce grave problème social. Cette section examine des exemples de programmes et d'initiatives éducatives réussies à différents niveaux.

A. Projets et initiatives internationaux :

1. Tous tous pour mettre fin à la violence à l'égard des femmes : cette initiative des Nations Unies vise à promouvoir les efforts des États pour lutter contre la violence basée sur le genre. Le programme comprend de nombreuses activités éducatives et informatives visant à sensibiliser le public au problème et à mobiliser l'opinion publique pour lutter contre la violence à l'égard des femmes.

2. Projet MenEngage Alliance : Ce projet est une alliance mondiale d'organisations œuvrant pour impliquer les hommes et les garçons dans la lutte contre la violence sexiste. Il soutient des programmes et des initiatives éducatifs visant à surmonter les stéréotypes de genre et à prévenir la violence.

Programmes au niveau national :

1. Éducation sans violence, Brésil : Ce programme, introduit dans les écoles brésiliennes, vise à prévenir la violence dans les établissements d'enseignement. Il comprend des activités éducatives destinées aux élèves, aux parents et aux enseignants sur la violence sexiste, ainsi qu'une formation des enseignants aux méthodes de prévention et de réponse aux cas de violence.

2. Égalité des chances pour tous, Suède : ce programme national vise

à créer des chances égales pour tous les citoyens, notamment en prévenant et en combattant la violence sexiste. Le programme comprend des activités éducatives à grande échelle et des campagnes visant à changer les attitudes et les normes culturelles qui favorisent la violence.

3. L'Espagne dispose également d'un programme de lutte contre la violence sexiste, connu sous le nom de Ley Orgánica de medidas de protección intégral contra la violencia de género. Ce programme a été adopté en 2004 et constitue un ensemble de mesures visant à prévenir, protéger et punir les violences basées sur le genre.

Le programme comprend différents volets de lutte contre les violences basées sur le genre :

- Prévention et sensibilisation : Mener des campagnes et des événements éducatifs pour sensibiliser le public au problème de la violence basée sur le genre, à ses formes, à ses conséquences et aux ressources disponibles pour aider.

- Protection et soutien aux victimes : Fournir aux victimes de violences basées sur le genre différents types de soutien, notamment des conseils, une assistance psychologique, des refuges, une assistance juridique, etc.

- Punir les violeurs : adopter une législation visant à alourdir les peines pour les auteurs de violences basées sur le genre et à garantir que justice soit rendue aux victimes.

- Éducation et formation : Introduction de programmes éducatifs dans les établissements d'enseignement pour développer chez les enfants et les jeunes une attitude respectueuse envers l'égalité des sexes et un comportement non violent.

Ce programme constitue une étape importante dans la lutte contre la violence sexiste en Espagne et comprend des mesures à différents niveaux de la société pour garantir la sécurité et la protection des victimes et pour changer les attitudes culturelles qui contribuent à la violence.

C. Initiatives locales et projets communautaires

1. Projet Community Without Violence, Inde : Ce projet est mis en œuvre au niveau local et vise à prévenir la violence sexiste dans les communautés rurales en Inde. Il comprend des programmes éducatifs destinés aux résidents locaux, des séminaires et des formations sur l'égalité des sexes et la communication non violente.

2. Initiative de soutien aux victimes de violence sexiste, États-Unis : Cette initiative fonctionne au niveau local et vise à apporter un soutien aux victimes de violence sexiste. Il comprend des programmes éducatifs destinés aux communautés locales sur les causes et les conséquences de la violence, ainsi que les ressources et le soutien disponibles.

L'évaluation de l'efficacité des programmes éducatifs visant à lutter contre la violence sexiste joue un rôle important pour déterminer leur impact sur la société et les victimes. Différentes méthodes sont utilisées pour cela :

1. Analyse des données : Recueillir et analyser des données quantitatives et qualitatives sur les réponses du public aux programmes éducatifs, y compris les taux de participation, la compréhension des problèmes, le changement de comportement et les commentaires sur le programme.

2. Enquêtes et entretiens : Réalisation d'enquêtes et d'entretiens avec les participants à des programmes éducatifs pour évaluer leur satisfaction, leur niveau de connaissances et leurs intentions de changer de comportement après avoir participé au programme.

3. Observation et analyse du contenu : observer les progrès du programme et analyser le contenu des supports pour évaluer leur pertinence par rapport aux objectifs du programme et l'efficacité de son impact.

4. Études comparatives : Mener des études comparatives pour comparer les résultats du programme avec les résultats d'autres programmes similaires ou de groupes témoins.

Pour évaluer efficacement un programme, il est important d'identifier les besoins et les préoccupations du public qui peuvent influencer son succès :

1. Analyse des données sur la violence : examiner les statistiques et les données sur la violence sexiste pour déterminer les priorités et les objectifs des programmes éducatifs.

2. Enquêtes et groupes de discussion : Mener des enquêtes et des groupes de discussion auprès des publics cibles pour identifier leurs besoins, leurs attentes et leurs problèmes liés à la violence basée sur le genre.

3. Analyse des retours : Analyse des retours des participants au programme, permettant d'identifier les problèmes et les lacunes dans son organisation et son contenu.

La détermination des indicateurs clés de réussite permet d'évaluer l'efficacité des programmes éducatifs :

1. Changement de connaissances et de comportement : mesurer les niveaux de connaissances des participants avant et après le programme, ainsi que les changements dans leur comportement et leurs attitudes à l'égard de la violence basée sur le genre.

2. Niveau de satisfaction : Une évaluation de la satisfaction des participants au programme quant à son contenu, son organisation et son utilité.

3. Niveau de participation et d'implication : Évaluer le niveau de participation et d'activité des participants aux programmes, ainsi que leur volonté de participer activement à la lutte contre la violence basée sur le genre après avoir suivi des cours de formation.

L'évaluation de l'efficacité des programmes d'éducation sur la violence sexiste permet d'identifier leurs forces et leurs faiblesses et de procéder à des ajustements pour améliorer et accroître encore leur efficacité.

En conclusion, nous devrions résumer l'importance de l'éducation sur la violence basée sur le genre et son impact sur la société, les victimes et le processus de lutte contre la violence. Les points forts incluent :

1. Importance de l'éducation : L'éducation sur la violence basée sur le genre fait partie intégrante de la prévention et de la lutte contre ce phénomène. Il joue un rôle clé dans la sensibilisation du public, le renforcement de l'empathie et du soutien envers les victimes, ainsi que le changement des normes et valeurs culturelles qui promeuvent la violence.

L'éducation sur la violence sexiste est la pierre angulaire du processus visant à surmonter ce phénomène social mondial. Il est indéniable que la connaissance et la compréhension des principaux aspects de la violence sexiste parmi les membres de la société constituent la première étape pour la surmonter. Voyons pourquoi l'éducation joue un rôle si important :

- Sensibiliser le public : L'éducation sur les violences basées sur le genre sensibilise un large éventail de personnes aux différentes formes de violence, à leurs causes, leurs conséquences et aux moyens de les combattre. Cela aide les gens à reconnaître la violence dans leur environnement et à être plus alertes et prêts à agir.

- Développer l'empathie et le soutien pour les victimes : L'éducation contribue à développer l'empathie et la compassion envers les victimes de violences basées sur le genre. Plus les gens comprennent la gravité et l'ampleur du problème, plus ils peuvent faire preuve de soutien et de solidarité envers les victimes.

- Changer les normes et valeurs culturelles : l'éducation peut susciter un débat et remettre en question des normes et valeurs culturelles dépassées qui peuvent contribuer à la violence sexiste. Plus une société est informée et éduquée, plus elle est susceptible de rejeter la violence comme un comportement inacceptable.

Pour les victimes de violences basées sur le genre, qui peuvent être extrêmement sensibles et peu sûres d'elles, l'éducation n'est pas seulement un moyen de protection, mais aussi un outil pour reprendre le contrôle de leur vie. Connaître et comprendre leurs droits et leurs options aide les victimes à devenir plus confiantes et capables d'agir, et à trouver du soutien et de l'aide dans leur environnement.

En outre, l'éducation crée les conditions nécessaires à la transformation de l'opinion publique et de la culture, en rendant l'environnement plus favorable et mieux préparé à lutter contre la violence sexiste. En fin de compte, l'éducation à la violence sexiste n'est pas seulement un outil de lutte, mais aussi une base pour construire une société plus juste et plus inclusive.

2. Résultats positifs : les programmes éducatifs sur la violence sexiste montrent des résultats positifs dans la réduction des incidents de violence, l'augmentation du soutien aux victimes et la création d'environnements plus sûrs et plus inclusifs.

Les résultats positifs obtenus grâce aux programmes d'éducation sur la violence sexiste ont un impact significatif sur la société en général et sur les victimes de violence en particulier. Examinons les principaux aspects qui confirment l'efficacité de tels programmes :

- Réduire les incidents de violence : les programmes éducatifs sur la violence sexiste visent souvent à changer les normes culturelles qui peuvent contribuer à la violence. En éduquant les gens sur les droits, l'égalité et le respect, ces programmes créent une base pour réduire la violence dans la société. Les personnes instruites et informées sont plus susceptibles de condamner et de s'opposer à la violence, ce qui contribue à créer un environnement plus sûr.

- Soutien accru aux victimes : les programmes éducatifs sur la violence basée sur le genre contribuent également à réduire la stigmatisation et l'isolement des victimes en leur fournissant des informations sur les ressources et le soutien disponibles en cas de violence. Ces programmes renforcent également les réseaux de soutien, notamment les amis, la famille, les communautés et les organisations professionnelles, permettant ainsi aux victimes de rechercher plus facilement de l'aide et du soutien.

- Créer un environnement sûr et inclusif : Les programmes éducatifs sur la violence basée sur le genre contribuent à la création d'une société où chaque personne est respectée et protégée contre la violence. En éduquant les communautés sur les droits et l'égalité, ces programmes contribuent à créer une culture de respect et de soutien qui favorise un environnement plus sûr et plus inclusif pour tous.

Pour les victimes de violences basées sur le genre qui sont sensibles et manquent de confiance en elles, la connaissance de l'efficacité des programmes éducatifs peut être une source de soutien et de motivation. Ils peuvent constater qu'il existe des outils et des ressources qui peuvent les aider à surmonter les difficultés et à trouver de la force. Les résultats positifs de ces programmes démontrent que le changement est possible et que chaque personne mérite de vivre dans un environnement sûr et respectueux.

3. La nécessité d'un développement ultérieur : Il est important de continuer à développer et à améliorer les programmes éducatifs, en tenant compte de l'évolution des besoins de la société, des nouveaux défis et exigences.

Le développement et l'amélioration des programmes éducatifs sur la violence sexiste constituent un aspect extrêmement important de la lutte contre ce phénomène mondial. Examinons quelques arguments clés qui soulignent la nécessité de ce développement :

- Besoins changeants de la société : La société évolue constamment, tout comme les besoins en matière d'éducation sur la violence sexiste. Les nouvelles technologies, les tendances socioculturelles et les changements législatifs peuvent nécessiter une mise à jour et une adaptation des programmes éducatifs pour répondre plus efficacement aux besoins de la société.

- Nouveaux défis et exigences : La violence basée sur le genre est un phénomène complexe et multiforme qui prend constamment de nouvelles formes et manifestations. Pour lutter contre ce phénomène, les programmes éducatifs doivent être flexibles et prêts à s'adapter aux nouveaux défis tels que la violence numérique, le harcèlement en ligne, la violence économique et d'autres formes d'agression qui peuvent survenir.

- Amélioration continue des méthodes et des approches : Le développement de programmes éducatifs sur les violences basées sur le genre nécessite également une amélioration constante des méthodes et des approches. Cela peut inclure la recherche, l'évaluation des performances, le partage d'expériences avec d'autres programmes et des approches innovantes en matière de formation et de communication.

- Soutenir et renforcer les victimes : Pour les victimes de violences basées sur le genre, le développement continu de programmes éducatifs signifie l'accès à un éventail plus large de ressources et de soutien. Cela peut inclure des programmes de santé mentale, des conseils juridiques, un soutien communautaire et d'autres types d'assistance pour aider les victimes à guérir et à reprendre une vie normale.

Pour les victimes de violences basées sur le genre qui sont extrêmement sensibles et manquent de confiance en elles, il est important de comprendre que le développement de programmes éducatifs signifie que la société reconnaît leurs problèmes et est prête à leur apporter aide et soutien. Cela crée la base d'un changement positif et donne l'espoir d'un environnement plus sûr et plus favorable.

La société doit développer des perspectives de développement de l'éducation sur la violence sexiste et déterminer d'autres étapes :

1. Développement de nouvelles méthodes : Il est nécessaire de rechercher et de mettre en œuvre en permanence de nouvelles méthodes et approches d'enseignement sur la violence basée sur le genre, en tenant compte des tendances actuelles et des capacités technologiques.

Le développement de nouvelles méthodes pédagogiques sur la violence sexiste constitue un aspect important dans la lutte contre ce phénomène. Jetons un coup d'œil à quelques aspects clés qui soulignent l'importance de rechercher et de mettre en œuvre constamment de nouvelles techniques :

- Tendances actuelles : la société est en constante évolution et, avec elle, les tendances en matière d'éducation et d'information évoluent également. Les nouvelles générations sont confrontées à des défis et à des situations uniques qui nécessitent des méthodes d'apprentissage appropriées. Par exemple, avec le développement des technologies numériques et d'Internet, les programmes éducatifs peuvent introduire des cours en ligne, des applications mobiles et d'autres outils pédagogiques modernes.

- Capacités technologiques : Les technologies modernes offrent de grandes opportunités pour créer du matériel pédagogique interactif et attrayant. Le recours à la réalité virtuelle, à l'animation, à la gamification et à d'autres méthodes innovantes peut rendre l'apprentissage plus amusant et plus efficace, notamment pour les jeunes et les étudiants.

- Approche individualisée : Une variété de méthodes d'enseignement permet d'adapter l'approche d'apprentissage aux besoins individuels et aux caractéristiques de chaque élève. Certaines victimes de violences basées sur le genre peuvent avoir des difficultés à communiquer ou à apprendre dans les salles de classe traditionnelles. Dans ce cas, par exemple, des consultations individuelles ou des séances de groupe peuvent être plus efficaces.

- Approche interdisciplinaire : L'intégration de connaissances provenant de divers domaines, tels que la psychologie, la sociologie, le droit et autres, nous permet de créer une compréhension plus complète et approfondie de la problématique de la violence basée sur le genre. Former les étudiants et les professionnels avec une approche multidisciplinaire peut apporter une réponse plus globale et plus efficace à ce phénomène.

- Poursuite des recherches : la poursuite des recherches sur l'éducation et la violence sexiste contribue à identifier de nouvelles approches et techniques qui pourraient être plus efficaces pour prévenir la violence et soutenir les victimes. Le soutien à des projets de recherche et l'échange d'expériences entre scientifiques et praticiens contribuent au développement de méthodes pédagogiques innovantes.

L'introduction de nouvelles méthodes pédagogiques sur la violence basée sur le genre améliore non seulement la compréhension de ce problème, mais contribue également à une prévention et un contrôle plus efficaces. Cela crée l'espoir d'un avenir où chacun aura accès à une éducation et à des informations de qualité qui contribueront à protéger les droits et la sécurité de tous les membres de la société.

2. Accroître l'accessibilité : Il est important de garantir que l'éducation sur la violence basée sur le genre soit accessible à tous les segments de la société, y compris les différents groupes d'âge, catégories sociales et régions.

Rendre l'éducation sur la violence basée sur le genre accessible à tous les segments de la société est un aspect clé de la lutte contre ce grave problème social. Jetons un coup d'œil à quelques points importants qui soulignent l'importance d'améliorer l'accès à l'éducation :

- Inclusivité : les programmes éducatifs sur la violence basée sur le genre doivent être inclusifs et atteindre différentes catégories sociales, notamment les femmes, les hommes, les enfants, les adolescents, les personnes âgées et les personnes issues de différentes origines culturelles et ethniques. Cela permet une couverture maximale et prend en compte une variété de situations et de besoins.

- Approche à plusieurs niveaux : l'éducation sur la violence basée sur le genre devrait être disponible à différents niveaux, depuis les jardins d'enfants et les écoles jusqu'aux cours universitaires et aux programmes de formation professionnelle. Cette approche multi-niveaux nous permet d'atteindre toutes les tranches d'âge et d'assurer une formation continue tout au long de la vie.

- Aspect régional : Il est important de prendre en compte les caractéristiques des différentes régions lors de l'élaboration des programmes éducatifs. Dans certaines sociétés, la violence sexiste peut être plus courante ou moins signalée ; les approches doivent donc être adaptées aux besoins locaux et aux contextes culturels.

- Sécurité psychologique : Pour de nombreuses victimes de violences basées sur le genre, l'apprentissage de ce sujet peut être émotionnellement difficile. Il est donc important de créer des environnements éducatifs sûrs et solidaires où les gens peuvent discuter ouvertement de leurs expériences et recevoir l'aide et le soutien dont ils ont besoin.

- Accès aux ressources : Outre les programmes de formation, il est important de donner accès à diverses ressources d'information sur la violence basée sur le genre, telles que des brochures, des sites Internet, des conférences, des vidéos, etc. Cela permet aux personnes de se renseigner sur le sujet et d'obtenir les informations nécessaires.

Rendre l'éducation sur la violence sexiste accessible à tous les secteurs de la société contribue non seulement à prévenir la violence, mais contribue également à créer un environnement plus favorable et plus sûr dans lequel chacun peut se sentir protégé et respecté.

3. Renforcement de la coopération internationale : Il est nécessaire de promouvoir l'échange d'expériences et la coopération entre les pays et les organisations internationales pour développer et mettre en œuvre des programmes éducatifs efficaces.

Le renforcement de la coopération internationale dans l'élaboration et la mise en œuvre de programmes éducatifs sur la violence sexiste joue un rôle important dans la lutte contre ce grave phénomène social. Examinons les principaux aspects de ce processus :

- Échange d'expériences et transfert de connaissances : La coopération internationale permet aux pays et aux organisations de partager leurs expériences, bonnes pratiques et bonnes pratiques dans le domaine de l'éducation aux violences basées sur le genre. Cet échange nous permet d'apprendre des expériences d'autres pays et d'adapter des approches efficaces à nos conditions et besoins uniques.

- Recherche et projets conjoints : la coopération internationale facilite également le développement conjoint de programmes et d'initiatives éducatives, ainsi que la recherche et l'analyse conjointes de l'efficacité des méthodes appliquées. Cela permet d'identifier les défis communs et de trouver des solutions innovantes.

- Formation et personnel : L'échange d'expériences comprend non seulement le transfert de connaissances, mais aussi la formation de professionnels travaillant dans le domaine de la violence basée sur le genre, tels que des psychologues, des travailleurs sociaux, des enseignants et d'autres spécialistes. Cela permet au personnel d'être mieux formé et de fournir des services plus efficaces aux victimes.

- Développement de normes et politiques internationales : La coopération internationale contribue au développement et au soutien des normes et législations internationales dans le domaine de la protection des droits des victimes de violences basées sur le genre. Cela crée la base pour la formation d'approches harmonisées du problème au niveau international.

-Soutien aux groupes vulnérables : La coopération internationale permet également de garantir que les groupes vulnérables, tels que les migrants, les réfugiés, la communauté LGBTQ+ et autres, soient particulièrement soutenus, en tenant compte de leurs besoins spécifiques et des défis liés aux violences basées sur le genre.

Pour les survivantes de violences basées sur le genre qui peuvent ressentir de la peur et de l'incertitude, il est important de comprendre que la coopération internationale renforce la capacité de lutter contre la violence à l'échelle mondiale. Le partage d'expériences et de connaissances entre les pays contribue à développer des approches plus efficaces pour prévenir la violence et soutenir les victimes, créant ainsi un environnement plus sûr et plus favorable pour chacun.

En conclusion, il convient de souligner que l'éducation sur la violence sexiste joue un rôle essentiel dans la création d'une société plus sûre et plus juste. Notre responsabilité sociale est de garantir que cette éducation soit accessible à toutes les couches de la population, quels que soient leur statut social, leur âge, leur sexe ou leur lieu de résidence.

La poursuite du développement des programmes éducatifs sur la violence sexiste est une étape nécessaire vers la création d'une culture de non-violence et de respect des droits de chaque personne. Ces programmes promeuvent non seulement des mesures préventives, mais aident également les victimes à se rétablir et à recevoir le soutien dont elles ont besoin.

Compte tenu des défis en constante évolution et des tendances actuelles, nous devons constamment rechercher de nouvelles méthodes et approches pour enseigner la violence basée sur le genre, ainsi que promouvoir l'échange d'expériences et la coopération au niveau international.

Ce n'est qu'en accordant une attention accrue à cette question et en intensifiant les efforts dans le domaine éducatif que nous pourrons construire une société dans laquelle chaque personne est protégée contre la violence sexiste et où les droits et libertés de chaque individu sont reconnus et respectés.

✧ · ✧ · ✧ · ✧ · ✧ · ✧ · ✧ · ✧ · ✧ · ✧ · ✧ · ✧ · ✧ · ✧ · ✧

Chapitre 26.
Implication de la communauté.

Dans la société moderne, le problème de la violence sexiste reste l'un des défis les plus graves qui nécessitent une solution immédiate et globale. La violence basée sur le genre, quelle que soit sa forme – physique, psychologique, sexuelle ou économique, a des conséquences dévastatrices tant pour les individus que pour la société dans son ensemble. Elle détruit des vies, perturbe le bien-être psychologique et émotionnel et crée des déséquilibres dans les relations socio-économiques.

La violence basée sur le genre est une violence fondée sur l'appartenance d'une personne à un sexe ou à un genre particulier. Elle peut prendre la forme de violences physiques, psychologiques, sexuelles ou économiques et se produire dans divers domaines de la vie, notamment la famille, la communauté, le lieu de travail et les établissements d'enseignement. La violence basée sur le genre cible le plus souvent les femmes et les filles, mais touche également les hommes et les garçons, sous différentes formes et contextes. L'engagement communautaire est un élément essentiel dans la lutte contre la violence basée sur le genre. La société, en reconnaissant la gravité du problème et en participant activement à sa résolution, peut être un moteur clé du changement et de la création d'un environnement sûr et inclusif pour tous ses membres. Le soutien et la participation de chaque individu dans la lutte contre la violence basée sur le genre contribuent non seulement à soutenir les victimes et à prévenir de nouveaux cas de violence, mais créent également une société consciente, empathique et responsable, prête à accepter et à respecter les différences, et à créer les conditions de l'égalité et de la justice..

L'éducation joue un rôle clé dans la lutte contre la violence sexiste, car elle constitue l'un des principaux outils permettant de façonner les valeurs, les normes et les comportements de la société. Des programmes et campagnes éducatifs efficaces contribuent à sensibiliser à la violence sexiste, à renforcer l'empathie et le soutien aux victimes et à changer les attitudes culturelles qui favorisent la violence. L'éducation aide les gens à comprendre l'importance de l'égalité des sexes, du respect des droits individuels et de la dignité de chaque personne, qui constituent le fondement de la création d'une société sûre et inclusive.

Programmes et campagnes éducatives :

1. Conférences et séminaires : L'organisation de conférences et de séminaires sur la violence sexiste contribue à sensibiliser l'opinion au problème et fournit également une plate-forme pour discuter des problèmes et trouver des solutions.

2. Master classes et formations : Organiser des master classes et des formations sur le thème de la violence sexiste contribue à élargir les connaissances et les compétences dans le domaine de la prévention et de la réponse à la violence.

3. Création de brochures d'information et de campagnes publicitaires : L'élaboration de supports d'information et de campagnes publicitaires contribue à diffuser des informations sur les formes de violence basée sur le genre, ses conséquences, ainsi que les ressources disponibles et les moyens de la combattre.

4. Vidéos éducatives : La création de vidéos éducatives vous permet de transmettre des informations sur la violence basée sur le genre à un public plus large, en les rendant plus accessibles et compréhensibles.

5. Campagnes interactives sur les réseaux sociaux : Utiliser les réseaux sociaux pour mener des campagnes interactives sur la violence sexiste permet de toucher un public plus large, en particulier les jeunes, et stimule le dialogue et les échanges sur le sujet.

6. Intégration de la violence sexiste dans les programmes scolaires : L'intégration de l'éducation sur la violence sexiste dans les programmes et les manuels scolaires contribue à sensibiliser à ce problème au niveau éducatif et constitue une base pour comprendre et prévenir la violence future.

La formation des travailleurs et des professionnels communautaires joue un rôle important dans la lutte contre la violence basée sur le genre, car ces professionnels sont souvent les premiers intervenants auprès des victimes de violence et jouent un rôle clé dans leur fourniture de soutien et de protection.

1. Divers groupes professionnels : Une formation est dispensée aux responsables de l'application des lois, aux agents de santé, aux travailleurs sociaux, aux éducateurs, aux avocats et à d'autres professionnels susceptibles de rencontrer des victimes de violences basées sur le genre dans le cadre de leur travail.

2. Reconnaître les signes de violence : La formation vise à permettre aux professionnels de reconnaître les signes de violence basée sur le genre chez leurs clients ou patients et de leur apporter le soutien et l'assistance appropriés.

3. Mener une réponse appropriée : la formation comprend des

techniques pour des réponses appropriées aux situations de violence basée sur le genre, notamment la fourniture d'une aide d'urgence, la fourniture d'informations sur les ressources et les services disponibles et la fourniture d'un hébergement sûr aux victimes.

4. Fournir un soutien émotionnel : Les professionnels sont formés pour fournir un soutien émotionnel aux victimes de violences basées sur le genre, notamment en écoutant, en faisant preuve d'empathie et en comprenant leurs besoins.

5. Collaboration avec d'autres organisations : La formation comprend également des aspects de collaboration avec d'autres professionnels et organisations travaillant dans le domaine de la prévention et de la lutte contre la violence basée sur le genre pour apporter un soutien complet aux victimes.

La formation des agents et des professionnels communautaires les aide non seulement à mieux comprendre et à mieux répondre à la violence sexiste, mais contribue également à créer des systèmes de soutien plus efficaces pour les victimes et à prévenir la violence dans la société.

L'intégration de la violence sexiste dans les programmes et le matériel pédagogique joue un rôle clé dans la lutte contre ce phénomène. Cela permet aux étudiants de développer une compréhension des normes, des stéréotypes et des rôles liés au genre, ainsi que de leur enseigner les compétences nécessaires pour prévenir et réagir à la violence. Voici quelques aspects qu'il est important de prendre en compte lors de l'intégration de la violence sexiste dans les programmes scolaires :

1. Intégration dans diverses matières : Les thèmes de la violence basée sur le genre peuvent être introduits dans diverses matières éducatives, telles que la sociologie, la psychologie, le droit, la médecine, les sciences sociales et autres. Cela aide les étudiants à acquérir une compréhension globale d'un problème sous plusieurs perspectives et à développer une compréhension globale de ses mécanismes et de ses conséquences.

2. Formation à l'empathie et aux compétences de soutien : les programmes éducatifs devraient inclure des modules sur le développement de l'empathie, la compréhension des sentiments et des besoins des autres, ainsi que les compétences nécessaires pour soutenir les victimes de violences basées sur le genre. Cela contribue à créer une atmosphère de compréhension mutuelle et de solidarité dans l'environnement d'apprentissage.

3. Communiquer sur les droits et les ressources : le matériel pédagogique doit fournir des informations sur les droits des victimes de violences basées sur le genre, les ressources disponibles pour l'assistance et la protection, ainsi que les procédures pour demander de l'aide. Cela aide les élèves à comprendre leurs droits et leurs options lorsqu'ils sont confrontés à la violence.

4. Développement de la pensée critique : L'enseignement sur la violence basée sur le genre favorise le développement de la pensée critique chez les élèves, les aidant à analyser les stéréotypes, les normes et les préjugés qui sous-tendent la violence et à développer leur propre position face à ce problème.

5. Application dans la vie réelle : Il est important que les programmes éducatifs offrent aux étudiants la possibilité d'appliquer les connaissances et compétences acquises dans la vie réelle, par exemple en participant à des projets, à des événements ou en faisant du bénévolat pour lutter contre la violence sexiste.

Dans l'ensemble, l'inclusion de la violence sexiste dans les programmes et le matériel pédagogique constitue une étape importante vers la création d'une société consciente et empathique, capable de faire face à ce problème et de créer un environnement sûr pour tous.

Les médias et les communications publiques jouent un rôle clé en façonnant l'opinion publique et en influençant les normes et valeurs sociales. Lorsqu'il s'agit de lutter contre la violence basée sur le genre, ces outils peuvent être un outil puissant pour éduquer, sensibiliser à ce problème et changer les attitudes du public à ce sujet. Voici quelques façons dont les médias et les communications publiques peuvent être impliqués dans ce domaine :

1. Campagnes d'information : Les campagnes médiatiques peuvent spécifiquement diffuser des informations sur la violence basée sur le genre, ses conséquences et les moyens de la prévenir. Cela peut se faire par le biais d'émissions de télévision et de radio, de publications imprimées, de publicités, ainsi que par le biais de plateformes en ligne et de réseaux sociaux.

2. Programmes éducatifs : Les médias peuvent soutenir les programmes éducatifs sur la violence sexiste à travers des programmes spéciaux, des documentaires, des webinaires et des entretiens avec des experts. Cela contribue à sensibiliser le public au problème et favorise des modèles de comportement positifs.

3. Soutien aux victimes : les plateformes médiatiques peuvent servir de lieu de soutien aux victimes de violences basées sur le genre, en fournissant des informations sur les ressources disponibles, les lignes d'assistance téléphoniques anonymes et les possibilités de conseil. Cela crée un espace pour exprimer vos sentiments et obtenir l'aide dont vous avez besoin.

4. Sensibiliser : Les médias peuvent utiliser leur plateforme pour attirer l'attention du public sur des cas spécifiques de violence basée sur le genre et susciter un débat sur les causes, les conséquences et les solutions au problème.

5. Combattre les stéréotypes : les médias peuvent contribuer à lutter contre les stéréotypes et les préjugés sexistes qui peuvent contribuer à la

violence en créant des images positives d'égalité et de respect entre les sexes.

Grâce aux médias et aux communications publiques, un puissant contexte informationnel et culturel peut être créé pour contribuer à changer les attitudes à l'égard de la violence sexiste et à créer un environnement sûr pour tous les membres de la société.

Le rôle des médias dans la formation de l'opinion publique sur la violence sexiste ne peut être surestimé. Ils constituent un outil puissant qui façonne les perceptions, les normes et les valeurs de la société. Voici quelques aspects qui soulignent leur importance dans ce contexte :

1. Fonction d'information : Les médias sont la principale source d'information de la société. Ils mettent en lumière des cas de violences basées sur le genre, révélant leurs détails, leurs conséquences et leur contexte. Cela sensibilise le public à la question et offre l'occasion de l'examiner plus largement.

2. Façonner l'opinion publique : Les médias peuvent influencer les opinions et les croyances des gens. Ils servent de plateformes de discussion, d'analyse et de commentaires publics sur la violence sexiste. Les films, les émissions de télévision, les articles et les reportages peuvent façonner certaines idées sur les causes et les conséquences de cette violence.

3. Créer des modèles de comportement : Les médias peuvent présenter des héros et des anti-héros qui influencent le comportement des téléspectateurs. Les modèles de comportement positifs, comme le soutien aux victimes ou la résistance à la violence, peuvent servir de modèles. Dans le même temps, les images négatives qui justifient ou normalisent la violence peuvent exacerber le problème.

4. Lutter contre les stéréotypes et les préjugés : les médias peuvent influencer la formation de stéréotypes et de préjugés sexistes, qui peuvent devenir la base de la violence sexiste. En présentant des images diverses et positives des femmes et des hommes et en mettant en lumière les causes et les conséquences de la violence, les médias peuvent contribuer à changer ces stéréotypes.

5. Éducation et sensibilisation : Les médias peuvent servir d'outil d'éducation et de sensibilisation, en fournissant au public des informations sur la violence basée sur le genre, ses formes, ses conséquences et ses méthodes de prévention. Cela peut sensibiliser et aider la société à comprendre l'importance de lutter contre ce problème.

L'opinion publique générée par les médias peut avoir un impact significatif en soutenant les réponses à la violence sexiste, en façonnant les politiques et les normes culturelles et en créant un environnement sûr pour tous les membres de la société.

Les campagnes de sensibilisation et les médias sociaux jouent un rôle clé dans la lutte contre la violence sexiste, en touchant un large public et en créant des plateformes de partage d'informations, de soutien et de dynamisation de l'opinion publique. Voici quelques façons dont ils contribuent à ce combat :

1. Éducation et sensibilisation : Les campagnes d'information et les médias sociaux fournissent des informations sur la violence basée sur le genre, ses formes, ses symptômes et ses conséquences. Ils aident le public à mieux comprendre le problème et son ampleur en mettant en lumière les cas de violence et les récits des survivants.

2. Soutien et assistance : Les réseaux sociaux permettent la création de communautés de soutien aux victimes de violences basées sur le genre. Ils offrent un forum de partage d'expériences, de conseils et de soutien émotionnel, aidant ainsi les survivants à se sentir moins isolés et plus soutenus.

3. Mobiliser l'opinion publique : Les campagnes d'information et les activités sur les réseaux sociaux peuvent galvaniser l'opinion publique et attirer l'attention sur le problème de la violence sexiste. Ils peuvent susciter des discussions, soulever des questions sur la nécessité d'agir et lancer des appels à l'action.

4. Promouvoir des relations saines : Des relations saines et égales entre les sexes peuvent être promues via les médias sociaux en démontrant des exemples de respect, de coopération et de soutien. Cela permet de lutter contre les stéréotypes et préjugés sexistes qui sous-tendent certaines formes de violence.

5. Formation et ressources : Les médias sociaux peuvent être une plateforme de diffusion de matériels de formation, de ressources et de conseils sur la prévention et la réponse à la violence sexiste. Ils peuvent donner accès à des informations sur les services de soutien disponibles et aider les survivants à trouver l'aide dont ils ont besoin.

6. Surveillance et reporting : Les médias sociaux peuvent être utilisés pour surveiller les incidents de violence basée sur le genre et collecter des données. Ils peuvent également contribuer à sensibiliser le public à ce problème et donner la parole aux survivants à travers leurs histoires.

Les campagnes de sensibilisation et les médias sociaux sont donc des outils puissants pour lutter contre la violence sexiste, en créant un environnement favorable et en sensibilisant à la nécessité de s'attaquer à ce problème.

Les projets de lutte contre la cyberintimidation et la violence en ligne jouent un rôle important dans la protection des internautes, en particulier des jeunes et des enfants, contre diverses formes de violence et de harcèlement numériques. Voici quelques aspects clés de tels projets :

1. Éducation et éducation : les projets de lutte contre la cyberintimidation comprennent généralement des éléments éducatifs qui aident les utilisateurs à reconnaître les comportements négatifs en ligne, à

enseigner la sécurité en ligne et à fournir des ressources pour faire face à la cyberintimidation.

2. Création d'environnements sûrs : les projets visent à créer un environnement en ligne favorable et sûr pour tous les utilisateurs. Cela peut inclure le développement de plateformes où les victimes peuvent recevoir de l'aide, ainsi que la mise en œuvre de politiques et de mesures de sécurité en ligne.

3. Soutien aux victimes : les projets fournissent des ressources et des services pour aider les victimes de cyberintimidation et de violence en ligne. Cela peut inclure un soutien psychologique, des conseils et du matériel d'information sur la façon de vous protéger et d'obtenir de l'aide.

4. Surveillance et prévention : les projets de lutte contre la cyberintimidation surveillent l'environnement en ligne pour identifier les cas de violence et de harcèlement numérique. Ils fournissent également des outils et des ressources pour prévenir et répondre à de tels incidents.

5. Collaboration avec l'industrie : De nombreux projets collaborent avec des plateformes en ligne, des réseaux sociaux et d'autres entreprises numériques pour développer et mettre en œuvre des mesures visant à protéger les utilisateurs contre la cyberintimidation. Cela pourrait inclure la mise à jour des politiques d'utilisation, la modération du contenu et le développement d'outils pour prévenir et répondre à la violence numérique.

6. Éducation et soutien du public : les projets mènent des campagnes de sensibilisation et d'éducation du public sur la cyberintimidation et ses conséquences. Ils peuvent également contribuer à créer une communauté de soutien pour les utilisateurs victimes de violence numérique et à sensibiliser le public au problème en général.

Ces projets jouent un rôle important dans la promotion de la sécurité et du bien-être en ligne en fournissant des ressources, un soutien et une éducation essentiels aux utilisateurs qui ont été victimes de cyberintimidation et de violence en ligne.

Travailler avec les jeunes et les étudiants est un aspect clé de la lutte contre la violence basée sur le genre et de l'établissement de relations saines dans la société. Voici plusieurs méthodes et approches pour travailler avec ce public :

1. Programmes éducatifs : organiser des événements et des cours éducatifs pour les jeunes et les étudiants sur la violence basée sur le genre, ses formes, ses conséquences et ses méthodes de prévention. Ces programmes peuvent inclure des conférences, des séminaires, des formations et des groupes de discussion.

2. Créer des espaces sûrs : Créer des espaces sûrs et favorables pour que les jeunes et les étudiants puissent discuter ouvertement des questions de violence basée sur le genre, partager leurs préoccupations et recevoir le soutien de leurs pairs et des professionnels.

3. Soutenir les victimes : garantir l'accès au soutien et aux ressources

pour les jeunes et les étudiants victimes de violence sexiste. Cela peut inclure un soutien psychologique, des conseils, des séances de soutien de groupe et du matériel d'information.

4. Campagnes médiatiques et d'information : Mener des campagnes d'information et des projets médiatiques visant à sensibiliser les jeunes à la violence basée sur le genre, ainsi qu'à promouvoir des rôles et des relations de genre sains.

5. Activisme et protestation : Soutenir la participation active des jeunes aux mouvements sociaux et aux manifestations contre la violence basée sur le genre. Cela peut inclure l'organisation de marches, de manifestations, de pétitions et d'autres formes d'engagement civique.

6. Développer les compétences et l'empathie : Enseigner aux jeunes les compétences nécessaires pour faire preuve d'empathie, de respect de la diversité des genres et savoir comment réagir à la violence dans leur environnement. Cela peut les aider à devenir des défenseurs actifs de l'égalité des sexes et de la prévention de la violence sexiste.

Travailler avec des jeunes et des étudiants est important car c'est une période de formation d'opinions, de valeurs et de comportements. Grâce à l'éducation, au soutien et à la participation active, les jeunes peuvent jouer un rôle important pour mettre fin à la violence sexiste et créer des sociétés plus justes et plus sûres.

Il existe un certain nombre de programmes et d'initiatives visant à initier et à éduquer les jeunes sur les questions de violence sexiste. Certains d'entre eux incluent :

1. Programmes d'enseignement scolaire : De nombreux pays ont introduit des cours ou des modules sur la violence sexiste dans leurs programmes scolaires, fournissant aux élèves des informations sur les formes de violence, leurs conséquences et les moyens de la prévenir. Ces programmes peuvent être organisés sous forme de cours obligatoires ou optionnels.

2. Cours et clubs universitaires : De nombreuses universités proposent des cours, des ateliers et des clubs sur les thèmes de la violence sexiste, de l'égalité des sexes et de la sécurité sexuelle. Ces initiatives peuvent inclure des cours d'études de genre, des activités de sensibilisation à la violence et des programmes d'éducation à la prévention de la violence.

3. Organisations et clubs de jeunesse : De nombreuses organisations et clubs de jeunesse s'efforcent d'éduquer et de mobiliser les jeunes dans la lutte contre la violence basée sur le genre. Ces organisations peuvent proposer des événements éducatifs, des formations, des campagnes de sensibilisation et d'autres opportunités de participation active.

4. Ressources et cours en ligne : Il existe de nombreuses ressources et cours en ligne accessibles aux jeunes qui leur permettent d'obtenir des informations sur la violence sexiste et de développer des compétences en matière de prévention. Il peut s'agir de webinaires, de cours vidéo, de

formations en ligne et de ressources d'information.

5. Programmes d'échange internationaux : de nombreux programmes d'échange de jeunes comprennent des éléments éducatifs axés sur la violence sexiste et l'égalité des sexes. La participation à de tels programmes donne aux jeunes la possibilité d'apprendre et d'échanger des expériences avec des jeunes de différents pays et cultures.

Ces programmes et initiatives jouent un rôle important dans la création d'une génération informée et engagée, prête à faire face à la violence sexiste et à contribuer à créer des environnements plus sûrs et plus inclusifs.

Les organisations et mouvements étudiants jouent un rôle important dans la lutte contre la violence sexiste et dans la promotion d'environnements sûrs et inclusifs sur les campus universitaires et au-delà. Voici quelques façons dont les organisations et mouvements étudiants influencent cette question :

1. Sensibiliser : les organisations et mouvements étudiants organisent des événements, des campagnes et des événements visant à sensibiliser à la violence basée sur le genre, à ses formes, ses conséquences et ses moyens de prévention. Cela peut inclure des réunions, des séminaires, des webinaires, des conférences et des discussions.

2. Soutenir les victimes : les organisations étudiantes peuvent créer des activités et des services de soutien pour les étudiants victimes de violence sexiste. Cela peut inclure des conseils, des lignes d'assistance téléphonique, des groupes de soutien et d'autres formes d'assistance.

3. Activisme et protestations : Les mouvements étudiants peuvent organiser des actions et des protestations contre la violence sexiste, exigeant des changements dans les politiques universitaires ou dans la société en général. Ils peuvent descendre dans la rue, signer des pétitions, organiser des rassemblements et d'autres formes d'activisme.

4. Partenariat avec l'Université : les organisations étudiantes peuvent s'associer à l'Université pour créer des politiques et des programmes visant à prévenir et combattre la violence sexiste. Ils peuvent représenter les intérêts des étudiants dans le dialogue avec l'administration universitaire et participer à l'élaboration et à la mise en œuvre d'initiatives.

5. Éducation et formation : les organisations étudiantes peuvent proposer des activités éducatives et des formations aux étudiants et au personnel universitaire sur la violence sexiste et les méthodes de prévention. Ils peuvent enseigner aux étudiants les compétences d'écoute active, d'empathie et d'intervention si nécessaire.

Le rôle des organisations et mouvements étudiants dans la lutte contre la violence sexiste est inestimable car ils peuvent influencer la culture du campus, façonner l'opinion publique et stimuler le changement social.

Les projets et initiatives axés sur la jeunesse jouent un rôle important dans la lutte contre la violence sexiste, car les jeunes constituent un groupe cible clé et peuvent avoir une influence significative sur les normes culturelles et les comportements sociaux. Voici quelques types de projets et d'initiatives destinés aux jeunes :

1. Programmes éducatifs : Ces programmes sont conçus pour sensibiliser les jeunes à la violence basée sur le genre, à ses formes, ses causes et ses conséquences. Ils peuvent également inclure une formation en résolution de conflits, en empathie et en soutien aux victimes.

2. Campagnes et événements : L'organisation de campagnes et d'événements dédiés à la prévention de la violence basée sur le genre peut contribuer à sensibiliser les jeunes à cette question. Il peut s'agir de marathons, de concerts, de festivals, de webinaires, de conférences et d'autres événements dont le but est d'informer et d'inciter les jeunes à agir.

3. Formations et ateliers : organiser des formations et des ateliers pour les jeunes sur le thème de la violence sexiste peut aider à développer des compétences en matière de gestion des conflits, de communication et de leadership, ainsi qu'à accroître la sensibilisation et la compréhension de cette question.

4. Projets de recherche : Les jeunes peuvent être impliqués dans des projets de recherche pour étudier la violence basée sur le genre, ses causes et ses conséquences. Cela contribue non seulement à accroître les connaissances sur la question, mais également à créer une plate-forme permettant aux voix et aux idées des jeunes de s'exprimer.

5. Médias sociaux et plateformes en ligne : L'utilisation des médias sociaux et des plateformes en ligne peut toucher un large public de jeunes et sensibiliser à la violence sexiste. Cela peut prendre la forme de campagnes sur les réseaux sociaux, de séries Web, de podcasts et d'autres formats numériques.

6. Participation aux mouvements sociaux : Les jeunes peuvent participer activement aux mouvements sociaux et aux organisations luttant pour les droits des femmes et contre la violence basée sur le genre. La participation à des marches, manifestations et autres événements contribue à la formation de la conscience civique et à l'implication des jeunes dans les activités publiques.

Les projets et initiatives axés sur les jeunes jouent un rôle important dans la sensibilisation, le changement des normes culturelles et la création d'un environnement sûr et inclusif pour tous.

Travailler avec le gouvernement et les organisations publiques est un aspect important de la lutte contre la violence sexiste et de la création d'un environnement sûr pour tous les membres de la société. L'interaction entre les agences gouvernementales et les organisations non gouvernementales nous permet d'unir nos forces pour résoudre efficacement le problème. Voici quelques façons de travailler avec ces organisations :

1. Partenariat et coopération : le gouvernement et les organisations

non gouvernementales peuvent conclure des partenariats pour élaborer et mettre en œuvre conjointement des programmes et des projets visant à prévenir et combattre la violence sexiste. Cela vous permet de combiner les ressources, l'expertise et l'expérience des deux parties pour obtenir de meilleurs résultats.

2. Échange d'expériences et de bonnes pratiques : le gouvernement et les organisations publiques peuvent échanger des expériences et transférer les meilleures pratiques dans le domaine du travail avec les victimes de violences basées sur le genre, de la conduite de campagnes d'information, de la formation du personnel et d'autres aspects. Cet échange d'expériences permet d'optimiser les activités et d'augmenter l'efficacité opérationnelle.

3. Faire du lobbying et influencer la législation : le gouvernement et les organisations publiques peuvent travailler ensemble pour élaborer et améliorer la législation sur la violence sexiste, et faire pression pour l'introduction et la mise en œuvre de nouvelles lois et politiques visant à protéger les droits des victimes et à prévenir la violence.

4. Formation et développement professionnel : La collaboration entre le gouvernement et les organisations non gouvernementales peut inclure la formation et le développement professionnel des travailleurs confrontés à la violence sexiste. Cela permet d'améliorer les compétences des professionnels et d'apporter une assistance plus efficace aux victimes.

5. Suivi et évaluation des programmes : Le gouvernement et les organisations publiques peuvent suivre et évaluer conjointement les programmes et projets de lutte contre la violence basée sur le genre. Cela vous permet d'identifier des approches efficaces et d'ajuster les stratégies opérationnelles en fonction de l'évolution des besoins et des défis.

De manière générale, la coopération entre le gouvernement et les organisations publiques joue un rôle important pour accroître l'efficacité de la lutte contre la violence sexiste et créer un environnement sûr pour tous les membres de la société.

La législation et les politiques relatives à la violence sexiste varient d'un pays à l'autre, mais comprennent généralement une série de lois, politiques et mesures visant à prévenir, combattre et punir les cas de violence sexiste, ainsi qu'à protéger les droits et le soutien des victimes. Voici quelques aspects clés de la législation et de la politique dans ce domaine :

1. Lois pour protéger les droits des victimes : De nombreux pays disposent de lois qui protègent les droits des victimes de violences basées sur le genre. Ces lois peuvent inclure des mesures visant à fournir des abris, une protection juridique, à limiter les contacts avec l'agresseur, etc.

2. Lois pour punir les violeurs : La législation criminalise généralement la violence sexiste et fixe des sanctions pour les violeurs. Cela peut inclure des peines d'emprisonnement, des amendes, des

programmes de réadaptation obligatoires et d'autres mesures.

3. Politiques visant à prévenir la violence sexiste : De nombreux pays élaborent et mettent en œuvre des politiques et des programmes visant à prévenir la violence sexiste. Ces politiques peuvent inclure l'éducation et la sensibilisation, des campagnes anti-violence et la formation des agents de santé, des forces de l'ordre et d'autres domaines.

4. Soutien aux victimes : Les lois et politiques peuvent également prévoir des mesures de soutien pour les victimes de violences basées sur le genre, notamment l'accès aux soins de santé, aux conseils, à l'assistance juridique, au soutien psychologique, à un hébergement temporaire et à d'autres services.

5. Traités et normes internationaux : De nombreux pays ont ratifié des traités et conventions internationaux qui les obligent à prendre des mesures pour lutter contre la violence sexiste et protéger les droits des victimes. Par exemple, la Convention des Nations Unies sur l'élimination de toutes les formes de discrimination à l'égard des femmes (CEED) et le Protocole Beilis.

L'efficacité de la législation et des politiques sur la violence sexiste dépend de leur mise en œuvre, de leur accès à la justice, des ressources, de leur suivi et de leur évaluation. Il est également important de continuer à développer et à améliorer les lois et les politiques en fonction de l'évolution des besoins et des défis dans le domaine de la violence sexiste.

La coopération avec les forces de l'ordre et les institutions gouvernementales joue un rôle important dans la lutte contre la violence sexiste. Voici quelques aspects d'une telle coopération :

1. Fournir assistance et protection : les forces de l'ordre jouent un rôle clé pour assurer la sécurité des victimes de violences basées sur le genre. Ils répondent aux appels à la violence, portent assistance aux victimes, mènent des enquêtes et prennent des mesures pour protéger les victimes.

2. Collecte de données et de statistiques : les forces de l'ordre collectent des données sur les cas de violence sexiste, ce qui leur permet d'évaluer l'ampleur du problème, d'identifier les tendances et de prendre des mesures préventives.

3. Éducation et formation du personnel : les institutions gouvernementales et les forces de l'ordre organisent des formations et des séminaires pour leur personnel sur les questions de violence basée sur le genre, notamment la reconnaissance des signes de violence, le travail avec les victimes et les agresseurs, le respect de la loi, etc.

4. Programmes et initiatives conjoints : les organismes chargés de l'application des lois peuvent collaborer avec des organisations non gouvernementales et d'autres institutions gouvernementales pour élaborer et mettre en œuvre des programmes et des initiatives conjoints visant à lutter contre la violence sexiste.

5. Législation et protection juridique : Les institutions gouvernementales jouent un rôle essentiel dans l'élaboration et l'adoption de lois, politiques et mesures visant à prévenir et combattre la violence sexiste. Ils offrent également une protection juridique aux victimes et poursuivent les violeurs.

6. Suivi et évaluation : Les organismes chargés de l'application des lois sont impliqués dans le suivi et l'évaluation de l'efficacité des lois et des politiques sur la violence basée sur le genre, et dans l'élaboration de recommandations pour leur amélioration.

La coopération avec les forces de l'ordre et les institutions gouvernementales nous permet de créer un système plus efficace pour protéger les victimes de violences basées sur le genre et réprimer les contrevenants.

Les organisations non gouvernementales (ONG) et les initiatives communautaires jouent un rôle clé dans la lutte contre la violence sexiste et dans la création d'un environnement sûr pour tous. Voici quelques aspects de leur rôle :

1. Soutien aux victimes : les ONG et les initiatives communautaires proposent une large gamme de services et de soutien aux victimes de violences basées sur le genre, notamment des conseils, une assistance juridique, des centres de crise, des refuges, un soutien psychologique et d'autres types d'assistance.

2. Éducation et sensibilisation : ils mènent des campagnes éducatives, des formations, des séminaires et des événements visant à sensibiliser le public à la question de la violence basée sur le genre, à reconnaître ses formes et ses conséquences, ainsi que les moyens de la prévenir.

3. Activisme et lobbying : les ONG et les initiatives communautaires plaident activement en faveur de changements dans la législation, les politiques et les documents politiques afin d'améliorer la protection des droits des victimes de violence basée sur le genre, de renforcer la punition des auteurs et d'accroître l'efficacité des mesures de prévention de la violence.

4. Suivi et évaluation : Ils surveillent et évaluent la situation de la violence basée sur le genre, collectent des données sur les cas de violence, analysent les tendances et fournissent des informations pour développer des stratégies efficaces pour lutter contre ce phénomène.

5. Réseaux de soutien : les ONG créent des réseaux de soutien pour les victimes de violences basées sur le genre, qui comprennent des conseillers professionnels, des bénévoles, des groupes d'entraide et d'autres organisations prêtes à aider les survivants.

6. Programmes éducatifs : ils élaborent et mettent en œuvre des programmes et du matériel éducatifs sur la violence sexiste, et organisent également des événements de formation pour les professionnels et le

public.

7. Coopération internationale : les ONG coopèrent activement au niveau international, échangent des expériences, des bonnes pratiques et des informations, ce qui contribue à une lutte plus efficace contre la violence basée sur le genre.

Le rôle des organisations non gouvernementales et des initiatives publiques est inestimable pour créer un environnement favorable aux victimes, prévenir la violence sexiste et surmonter ses conséquences dans la société.

Le renforcement des liens familiaux et communautaires est essentiel pour lutter contre la violence sexiste et créer un environnement sûr pour tous les membres de la société. Voici quelques aspects clés de l'importance de renforcer ces liens :

1. Soutien et protection : La famille et la communauté peuvent apporter soutien et protection aux victimes de violences basées sur le genre. Lorsque les membres de la famille et d'autres membres de la communauté font preuve de soutien et sont disposés à aider, cela peut aider les victimes à se sentir plus en sécurité et plus autonomes.

2. Prévenir la violence : Lorsque les familles et les communautés bénéficient d'un environnement chaleureux et favorable, la violence est moins susceptible de se produire. La prévention commence par la création de relations saines et sécuritaires au sein de l'environnement familial et social.

3. Éducation et sensibilisation : Les familles et les communautés peuvent être des lieux d'éducation et de sensibilisation à la violence sexiste. Les parents, les proches, les amis et les voisins peuvent parler du problème de la violence, en reconnaître les signes et enseigner comment la prévenir et y répondre.

4. Soutenir les victimes et sortir de la violence : Les familles et les communautés peuvent aider les victimes de violences basées sur le genre à mettre fin à des relations toxiques et à commencer une nouvelle vie. Cela peut inclure le logement, le soutien financier, le soutien émotionnel et l'accès aux ressources.

5. Impact social : Lorsque les familles et les communautés condamnent la violence et soutiennent les victimes, cela envoie un message clair à la société : un tel comportement ne sera pas toléré. Cela peut contribuer au changement culturel et à la création d'une société sans violence.

Le renforcement des liens familiaux et communautaires est un élément clé de la réponse publique à la violence sexiste. Investir dans le développement de ces liens peut contribuer à créer un environnement plus sûr et plus solidaire pour tous les membres.

Il existe un certain nombre de programmes de soutien aux familles et aux victimes de violence basée sur le genre qui offrent un large éventail de services et de ressources. En voici quelques-uns :

1. Centres de crise et refuges : ce sont des lieux où les victimes de violences basées sur le genre peuvent recevoir un abri temporaire, de la nourriture, des vêtements et la sécurité. Les centres de crise offrent également un soutien émotionnel et un accès à des services juridiques et médicaux.

2. Lignes d'assistance téléphonique et assistance en ligne : De nombreuses organisations proposent des lignes d'assistance téléphonique et une assistance en ligne aux victimes de violences basées sur le genre. Cela peut inclure des conseils téléphoniques ou en ligne, des discussions anonymes et des forums d'assistance.

3. Soutien psychologique et émotionnel : Les programmes de soutien psychologique offrent des conseils et une thérapie aux victimes de violences basées sur le genre, les aidant à faire face au traumatisme, à la peur et au stress provoqués par la violence.

4. Aide juridique et plaidoyer : les programmes juridiques fournissent des conseils juridiques, une assistance pour obtenir des ordonnances de protection et une représentation judiciaire aux victimes de violence sexiste.

5. Aide financière : Certains programmes fournissent une aide financière aux victimes qui ont quitté leurs agresseurs et qui ont besoin d'aide pour payer leur logement, leurs frais médicaux et d'autres dépenses.

6. Programmes éducatifs : les programmes d'éducation et de sensibilisation aident les victimes de violence sexiste à obtenir des informations sur leurs droits, les options de soutien et les moyens d'échapper à une situation de violence.

Ces programmes visent à fournir aux survivantes de violences basées sur le genre la sécurité, le soutien et les ressources dont elles ont besoin pour échapper à leurs situations dangereuses et commencer une nouvelle vie.

Les réseaux et organisations communautaires jouent un rôle clé dans le soutien aux victimes de violence sexiste, en fournissant diverses formes d'assistance et en créant un environnement sûr pour les survivants. Voici quelques-unes des façons dont ils fournissent leur soutien :

1. Fournir des informations et des ressources : les organisations communautaires diffusent des informations sur les signes et les conséquences de la violence basée sur le genre et proposent des ressources aux victimes, telles que des lignes d'assistance téléphonique, des refuges, une assistance juridique et des conseils.

2. Soutien émotionnel : Les organisations apportent un soutien émotionnel aux victimes de violences basées sur le genre en les écoutant et en leur apportant un soutien inconditionnel dans les moments difficiles. Cela peut inclure des séances de soutien de groupe, des conseils et une thérapie.

3. Créer des communautés sans violence : les organisations s'efforcent de créer des communautés sans violence par le biais d'activités éducatives, de campagnes anti-violence et en promouvant le changement des normes culturelles qui soutiennent la violence.

4. Assistance pour contacter les forces de l'ordre et les tribunaux : les organisations communautaires aident les victimes de violences basées sur le genre à contacter les autorités chargées de l'application de la loi, à obtenir une ordonnance de protection et à être représentées devant le tribunal. Ils peuvent également fournir une escorte aux audiences du tribunal et un soutien pendant les procédures judiciaires.

5. Créer des espaces sûrs : les organisations créent des espaces sûrs pour les survivantes de violences basées sur le genre, où elles peuvent se connecter avec d'autres survivantes, recevoir du soutien et des conseils, et participer à diverses activités de groupe et d'auto-assistance.

6. Accompagnement après la sortie d'une situation dangereuse : Les organismes communautaires apportent un soutien aux victimes de violences basées sur le genre non seulement pendant une crise, mais aussi après qu'elles ont quitté une situation dangereuse. Cela comprend une aide à l'adaptation à une nouvelle vie, à la recherche d'un emploi, d'un logement et d'autres aspects de la réadaptation.

Le rôle des réseaux et des organisations communautaires dans le soutien aux victimes de violence basée sur le genre est essentiel pour créer une société sans violence et garantir que chacun puisse recevoir de l'aide et du soutien en cas de besoin.

Il existe de nombreux projets et initiatives visant à créer des espaces publics sûrs pour prévenir et combattre la violence sexiste. En voici quelques uns:

1. Programmes d'urbanisme : De nombreuses villes développent des programmes d'urbanisme visant à créer des espaces publics sûrs et inclusifs. Cela pourrait inclure la rénovation des rues et des parcs, l'ajout de lumières et de vidéosurveillance et l'installation d'arrêts de transports publics sûrs.

2. Initiatives pour améliorer l'éclairage : Un éclairage insuffisant dans les espaces publics peut créer des conditions dangereuses, contribuant à la violence sexiste. De nombreux projets lancent l'installation de sources lumineuses supplémentaires et plus lumineuses pour améliorer la visibilité et la sécurité.

3. Programmes et campagnes éducatifs : les initiatives visant à sensibiliser à la violence sexiste peuvent inclure la création de campagnes d'information sur la sécurité dans les lieux publics, la formation des victimes et des témoins de violence sur la manière de se protéger et le signalement des incidents.

4. Programmes de prévention de la violence : certains projets visent à prévenir précocement la violence sexiste en sensibilisant le public aux

dangers de la violence, en promouvant des relations saines et une culture émotionnelle.

5. Créer des zones de sécurité : De nombreuses communautés créent des zones de sécurité dans les villes, les parcs et les écoles où les gens peuvent obtenir de l'aide et du soutien en cas d'urgence. Ces zones peuvent être équipées de téléphones pour appeler à l'aide, de panneaux d'information et de personnel formé.

6. Programmes de partenariat communautaire : De nombreuses organisations gouvernementales et non gouvernementales s'associent pour créer des espaces publics sûrs. Ils peuvent développer et mettre en œuvre conjointement des projets visant à améliorer la sécurité et la protection des droits de tous les membres de la société.

Ces projets et d'autres sont lancés à la fois au niveau des autorités étatiques et municipales, ainsi qu'au niveau des organisations publiques et des groupes militants. Leur objectif est de créer des espaces publics dans lesquels chacun peut se sentir en sécurité.

L'évaluation de l'efficacité des programmes et des initiatives visant à créer des espaces publics sûrs joue un rôle important dans leur amélioration et leur développement ultérieurs. Voici plusieurs méthodes pour évaluer l'efficacité et les perspectives de développement :

1. Suivi et évaluation : Réaliser un suivi et une évaluation systématiques de l'efficacité des différents projets et initiatives permet d'évaluer leur impact sur la sécurité et le confort des espaces publics. Cela comprend la collecte de données sur le nombre d'incidents de violence, le niveau de sentiment de sécurité parmi les résidents et les visiteurs, ainsi que les perceptions des événements et des campagnes communautaires.

2. Commentaires du public : L'obtention des commentaires du public, y compris des victimes et des victimes potentielles de violence basée sur le genre, permet d'évaluer l'efficacité des interventions et d'identifier les domaines à améliorer. Cela peut se faire par le biais d'enquêtes, de groupes de discussion, de discussions sur les réseaux sociaux et d'autres méthodes de communication.

3. Analyse comparative : La comparaison des résultats de différents programmes et initiatives nous permet d'identifier les approches les plus efficaces pour créer des espaces publics sûrs et d'identifier les meilleures pratiques pour une utilisation future.

4. Analyse coûts-avantages : L'évaluation coûts-avantages aide à déterminer l'efficacité des ressources investies dans les programmes et initiatives de lutte contre la violence sexiste. Cela comprend l'analyse des coûts financiers, des ressources humaines et du temps consacré aux projets.

5. Prendre en compte les changements dans la société : La mise à jour et l'adaptation constantes des programmes et des initiatives aux besoins et aux défis changeants de la société constituent un aspect important de l'évaluation de leur efficacité. Cela implique de prendre en

compte les changements sociaux, économiques, culturels et politiques susceptibles d'affecter l'efficacité des programmes existants.

Les perspectives de développement comprennent l'amélioration des méthodes de mesure des performances, l'élargissement de la gamme de programmes et d'initiatives et le renforcement des partenariats entre les organisations gouvernementales, non gouvernementales et privées. Cela implique également d'augmenter le financement et les ressources pour mettre en œuvre des interventions efficaces visant à créer des espaces publics sûrs. En fin de compte, l'élaboration et le soutien de programmes et d'initiatives efficaces pour lutter contre la violence sexiste constituent un aspect clé de la création d'un environnement sûr et inclusif pour tous les membres de la société.

L'identification des besoins et des défis constitue une étape importante dans l'évaluation de l'efficacité des programmes et des initiatives visant à lutter contre la violence sexiste. Ce processus nous permet de comprendre dans quelle mesure les programmes existants répondent aux besoins réels des victimes de violence et de la société dans son ensemble, et également d'identifier les problèmes existants qui peuvent entraver la réalisation des objectifs.

1. Analyse des données et statistiques : Mener une analyse des données sur les cas de violence basée sur le genre, les plaintes auprès des organisations compétentes et le niveau de disponibilité des services permet d'identifier les principaux besoins et problèmes dans ce domaine. Cela implique d'analyser des données quantitatives et qualitatives sur la nature, l'ampleur et le contexte de la violence.

2. Recueillir les commentaires des participants et des parties prenantes : mener des enquêtes, des entretiens et des groupes de discussion avec des victimes de violences, des travailleurs communautaires, des forces de l'ordre, des représentants d'organisations non gouvernementales et d'autres parties prenantes permet d'identifier leurs opinions, leurs besoins et leurs évaluations de l'efficacité des programmes existants.

3. Évaluation de l'accessibilité des services : L'évaluation du niveau d'accessibilité et de l'accessibilité des services pour les victimes de violences basées sur le genre permet d'identifier les problèmes liés à la disponibilité des services et d'identifier les domaines à améliorer. Cela comprend l'évaluation de l'accessibilité géographique, de l'accessibilité financière et de l'adaptation culturelle et linguistique des services.

4. Identifier les principaux défis : L'identification des principaux défis et problèmes rencontrés par les victimes de violences basées sur le genre et les travailleurs communautaires permet de concentrer les efforts sur la résolution des problèmes les plus urgents et la création de stratégies efficaces pour les surmonter.

Les développements futurs et les prochaines étapes dans l'évaluation de l'efficacité des programmes et initiatives de lutte contre la violence sexiste comprennent :

1. Approfondissement de la recherche : des recherches plus approfondies sont nécessaires pour mieux comprendre la nature, les causes et les conséquences de la violence sexiste, ainsi que l'efficacité des diverses méthodes pour la combattre.

2. Développement de nouvelles méthodes d'évaluation : Il est important de développer de nouvelles méthodes d'évaluation de l'efficacité des programmes qui prennent en compte les spécificités de la violence basée sur le genre et permettent de mesurer de manière fiable les résultats des initiatives existantes.

3. Élargir la géographie et la sensibilisation : s'efforcer d'élargir la géographie et la portée des programmes et des initiatives pour atteindre davantage de victimes de violence et fournir un soutien aux groupes les plus vulnérables de la société.

4. Sensibilisation : Il est important de continuer à sensibiliser le public à la question de la violence basée sur le genre et à la manière de la combattre afin de créer un environnement favorable et inclusif.

5. Création de réseaux interdisciplinaires : Le développement de réseaux interdisciplinaires de coopération entre les agences gouvernementales, les organisations non gouvernementales, les institutions universitaires et le secteur privé contribue à créer des mécanismes efficaces pour la mise en œuvre de programmes et d'initiatives de lutte contre la violence basée sur le genre.

Dans l'ensemble, l'évaluation de l'efficacité des programmes et des initiatives, ainsi que les perspectives de leur développement et leurs prochaines étapes, jouent un rôle important pour garantir l'efficacité de la lutte contre la violence sexiste et créer un environnement sûr et inclusif pour tous les membres de la société.

Conclusion.

En conclusion du livre sur la lutte contre les violences basées sur le genre, nous pouvons souligner quelques points clés qui ressortent clairement de notre discussion :

1. La violence basée sur le genre en tant que problème mondial : La violence basée sur le genre reste un problème grave dans de nombreuses sociétés à travers le monde. Elle touche des millions de personnes et a des conséquences dévastatrices sur leur bien-être physique, psychologique et social.

2. Multidimensionnalité du problème : La violence basée sur le genre se manifeste sous diverses formes et contextes, et sa lutte nécessite une approche intégrée qui prend en compte les diverses causes et

conséquences de ce phénomène.

3. L'importance de l'éducation et de la sensibilisation : L'éducation et la sensibilisation jouent un rôle clé dans la prévention et la lutte contre la violence sexiste. La sensibilisation du public, le renforcement de l'empathie et du soutien envers les victimes, ainsi que le changement des normes et valeurs culturelles contribuent à créer un environnement sûr et inclusif.

4. Le rôle des programmes et des initiatives : Les programmes et initiatives gouvernementaux et publics visant à lutter contre la violence sexiste jouent un rôle important dans la prévention de la violence, le soutien aux victimes et la réhabilitation des violeurs.

5. Nécessité d'une coopération et d'une approche internationale : La lutte contre la violence sexiste nécessite une action concertée au niveau international et une coopération entre diverses parties prenantes, notamment les gouvernements, les organisations non gouvernementales, le monde universitaire, le secteur privé et le public.

6. La nécessité d'un développement continu : La complexité du problème de la violence sexiste et sa nature changeante nécessitent le développement et l'amélioration constants de programmes et d'initiatives, en tenant compte des tendances et des capacités technologiques actuelles, ainsi que la recherche constante de nouveaux méthodes et approches pour lutter contre la violence.

Dans l'ensemble, la lutte contre la violence sexiste est une tâche complexe et multiforme qui nécessite des efforts de la part de tous les membres de la société. Notre livre vise à faire la lumière sur ce problème, à proposer des solutions et à inciter les lecteurs à rejoindre cet important mouvement pour la justice, l'égalité et la sécurité pour tous.

En résumé, le rôle de la société dans la lutte contre la violence sexiste est sans aucun doute important et influent. Une lutte efficace contre ce problème n'est possible qu'avec la participation active de chacun à la création d'un environnement sûr et favorable pour tous. L'opinion publique, les normes culturelles, les cadres juridiques, l'éducation, les médias, les organisations et les institutions gouvernementales jouent tous un rôle dans ce processus.

Notre livre vise à inciter les lecteurs à jouer un rôle actif dans la lutte contre la violence sexiste et à promouvoir le changement de l'opinion et des comportements publics. Nous avons examiné divers aspects de ce problème, mis en évidence les facteurs clés et proposé des recommandations pratiques pour des actions ultérieures.

Nous espérons que chaque lecteur trouvera dans ce livre non seulement des connaissances sur la violence sexiste, mais aussi l'inspiration et la motivation pour rejoindre les rangs de ceux qui œuvrent pour la vaincre. Ensemble, nous pouvons rendre notre société sûre, juste et inclusive pour tous ses membres.

Dans le même temps, nous reconnaissons que nous sommes confrontés à des défis et à des opportunités considérables pour créer un environnement sûr pour toutes les victimes de violence sexiste. L'un de ces défis est la nécessité de continuer à œuvrer pour changer les normes culturelles et les stéréotypes qui soutiennent et justifient la violence. Cela nécessite des efforts collectifs au niveau de la société, des médias, de l'éducation et des institutions gouvernementales.

En outre, il est important de développer et d'améliorer les lois et politiques existantes visant à protéger les droits des victimes de violences basées sur le genre, et de garantir la mise en œuvre effective de ces mesures. Cela comprend la formation des forces de l'ordre et d'autres services travaillant avec les victimes, ainsi que la garantie de l'accès à des services de soutien et de protection de qualité.

Dans le même temps, nous voyons des promesses dans le développement de nouvelles technologies et approches susceptibles de contribuer à lutter contre la violence sexiste, telles que les outils numériques pour prévenir la cyberintimidation et la violence en ligne, et l'utilisation des médias sociaux pour mettre en lumière le problème et mobiliser l'opinion publique..

Malgré les défis, nous avons la possibilité de créer un monde dans lequel la violence sexiste est inacceptable et où toutes les victimes sont soutenues, protégées et rendues avec justice. Cela nécessite nos efforts constants, notre solidarité et notre dévouement aux idéaux d'égalité et de justice.

Pour conclure ce livre, je voudrais résumer les principales conclusions découlant des idées et des analyses qui y sont présentées. Il est important de souligner que la violence sexiste reste l'un des problèmes les plus graves et les plus répandus dans la société moderne. Ce phénomène a un impact dévastateur sur la vie de millions de personnes dans le monde, nuisant non seulement à leur santé physique et psychologique, mais aussi à leurs droits et libertés fondamentaux.

Le livre tente de mettre en lumière divers aspects de la violence basée sur le genre, depuis sa définition et ses causes jusqu'aux méthodes de lutte et de soutien aux victimes. Nous avons discuté du rôle de l'éducation, des médias, des programmes gouvernementaux et communautaires, ainsi que de l'importance de la participation communautaire dans la résolution de ce problème.

L'une des principales conclusions est que la lutte contre la violence sexiste nécessite les efforts conjoints de tous les membres de la société. C'est un problème que nous ne pouvons ignorer ou ignorer. Il est nécessaire de s'efforcer de créer une société fondée sur l'égalité, la justice et le respect des droits de chaque personne.

Le livre se veut une source d'inspiration et de conseils pratiques pour toute personne intéressée par la création d'une société sûre et inclusive. Son importance réside dans le fait qu'il sensibilise au problème de la violence sexiste et propose également des mesures et des solutions concrètes pour le résoudre.

Nous espérons que ce livre servira de point de départ à d'autres actions et recherches dans ce domaine et incitera les lecteurs à s'impliquer activement dans la lutte contre la violence sexiste dans leur propre société.

En conclusion de ce livre sur les violences basées sur le genre, il est important d'envisager l'avenir avec espoir et optimisme. Malgré les défis auxquels nous sommes confrontés aujourd'hui, nous avons toutes les raisons de croire que le changement et l'amélioration sont possibles.

Ces dernières années ont apporté des changements significatifs dans la prise de conscience du problème de la violence sexiste et une large reconnaissance de la nécessité de lutter contre ce phénomène. Les communautés internationales, les gouvernements, les organisations non gouvernementales et les citoyens ordinaires ont commencé à travailler ensemble pour vaincre la violence et créer des sociétés plus justes et plus sûres.

Nous constatons un intérêt croissant pour ce sujet, une augmentation du nombre de programmes et d'initiatives et un renforcement du cadre juridique pour protéger les droits des victimes et prévenir la violence. Cela indique que nous allons dans la bonne direction.

L'avenir est un monde où chacun est protégé contre la violence sexiste, où chacun peut se sentir en sécurité et respecté, et où les valeurs d'égalité et de justice imprègnent tous les aspects de la vie publique.

Nous pensons que ce livre fera partie de ce mouvement en faveur d'un changement positif. Nous espérons que tous ceux qui le liront trouveront l'inspiration et la motivation pour agir. Continuons à travailler ensemble pour un avenir meilleur pour tous.

Charité.

également vous parler de ma fondation caritative privée « UA Heart », dans laquelle moi et ma femme sommes engagés dans un travail très important et noble. Cette fondation personnelle aide les orphelinats ukrainiens qui hébergent des enfants qui ont perdu leurs parents à cause de la guerre brutale menée par la Russie contre l'Ukraine.

Ces enfants ont besoin de notre soutien et de nos soins. Ils veulent vivre dans la paix et le bonheur, apprendre et se développer, avoir des amis et de la famille. Mais ils n'ont que peur et solitude. Ils attendent notre aide et notre espoir.

Notre fondation personnelle « UA heart » organise divers événements et projets pour améliorer la vie de ces enfants. Il collecte des dons pour acheter des vêtements, des jouets, des livres, des médicaments et d'autres articles nécessaires. Il organise également des événements où les enfants peuvent communiquer avec des bénévoles, des psychologues et d'autres personnes prêtes à partager leur chaleur et leur amour avec eux.

Si vous le souhaitez, vous pouvez rejoindre cette fondation et contribuer à sauver ces enfants en faisant un don sur le site de la fondation dont vous trouverez la liste ci-dessous. Vous pouvez également devenir bénévole et visiter l'un des orphelinats d'Ukraine pour accorder personnellement votre attention et votre sourire aux enfants. Vous pouvez parler du fonds à vos amis et connaissances pour diffuser des informations sur ses activités.

Ne soyons pas indifférents au sort de ces enfants. Montrons-leur que nous ne les avons pas oubliés, que nous sommes avec eux, que nous les aimons et croyons en eux. Donnons-leur la chance d'avoir une enfance heureuse et un avenir radieux. Ouvrons nos cœurs à la fondation « UA heart ».

https:www.buymeacoffee.comUAheart

https:www.facebook.como.nashchubskiy

Aujourd'hui, c'est la guerre en Ukraine, des villes sont détruites, des civils meurent, des familles sont détruites et des enfants perdent leurs parents et restent orphelins. Je suis sûr que vous ne pouvez pas rester indifférents à cette immense tragédie qui se déroule sous nos yeux en Ukraine au cours de notre siècle. Et si vous avez envie de faire quelque chose de bien pour aider ces malheureuses victimes de la guerre qui méritent une vie meilleure, il existe plusieurs façons de montrer votre gentillesse et votre compassion.

Vous pouvez également faire un don à notre fondation privée caritative familiale, qui apporte une aide humanitaire aux orphelins. en Ukraine :

Et il existe également une autre façon d'aider les enfants, qui est facilement accessible à tous, c'est d'acheter un autre exemplaire de ce livre et de l'offrir à qui vous le souhaitez. Vous aiderez ainsi financièrement les auteurs du livre, qui reverseront la moitié des bénéfices pour aider les enfants touchés par la guerre. Après tout, ce sont les enfants, l'avenir de notre planète, et nous ne pouvons pas les laisser sans soutien et sans soins.

Mais la meilleure façon d'aider est d'adopter un enfant ukrainien. De cette façon, vous sauverez une vie détruite et lui donnerez une nouvelle famille, un nouveau foyer, un nouvel espoir. Vous donnerez un avenir dans la vie à une petite âme innocente qui a tant besoin de votre amour et de vos soins. Vous ferez de ce monde un endroit meilleur et plus gentil, et vous recevrez en retour la chose la plus précieuse, c'est la gratitude et le bonheur de l'enfant qui deviendra votre fils ou votre fille.

www.ingramcontent.com/pod-product-compliance
Lightning Source LLC
Chambersburg PA
CBHW051735250726
48659CB00001B/73